作者简介

韩纪江，男，1969年11月，山东省章丘市人，温州大学商学院副教授，国民经济研究所副所长，武汉大学经济发展研究中心博士研究生。研究方向为经济发展、土地经济、城乡关系、“三农”问题等，迄今为止，发表学术论著28篇，主持省部级以下课题9项。主讲课程为西方经济学（微观、宏观）、发展经济学。2004年入选 浙江省“151人才工程”第三层次。

工作与学习经历：

2010年9月至今 武汉大学经济发展研究中心攻读博士研究生。

2003年8月至今 温州大学经济学院、城市学院、商学院工作，副教授。期间下派温州市泰顺县科技特派员。

2000年7月至2003年7月 山东农业大学经济管理学院工作，讲师。

1997年9月至2000年7月 毕业于中国人民大学农经专业，获经济学硕士学位。

1991年8月至1997年8月 山东省章丘市政府棉办工作。

1987年6月至1991年7月 毕业于山东农业大学植保专业，获农学学士学位。

联系邮箱： hanjijiang@263.net

个人网站： http://www.hanjijiang.net/

经济学论丛

教育部人文社科研究一般资助项目成果（06JA790084）

城市化中的土地：粮价VS房价

韩纪江 著

WUHAN UNIVERSITY PRESS
武汉大学出版社

图书在版编目(CIP)数据

城市化中的土地:粮价 VS 房价/韩纪江著.—武汉:武汉大学出版社,2012.2
(经济学论丛)
ISBN 978-7-307-09514-4

Ⅰ.城… Ⅱ.韩… Ⅲ.城市土地—土地利用—研究—中国
Ⅳ.F299.232

中国版本图书馆 CIP 数据核字(2012)第 016311 号

责任编辑:柴　艺　　责任校对:黄添生　　版式设计:詹锦玲

出版发行:**武汉大学出版社**　(430072　武昌　珞珈山)
(电子邮件:cbs22@whu.edu.cn　网址:www.wdp.com.cn)
印刷:湖北恒泰印务有限公司
开本:720×1000　1/16　印张:19.5　字数:277 千字　插页:2
版次:2012 年 2 月第 1 版　2012 年 2 月第 1 次印刷
ISBN 978-7-307-09514-4/F·1636　定价:39.00 元

目 录

第一章 序 言

威廉·配第的亘古名言“劳动是财富之父，土地是财富之母”迄今为止远未失效。来自人的主观的劳动努力与来自土地的客观的自然资源一经结合，便会生产出供人类更好生存与发展的物质条件。人类文明随着技术进步而演进，对土地利用的方式发生了根本性的变化。从原始的采集、狩猎、捕捞活动，到种植、养殖业，都属于农业的范畴，其目的是解决人类的基本生存问题。随着生产技术水平的提高，对土地开发力度的加强，土地所蕴藏的矿产、能源、淡水等的重要性越来越大，成为第二产业的生产对象，土地的价值得到越来越多的体现。随着人口的增加，生活居住和生产经营对于土地的需求进一步增加，作为居住和二三产业的载体，土地空间变得异乎寻常的重要。即使知识经济、虚拟经济成为财富的一个组成部分，也从未削减土地的重要性，毕竟人的一切活动都必须基于土地这样的空间载体。

既然土地如此重要，那么高效利用土地便成为一个重要的讨论议题。土地利用效率越高，越需要将各种生产要素进行聚集，集中提供生产与生活设施，这便是城市化。在理论上，城市化本应能够高效利用土地，解决土地资源稀缺的问题，但现实中的城市化却面临因农地短缺而引起的高粮价、因城市土地短缺而引起的高房价等一系列问题。城市化中，如何均衡利用土地，同时破解高粮价和高房价难题，是本书致力于解决的核心问题。

第一节 粮价与房价的互动

粮价问题和房价问题对于当今中国都是极其重要的。因为都涉及土地，且都是土地供应面积的负函数，所以粮价与房价之间必定存在着某种联系，并涉及宏观物价水平。粮价与房价同时上涨，表明通货膨胀严重；粮价与房价同时下降，表明通货紧缩出现，有经济衰退的风险。在完全市场经济条件下，假设土地能够在农业和房地产业之间自由流动，粮价与房价存在着正向关系。但土地有三个基本经济特征阻碍了其自由流动：一是土地位置的固定性，使得土地不能自由地在农业用途和房地产用途之间自由转换；二是土地利用的不可逆性，使得土地只能由农业用途向房地产用途转变，而不是相反；三是土地资源的稀缺性，导致政府权力的介入，使得土地不能随意地由农业用途向房地产用途转变。

生产要素的自由流动是市场经济的题中之意。发展经济学的发展过程中，存在着一个新古典主义思路，认为发展中国家的价格存在扭曲现象，这是经济发展的最大障碍。之所以存在价格扭曲，主要是政府政策的失误，导致生产要素不能自由流动。为此，必须倡导自由竞争和经济自由化，保护个人利益，尽量减少国家干预。中国的改革开放进程实际与新古典主义思路不谋而合，是一个不断向市场经济主体放权或放松政府管制的过程，改革的过程是对内放权，开放的过程是对外放权。放权收到了良好的经济发展效果，其突出表现是最终出台了《物权法》，保护私有财产和私人利益。私有经济比重迅速提升，2010 年 70 万亿元的工业总产值中，非公有经济（包括私有经济、港澳台经济和外资经济）达到 40 万亿元，占有一半以上的份额。① 国家对于经济生活中日常事务的干预也逐步弱化，审批核准事项显著减少。可以看到的是，普通商品已经基本实现了市场化，最终消费品领域基本由价格机制发挥作用，也就是说，买卖双方都有无数个，都不能根据个体的意图随意定价，而是要按市场均衡的价格水平定价。但是原材料、能源和中间产品的市场化程度低于最终消费品，生产要素的市场化进展更是远远落后于最终消费品。比如，在劳动力市场，由于户籍制度的存在而出现

① 《中国统计年鉴》(2011)：《14-1 全国规模以上工业企业主要经济指标》。

了地域分割，由于招聘和录用制度并非完全透明和公开而出现了行业隔离。在资本市场，依然存在着金融抑制现象，国家严控金融机构设立的审批、信贷利率升降等关键环节，导致实际利率低于应有的均衡利率，造成资金饥渴现象，高利贷与非法集资现象频繁出现也就不足为奇了。作为人们必不可少的生产和生活载体的土地，受到的限制最为严苛。当然，这不是中国所独有的，世界各国对于土地利用都采取了相当严格的制度安排，以防止因农业用地过度转变为建设用地而危及粮食安全和生态安全。

从理论上看，假以时日，让市场机制充分发挥作用，在城市化中，土地不断由农业用途向房地产用途转变，土地在农业和房地产两大领域的利用上会达到一个均衡。但是，这种均衡有一个致命问题，由于粮食和住房都具有无法替代的特殊使用价值，哪怕它们只是在市场均衡过程中的某个短暂时段出现稍许的短缺，都可能会引起重大社会问题。尤其是粮食安全问题，牵一发而动全身，轻则导致整体经济出现通货膨胀，重则导致饥荒而诱发社会动荡。

更何况，鉴于土地具有客观和主观上的经济特性，土地利用在农业和房地产两个方面的趋于均衡过程可能会出现相反的情形，即粮价与房价之间的动态失衡。这一动态过程可以划分为四个阶段：

(1) 初始阶段。粮价不高，土地政策宽松，越来越多的农地转为房地产用地，房价也不高。城市化自然发展，农村人口不断向城市迁移。

(2) 第二阶段。土地利用的政策管制比人口迁移政策更为严厉，如果人口进城速度快于土地进城速度，也即农地转为房地产用地的速度赶不上城市化的速度，城市房价就会快速上涨。

(3) 第三阶段。人口过多流向城市，城市病问题加剧，政策导向开始控制人口流入，同时加快农地的征用。此时房价得到控制，但粮价会不断上涨。

(4) 第四阶段。当粮价上涨后，国家会采取严厉的土地政策，减少农地向房地产用地的转变，从而高粮价会传导为高房价。这是城市化中土地利用的一个必然结果，其根源在于因人多地少而对土地利用采取了严厉管制。此时，要么通过经济衰退来降低绝对粮价和房价，要么利用通货膨胀来降低相对粮价和房价。本书的研究定位于第三阶段，要在控制房价持续上涨的前提下，削减粮价上涨幅度，防止出现粮价和房价的双高困境。

第二节 人口与土地的互动

对于研究稀缺问题的经济学而言，人地关系应该是中国最重要的研究对象。中国是一个耕地极其稀缺的国家，人均耕地已经不到1.5亩。改革开放以来，依赖这么少的人均耕地，维持了30多年的稳步增长，简直就是个奇迹。随着经济增长，收入水平上去了，但国家对于粮食安全问题从未轻视，粮食问题时时刻刻重于泰山。随着人口总量的持续增加和土地的不断征用，对所剩耕地的压力越来越大，粮食安全问题愈发得到重视。

农民要发家致富，必定会增加二三产业的投资，占用宝贵的耕地资源。改革开放初期，乡村工业的遍地开花已经蚕食了大量耕地。根据河南大学梁留科等人1998年的调查，截至1996年底，开封市乡镇企业已发展到13.2万多个，总产值已达166.6亿元，乡镇企业用地达6466.67公顷。① 据此计算，仅仅开封市的乡镇企业占地就达到9.7万亩，平均每个企业占地0.7亩，亩均产值17万元。根据这一数据，可以对当年全国的情况进行估算。根据《乡镇企业年鉴》(1997)，1996年中国乡镇企业有2336万个，总产值33284亿元。② 由此推算，当年的全国乡镇企业占地为1635万～1958万亩。而根据《中国城市统计年鉴》(1998)，当时的全国城市建成区面积只有2042万亩。③ 当年乡镇企业占地情况接近全国城市建成区面积，其占用土地的规模由此可见一斑。如果当初鼓励乡镇企业在城市附近建厂，那么城市化将非常迅速，同时还会节约

① 梁留科，李芳田，门华前．乡镇企业用地初探——以开封市为例．河南大学学报（自然科学版），1998，2：93-96.

② 《乡镇企业年鉴》(1997)，第121页。

③ 《中国城市统计年鉴》(1998)，第103页。

不少土地资源。亚洲金融危机之后，乡镇企业开始出现调整，有些倒闭，有些迁往城市的开发区，但在原地仍然有很多乡镇企业顽强维持着，还新建了不少。根据《乡镇企业年鉴》(2010)，2009 年中国乡镇企业达到 2679 万个，总产值 39.8 万亿元。① 其中有很多企业仍然在低效率地占用着农村的土地，它们本应随着城市化进入城区生产经营。

解决人地矛盾，促进城市化是一个必要条件。只有当大量人口和要素集中在城市较小面积的土地上，才可能实现土地集约化，提高土地利用效率。但是，遗憾的是，这似乎仅仅停留在理论上。现实中，城市化的快速推进，并没有真正起到节约土地的作用。土地复垦、土地整理、荒地开发等措施不能说完全无效，但我们发现城市（包括小城镇)、村庄、交通设施周围的耕地总是在不断减少。

耕地实质上的减少，正在引发一个针锋相对的激烈争论，这就是 18 亿亩耕地红线问题。

持耕地面积不重要观点的，主要是天则经济研究所的茅于轼。他的观点独树一帜且非常明确，他精辟地指出：历史事实证明粮食问题不是供给不足，而是生产过剩，将来估计还会如此。我们非常依靠市场，它变得须臾离开不得。保护耕地所付出的代价远远高于进口粮食的代价。鼓励种粮的结果不但和世贸组织的规则撞车，而且还会误导农民，延误城镇化，将来转产更困难，国家补贴的钱不但是白花，而且起到反作用。拿国际分工来看，我国的优势不在种粮，正确的政策应该是国家拿钱帮助农民转产，而不是拿钱鼓励农民种粮。因连续多年的供过于求，国际粮价不得不下降，其深层的原因有两个：一是科技进步，二是贸易发达。贸易使得种粮成本低的地方多种粮食，其结果是粮食生产的总成本降低。粮食生产没有垄断性，任何一块普通的地方都能够种粮食，不像石油生产具有垄断性。只要出高价，总买得到粮食。中国一直奉行和平外交政策，所以不会发生粮食禁运的事。②

① 《乡镇企业年鉴》(2010)，第 99 页。

② 茅于轼．再论我国粮食安全问题．上海财经大学学报，2004，4：3-6.

严格意义上说，茅于轼并非一个农业经济学家，更不是一个粮食问题专家，但是他关于粮食问题的看法超前于一般学者的惯常思维。其市场经济观点准确反映了经济学的精髓，是当前国内老一辈经济学家中少有的理性、睿智和深谋远虑者。当很多老一代经济学家仍然无法脱离计划思维窠臼、凡事都要强调政府出马的时候，他早已树立了经济自由主义的鲜明旗帜，为中国经济改革指明了正确的方向。在 2004 年前后，国际粮价确实处于下跌通道。但是，2005 年以后，国际粮价在投机炒家的操纵下出现了大幅度攀升，如 2005—2008 年，美国芝加哥期货市场的小麦价格上涨了 3 倍。如果考察一下同期原油、金属市场的价格变动便会发现，粮食价格的上涨只是国际通货膨胀的结果，而非粮食市场所独有。

2007 年，国务院总理温家宝在政府工作报告中提出，一定要守住全国耕地不少于 18 亿亩这条红线，坚决实行最严格的土地管理制度。① 之后，很多学者从各自的假设前提出发，利用相关理论阐释了 18 亿亩耕地红线设立的必要性。

中国农业大学土地利用与管理研究中心孟媛总结了 2007 年“坚守 18 亿亩耕地红线”研讨会的成果，与会者一致认为耕地保护的形势仍是十分严峻的，耕地面积仍然在不断减少，质量在下降。通过内部挖潜提高现有建设用地的利用效率，是保护耕地的重要途径，技术手段是落实耕地保护政策的关键，要开阔思路，不断丰富和完善耕地保护政策。②

中国农业大学资源与环境学院孔祥斌认为，因涉及无粮则乱的政权更替，中国的政府历来都重视粮食问题，必须优先考虑且不能回避。一定数量的耕地资源是粮食安全的最直接保障，所以国家划定 18 亿亩耕地红线，同时设定 15.6 亿亩基本农田，不仅要对优质耕地进行保护，还要进行建设，数量与质量并重。18 亿亩耕地红线是应对全球气候变化带来不确定性影响的保障和资源本底。粮食

① http://news.xinhuanet.com/misc/2007-03/17/content_5859480_2.htm

② 孟媛．“坚守 18 亿亩耕地红线”研讨会摘要．中国农业大学学报，2007，3：25-26.

安全不能仅仅寄托在粮食单产持续增加上，因为从技术上来讲，粮食单产的提高幅度有限，通过高投入来增加产量还会造成环境和生态问题。通过国际贸易保障粮食安全，或许在最初的经济代价很少，但一旦对国外的粮食市场过度依赖，定价权取决于供给方，粮食进口国损失的就不仅是高额的经济资源，更有可能受制于人。对粮食的控制，就是西方人进行鸦片控制的翻版。中国的优质耕地资源与都市圈在空间上具有高度重合性。城市化和工业化快速发展的区域，恰恰是耕地资源质量最为优越的区域。中国的城市化和工业化不应走圈地之路，保持耕地资源的刚性约束，才能为实施工业化和城市化转型提供契机。①

随着中国综合国力的强大，外贸商品的可获得性增强。中美之间经济交往的加深，中俄战略伙伴关系的改善，都有助于促进一个和平的国际发展环境。在这种前提下，粮食的国际贸易变得廉价和便利，应该充分利用这种资源。

虚心学习发达国家的经验，充分发挥后发优势，与发达国家和平共处，分享技术进步给人类带来的福祉，就不必担心粮食贸易禁运问题，也无须设置耕地红线，这样的话，粮价问题迎刃而解，房价问题更不称其为问题。但美国会眼看着中国赶超而不采取措施吗？当中国大量进口粮食的时候，即使不会遭遇美国国家层面的阻挠，但从事粮食生产与贸易的国际跨国巨头又会怎样敲竹杠呢？转基因农产品对中国市场的侵蚀，已经引起广泛关注，其安全性受到社会各界广泛的质疑，口诛笔伐者众多，支持辩护的学者也有，但其声音微弱。显而易见的是，每次中国农产品和食品价格的大幅上涨，都有国际食品巨头的操纵因素在里面。它们不但通过期货市场、货币市场来控制国际农产品和食品价格，还开始渗透进中国的农业生产、农资生产、农业科研和食品加工领域。这些惯于翻云覆雨的资本大鳄，如果插手中国的农产品和食品的产销，会带来怎样的腥风血雨？对生命通道的过度依赖，一旦授人以柄，中国13亿

① 孔祥斌．粮食安全：不能忽视耕地的作用——对茅于轼先生的“18亿亩红线与粮食安全无关”的回应．中国土地，2011，6：57-60.

多人口又将面临什么处境？

综上所述，从中国城市化中的人地关系入手，分析粮价与房价变动的相互作用和影响，以提高土地利用效率为根本，消除粮价与房价的过快上涨势头，将其限制在人均收入水平增长能够容许的范围之内，这才是万全之策。

第三节　探讨粮价与房价关系的文献述评

国内现有文献中，单独研究粮食和房价问题的文献如汗牛充栋，但探讨粮价与房价关系的文献却少之又少。现有少数研究文献大多从土地的多种用途入手进行分析，粮食和住房因都涉及土地而发生关联。

中国科学院地理科学与资源研究所李秀彬认为，影响未来中国土地利用变化最主要的因素包括城镇化进程、农业劳动力的变化、政府生态保护政策。从宏观角度看，中国土地政策存在“三元悖论”，即在满足粮食安全、城镇化发展、生态保护三者的土地需求之间存在冲突。粮食安全与城镇化发展之间，属于生存与发展之间的矛盾；粮食安全与生态保护之间，属于近期目标与远期目标之间的矛盾；而生态保护与城镇化发展之间，是经济与生态效益间的矛盾。统筹和协调土地利用冲突，关键是把握土地的合理需求、集约用地的规律以及了解土地利用变化的效应。①

东南大学人文学院刘劲松认为，随着房地产开发的盲目扩张，大量耕地被侵占，粮食生产不断萎缩，农业的社会维稳功能正在受到严峻的挑战，这是房地产开发的最严重的“负外部性”之一。②

中科院黄季焜等人认为，建设用地扩张越来越成为中国土地利用的热点问题。东部地区建设用地增速减缓主要是因为经济增长并

① 李秀彬．对加速城镇化时期土地利用变化核心学术问题的认识．中国人口、资源与环境，2009，5：1-5.

② 刘劲松．对暴涨楼市“负外部性”的分析．学术交流，2011，5：96-99.

没有引起人均建设用地扩张，建设用地已经向集约利用的方向发展，而中西部地区建设用地增长加速，主要是因为随着经济增长建设用地向平面扩张更快，这可能同当地政策及当地相对便宜的地价有关。经济增长带来的建设用地扩张和耕地减少在中西部地区可能会面临更严峻的挑战。①

茅于轼认为，粮食危机和房价似乎是风马牛不相干的两件事，但现在房价上升，部分是因为担心粮食危机、需要保护耕地而造成的。其实我国根本不存在任何性质的粮食危机，也没有必要限制农用地改变成非农用地。如果放宽土地控制而增加住房用地，房价便可大幅度下降。市场经济的好处就是土地等资源可以自由流动，做到物尽其用，要冻结资源的流动必须非常谨慎。我国土地稀缺，无法进口，但粮食可以进口，进口粮食便等于进口了土地。② 茅于轼还认为，我国的粮价并不高，相反倒是房价太高。房价高不是建造成本高，而是因为土地贵。土地之所以贵，是因为有18亿亩耕地红线。如果允许土地利用的自由转换，一定会有大量土地转变成开发地，不但能降低房价，还能增加社会财富。出让七地的农民愿意，开发商也愿意，各得其所。③ 与之相反的观点是，中国七地勘测规划院地价所毕继业认为，供需关系原理不能直接适用于18亿亩耕地红线与房价关系。根据《全国土地利用变更调查报告》(2008) 和全国土地供应等有关数据，他提出政府一直保证用于建设住宅用地的充足供应，当前保障18亿亩耕地红线与推涨房价，还未到直接适用于供需关系原理的程度。2001—2006年耕地减少的主要表现形式是生态退耕。18亿亩耕地不是限制城市发展的红线，也不会是推涨房价的动因，不管中国的土地多么紧缺，居民正常的住房用地需求国家都能保障。④

---

① 黄季焜，朱莉芬，邓祥征．中国建设用地扩张的区域差异及其影响因素．中国科学（D辑：地球科学），2007，9：1235-1241.

② 茅于轼．粮食危机和住房价格．百年建筑，2007，Z1：28-29.

③ 茅于轼．为什么市场能够保障粮食安全？．发展，2010，8：7-8.

④ 毕继业．18亿亩红线不会推高房价．中国土地，2009，8：32-33.

据研究，中国人口最高峰值是在2030年附近将达到16亿人口。未来20年内，每年将多出约1000万人。这些人要占用大量生产粮食和住房的土地，形成对土地供给的压力。如果没有技术进步，粮价和房价的上涨将是不言而喻的。这其中对住房用地的需求是刚性的，只会增加而不会减少，必然对18亿亩耕地红线形成巨大压力。另一方面，在粮食生产环节我们可以依赖技术进步，未来20年内的农业技术进步可能是巨大的。

日本是成功实现工业化和城市化的国家，其在提高土地利用效率方面的经验值得中国借鉴。武汉大学经济发展研究中心简新华等认为，农地非农化是工业化与城市化的必然趋势。日本的人地矛盾尖锐，但没有过多地限制农地非农化，而是主要通过市场机制的作用，基本上满足了工业化和城市化对土地的需求，通过进口国外更廉价的农产品来满足国内需求，有效解决了人多地少与农地非农化的矛盾，成功实现了工业化、城市化。其经验表明，农地非农化与农民非农化、市民化的适度同步，能既满足工业化和城市化对土地和劳动力的需求，又避免农地非农化过度所造成的大量农民失业，并防止农民非农化、市民化过度而造成严重的“城市病”。在农地非农化的同时，必须与耕地保护相结合，并创造条件实现农地的合理流转，促进农业规模化经营，不能固化小农经济、分散经营。农地非农化主要应该通过市场机制的作用实现，但也不能放任自流，政府必须进行必要的合理的规划和调控，促进农地资源的有序转用和农地转用差价的合理分配，保护失地农民的利益。①

北京师范大学于伯华提出，1960年以来日本耕地面积和人均耕地面积一直呈下降趋势，但单位农业劳动力占有的耕地面积却提高了5倍。经济发展造成的工业用地和城市用地增加是耕地面积减少的根本原因，农产品价格变化也造成部分耕地退出耕作。日本的城市化过程虽然也引起了耕地流失，但并不与城市化过程同步，由此显示出日本在城市化过程中采取了卓有成效的耕地保护措施。工

① 简新华，张国胜．日本工业化、城市化进程中的“农地非农化”．中国人口、资源与环境，2006，6：95-100.

业化对耕地的占用显著高于城市化，工业发展要早于城市化，是工业发展和集中促进了城市发展和城市带形成，城市发展反过来加速人口的集中，为工业化提供廉价劳动力。日本的人口向城市集中和城市向城市群集中的集中型城市化模式，城市化、工业化与农村现代化共同发展的城乡发展耦合模式，完善的法律和土地市场利益均衡模式都有利于日本耕地的保护。①

中国科学院地理科学与资源研究所贾绍凤和张军岩认为，日本选择了一条节约有限土地资源的城市化发展道路。日本的国土面积狭小、人均耕地资源稀缺，在较短时间内达到高度城市化的同时，付出了较小的用地代价，甚至还出现了三个耕地面积增长时期。城市化与耕地不仅仅是简单的占用与被占用的关系，短期来看，城市扩张占地为主要表现；长期来看，城市通过吸引人口聚集，减少农村占地，减少耕地占用。其中的关键在于要选择与国土资源条件相适应的城市化发展方式和速度，城市化滞后或超前于工业化对耕地的利用都是不集约的。②

在借鉴日本经验的同时，必须高度关注一个事实，日本实际上是被美国占领过的，现在还有美军驻扎在日本。日本似乎已经实现了政治独立，但在经济政策上，在某些关键的政治、外交和军事问题的处理上，都必须听命于美国。所以，受到美国的控制和庇护，日本可以在一定程度上忽略粮食安全问题。即便如此，日本也采取了高成本的大米生产保护计划。当然，争取主要食品在一定程度上的自给自足不仅是为了粮食安全一个目标，还可保护本国处于弱势的农民群体，以维护农村欠发达地区的社会稳定，保障社会公平。无论如何，日本的工业化、城市化、现代化是成功的，这种成功基于良好的法治环境、公民素质和高效的制度安排。日本城市化有都市化的倾向，三大都市圈积聚了大量人口，极大降低了经济活动的

① 于伯华. 20世纪60年代以来日本耕地面积变化及其启示. 资源科学，2007，5：182-189.

② 贾绍凤，张军岩. 日本城市化中的耕地变动与经验. 中国人口、资源与环境，2003，1：31-34.

交易成本，也节约了土地。

湖南工业大学财经学院张宽政提出，中国可以借鉴解决粮食问题的成功经验来解决楼市问题。解决中国粮食问题一是靠市场经济体制，二是靠科技进步。市场经济体制通过两个领域的改革建立起来，生产领域是建立联产承包责任制，流通领域是改革粮食流通体制，最终形成了现行粮食供应链——“农民—粮商—消费者”。这具有三个方面的特点：第一，存在许多生产者和消费者，粮食生产、流通、消费等领域没有形成私人垄断，具有比较典型的完全竞争市场特点。第二，政府对现实粮食市场有能力进行调控，建立了国家储备粮食制度，以防止出现“卖粮难”和“买粮难”。第三，粮食生产的土地供应制度优越，现在农民取得土地使用权不需付出任何代价。如果农民种粮的土地是有偿取得，且要经过拍卖，中国的问题就会大得很。明显不同于粮食供应，现有住房供应制度却存在与上述优势相反的三个缺陷。一是住房用地的有偿且经拍卖取得势必使得城市商品房价格难以控制；二是城市商品房供应链比粮食供应链多了一个环节，即自己不生产却在卖房子的房地产商；三是政府只控制土地供应，而没有住房储备，缺乏平抑房价的能力和有效手段。基于上述分析，张宽政提出应正确认识、引导投资需求的政策建议，应重视建筑业和建筑商而质疑房地产业和开发商的作用，提出取消开发商，直接让建筑商买地、建房、卖房的思路。同时，经济适用房、廉租房的实践效果不理想，政府还不如用这些钱建立住房储备来平抑房价。①

笔者以为，拿粮食政策与住房政策进行对比，实在是高明之举。关系国计民生的商品，都可以采取与粮食一样的政策。计划经济时期，“以粮为纲”犯了“头疼医头、脚疼医脚”的错误，其结果是粮食极度短缺，人民生活长期限于困顿。改革开放以来，放手让市场机制指引粮食生产和运销，很快便出现连续的粮食供给过剩。但是，忽视开发商而重视建筑商的做法，窃以为不可取。因为

① 张宽政．解决民生问题及楼市的治本之策．现代经济探讨，2010，8：34-37.

开发商和建筑商实际是一回事，如果没有了开发商，建筑商也要实现利润最大化，而只有建筑商一个环节不可能快速高效地完成烦琐的建房手续。建筑商实际从属于某些开发商，其分工协作应该说是必要的，各自完成专业化的一个环节。

第二章 城 市 化

第一节 城市化概述

一、城市化的来龙去脉

人口聚集的根本动力是节约社会交易成本。在人类文明存续、发展过程中，人类的社会性表现为人与人之间的互相依赖，比如结为婚姻、组成家庭、建构团体。村落是这种依赖的必然产物，当政治权力介入村落之后，便成为村庄；当土地资源趋于稀缺时，人们不得不依赖固有的生存方式，并进一步促进了政治权力的演进和产权制度的改善。

这时，城市的发展有两条线索。

第一条线索。因资源稀缺而导致激烈的政治冲突后，军事力量往往成为决定性因素，防御的需要使得松散聚集的村庄变成城镇——拥有城墙进行防御。促进城镇进一步扩张的因素随之出现：(1) 保障军队的日常物资需要促进了各种相关行业的聚集。(2) 寻求财产保护的人迁居进来。(3) 军人的生活需要吸引了其家庭进入。(4) 为进城人口服务的各种消费性服务业逐步发展起来。(5) 随着对周边辐射作用的加强，生产性服务业逐步发展。(6) 权力机关的规模扩大。

第二条线索。在交通便利的村庄或地区，逐步形成交易场地，这时的村庄变成集镇——拥有定期进行贸易的集市。最初的集市是偶发的，当越来越多的人发现在某个集市能够较快地完成商品交换后，这个集市定位就完成了。最初的集市主要在村庄尤其是较大的村庄内形成。促进集镇进一步扩张的因素有：(1) 出现规模经济效应，规模越大，交易成功的概率越高，交易双方都有利。(2) 出现聚集经济效应，周边的交易者纷纷聚集到集镇，从而使得别处的交易变得不再顺利，进一步加剧了这种聚集。(3) 为交易双方提供服务的人逐渐增加，这种服务既有生活消费性的，也有生产服务性的，如最初包括饮食、住宿、中介、运输等，再往后逐渐滋生出简单加工、深度加工与制造。

上述两条线索往往存在着交叉，不断吸引外部的人口和其他要素进来，在规模扩大到一定程度后，最终变成城市。这一过程就是城市化，其中伴随着更多的制造业和服务业涌现出来，如纺织布料和衣帽鞋袜的加工、钱庄借贷、理发洗浴、竞技娱乐等。同时，交通设施、饮水排水等基础设施不断得到改善。到了工业经济时代，制造业也加入城市化，大量生产要素选择在城市区域建厂生产和经营，其目的是共享城市的基础设施，更好地节约交易成本。对此，武汉大学成德宁提出，利用交易成本理论的新范式可以更为准确地理解城市的性质，城市发展主要是与分工演进密切相关的现象，可以大大减少经济活动的交易成本。①

如果土地是私有的，且没有国家的土地用途管制，城市化作为一个自发过程，将不必给予过多的关注，研究焦点只要集中于城市规划和完善基础设施即可。但随着土地资源的日益稀缺，国家政治权力往往强势介入土地利用，从而使得城市化出现了很多问题。

对于城市化的叫法，英语文献中的 urbanization 可以翻译为城市化，也可以翻译为城镇化，这里的城市也好，城镇也好，都是指 urban，是与 rural（农村）相对立的地区，镇以上的居民点都是 urban。尤其是在现代的美欧等国家，一个镇（town）的基础设施大多比较完备，并脱离了农业，主要从事二三产业。如果以这一点作为衡量标准，中国的乡镇一级中有不少可以归入城市区域。根据《中国统计年鉴》(2010) 的说法，城镇人口是指居住在城镇范围内

① 成德宁．城市化与经济发展——理论、模式与政策．北京：科学出版社，2004：19-20.

的全部常住人口，乡村人口是除上述人口以外的全部人口。而根据国家统计局网站2001年的说法，则不那么容易理解，其把总人口区分为市镇总人口和乡村总人口。其定义有两种口径，1952—1980年的数据为第一种口径，1982年以后的数据为第二种口径。

第一种口径（按行政建制）分为：（1）市人口：市管辖区域内的全部人口（含市辖镇，不含市辖区县）；（2）镇人口：县辖镇的全部人口（不含市辖镇）；（3）县人口：县辖乡人口。

第二种口径（按常住人口）分为：（1）市人口：设区的市的区人口和不设区的市所辖的街道人口；（2）镇人口：不设区的市所辖镇的居民委员会人口和县辖镇的居民委员会人口；（3）县人口：除上述两种人口以外的全部人口。①

笔者以为，这种统计方法缺乏最起码的科学道理。比如，中国很多设区的市的人口，根本就是农村人口，比如北京市远郊区的务农农民还不少。所以，后来国家统计局有了改进，自2008年8月1日起，城乡人口区分是按照2008年国家统计局《统计上划分城乡的规定》进行的。② 该规定以行政区划为基础，以民政部门确认的居民委员会和村民委员会辖区为划分对象，以实际建设（已建成或在建的公共设施、居住设施和其他设施）为划分依据，将我国的地域划分为城镇和乡村。城镇包括城区和镇区：（1）城区是指在市辖区和不设区的市，区、市政府驻地的实际建设连接到的居民委员会和其他区域。（2）镇区是指在城区以外的县人民政府驻地和其他镇，政府驻地的实际建设连接到的居民委员会和其他区域。（3）与政府驻地的实际建设不连接，且常住人口在3000人以上的独立的工矿区、开发区、科研单位、大专院校等特殊区域及农场、林场的场部驻地视为镇区。乡村是指城镇以外的区域。这一规定相对进步了很多，但仍有不足。主要问题在于没有设立一种以一揽子城市基础设施为参照的客观标准，如一些地方的乡村工业比较分散，虽然产值很高，但没有达到城镇的聚集度，也都想方设法撤

① http：//www. stats. gov. cn/tjzd/tjzbjs/t20020327_14300. htm.

② http：//www. stats. gov. cn/tjbz/t20061018_402603208. htm.

乡设镇。

鉴于国家统计局的权威性，如果以其标准作为研究基准，此时的城市化与城镇化便等同起来，城市化率便是城镇人口占总人口的比重。但是，实际上，国内有文献将城市化与城镇化有意识地区别开来。这种分歧大致有三种：（1）城市化以城市为主，城镇化则指以小城镇为主。（2）城市化以城市为主，城镇化则涵盖了城市和小城镇。（3）城市化包括城市和小城镇，城镇化专指小城镇。笔者认为，宜将城市化和城镇化等同起来，共同遵循权威的国家统计局标准。

城市化是城镇不断产生、发展、成熟的过程，一方面乡村不断转化为城镇，城镇的数量不断增加；另一方面城镇的规模不断扩大，基础设施等的质量不断提高。与此同时，农村人口在地域上向城市迁移，在职业上向非农产业转化，价值观念与生活方式也在发生根本转变。

研究城市化的视角不同，研究的重点有所区别，所采用的指标体系就有所不同。一般有人口城市化、社会城市化、农村城市化、土地城市化等多个角度。不过，除非特别说明，城市化指的是人口城市化指标，即城市化率指某一区域内城镇人口总数占总人口的比重。

二、中国城市化存在的问题

中国城市化仍然处于初级阶段，很多城镇的建立是政治中心和经济中心两位一体，有时候政治倾向和行政力量更甚于经济考虑，影响城市化进程的一些问题由此产生，以下进行简要分析。

（一）人口城市化滞后，阻碍了农业发展

中华人民共和国成立后，城市化进程从一开始就与农业生产几乎是完全脱节的。在城市化的初级阶段，城镇作为农产品的流通中心、销售中心和生产资料供应中心，应该能够促进农业的发展，或者至少对农业发展有所帮助。但实际上当时采取了工农产品“剪刀差”，即工农产品之间不平等的贸易条件，使农产品以较低的价格在城镇出售、城镇工业品以较高的价格在农村出售，给农业造成

很大的福利损失，大量农业剩余被转移到城镇，实现了城市化，但是人口并没有相应城市化，城镇的发展实际是脱离农业基础的。

这一时期，城镇脱离农业孤立发展的主要后果之一是食品供给的短缺，虽然大多数人在搞饭吃，但并不能轻松地养活所有居民，要保证工业化进程中城镇居民的基本生活需要，无奈之下只好利用农产品统购统销制度和将农民捆绑在土地上的户籍隔离制度、公社制度来优先解决城镇居民的食品供给，但损害了农民的福利。改革开放以后，逐渐允许农民进入城镇从事二三产业，但是行政力量仍然制约着农民的自由流动。少数农民企业家或有相当财产积蓄的农民才有可能在城镇长期定居生活，随着他们迁移到城镇，来自农业的大量收益流失到城镇，造成农业发展后劲不足。

城市化与农业脱节，还表现在人多地少的压力并没有为城市化提供充足动力，二元结构使大量农村人口滞留在农村。人多地少是中国最基本的国情，是形成剩余劳动力问题和收入问题的主要原因之一。笔者估计，全国至少还有5亿农民依靠农业为生，但是人均耕地只有1亩半的狭小规模，使得农业生产只能维持生存和稍微扩大再生产。同时，即使增加农业投入，也将得不偿失。因为边际报酬递减规律表明，现有技术条件下，在有限的土地面积上不断增加投入，其边际报酬呈现递减趋势。仅仅依赖土地就可以不断提高收入和生活水平，只能针对那些较早掌握某些先进技术并进入市场的农民而言，如部分地区的农民依靠种植蔬菜和果树、通过集约经营发家致富，但绝大多数的农民还不得不在较低的生活水平上徘徊。

顺应市场经济规律要求，为增加收益而增加劳动投入，最后一个单位投入量的边际产出应该大于等于边际成本。从理论上讲，按照零值劳动学说的观点，大量农业劳动投入的边际产出实际等于0，存在农村劳动力的隐蔽失业，造成劳动力资源的极大浪费；从实践中看，表现为农民人均收入水平的裹足不前。没有其他就业门路、以农业生产为主的农民，越是辛勤劳作，其应该得到而没有得到的报酬就越多，福利损失越大，这必然影响到其对待农业生产的态度。如果大多数农民通过城市化从土地上转移出去，其劳动能够创造更多的产出；仍然滞留在农业领域的农民，其劳均农业资源增加，生产规模扩大，就可以提高农业劳动投入的边际产出。这样社会总体福利水平就会得到极大提高。笔者估计，全国财富收入每年在这方面的静态净损失就达4000亿元。

（二）偏离非农化主线，城市化动力缺乏

发达国家在工业化前期，工业化率与城市化率在数值上基本相等，有多高的工业化率就有多高的城市化率。工业化进程能够促进人口、资金和物资向城镇的集中，因而有城市化是工业化的归宿之说。而在中国，情况并非如此。中华人民共和国成立后，城市化与工业化两者之间的差距越来越大，城市化率越来越滞后于工业化率，直到改革开放以前，差距达到最大。改革开放后有所减少，但仍然非常显著。城市化率与工业化率之间的关系，随着城市化的推进应该是越来越弱化，因为根据产业发展与递进的规律，第三产业所占比重应该越来越高。如配第—克拉克定理、霍夫曼定理、库兹涅茨法则、钱纳里标准结构、罗斯托经济发展阶段理论等都认为产业结构应该随着经济发展水平的提高而不断演进，在工业化实现之后，开始向第三产业、信息产业推进。

城市化与非农化之间的关系应该越来越强，两者应该趋同。非农化指农业以外的产业所占比重越来越高，是农业所占比重越来越低的同义语。以产值计算的非农化应该与以人口计算的城市化趋同，即实现人口与产值的同步递进。否则，大量人口滞留于农村，要么是工业产业的区域定位不够科学合理，要么是大量人口不断往返于城乡之间，付出巨大的通勤成本。如图2-1所示，中国的城市化水平和非农化水平之间的差距还很大。在城乡之间，郊区地带，往往存在大量的“钟摆人口”，每天去城里上班，晚上下班回到农村居住，这在增加交通压力的同时，增加了生活成本，降低了生活福利。

中华人民共和国成立后，为了战备和政治需要，重视重工业和军工生产，企业定位不符合最优区位原则，很多企业建在交通偏僻的山沟里，是一种逆城市化的思路。同时，高积累导致经济发展的长期目标与社会发展的近期目标严重背离，阻碍城市化的各种制度相继出台。改革开放以后，开始重视社会目标，实行富民政策，城

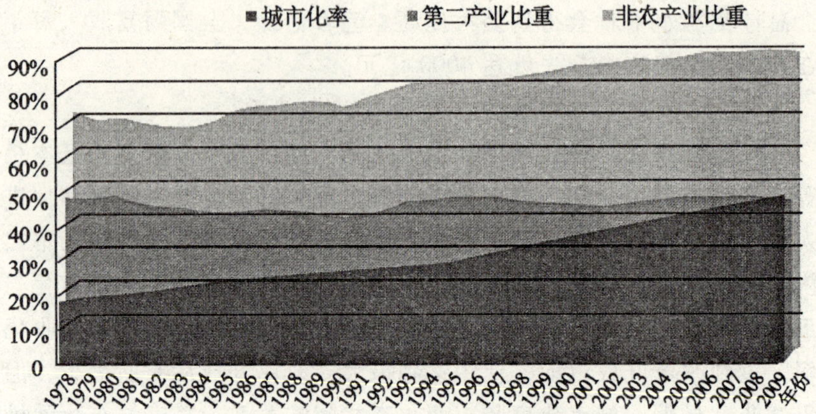

图 2-1　中国城市化、工业化与非农化的比较

镇对农村剩余的剥夺程度降低，大量农业剩余滞留在农村，需要寻找增值的出路。由于逐渐放松了对农民生产经营的限制，农民开始在当地社区从事非农生产，自发实施了农村的工业化进程。这种自发工业化迄今为止并没有明显推动城市化，相反却造成了越来越显化的弊病，不但降低了工业化自身的质量，致使工业发展呈现粗放式扩张，在国际竞争中缺乏竞争力，还给生态环境和农业造成了很多负面影响，对于可持续发展产生了很大的阻碍。

（三）盲目扩张，城市化质量不高

一些地区一旦认识到城市化的重要性，便以为城市化是治疗经济落后病的万应良药，就急不可耐，盲目增加城镇数量，小城镇遍地开花；盲目扩张城镇规模，大中城市漫无边际地摊大饼。结果为了城市化而城市化，使城市化粗放扩张，浪费了大量耕地，降低了城镇规模经济和聚集经济效益。

通过申请乡改镇、县改市、地区改市，地方政府争取到了更大的管理自主权，为了标榜政绩，倾向于建设一些形象工程，投入了大量资金，但没有相应的质量保证。为了让人看到有超前意识，道路修建得很宽，但是受到经济实力条件的限制，路面很薄，很快就得修补。有些地区脱离经济能力，超支投巨资搞了很多豪华的街灯，可与天安门前的相媲美，白天看着很好，晚上却因为无力支付电费，起不到照明的作用，只能作摆设；街道护栏可能是价格高昂的不锈钢制成的，主干道装点得很漂亮，但其他地区的脏乱差现象则可能非常突出；很多商业设施装修典雅，却难得有几个顾客光临。

权力向地方的下放，对于刺激地方的积极性是一件好事，但是滥用职权、重复建设、重复立项的现象严重，浪费了很多社会资源。城镇的空间框架有了，但并没有带来城市化的实质性大发展，反而造成城镇农村化，降低了城市化的质量。整县改市到底利大还是弊大，现在众说纷纭。不过有一点很明确，许多县改的市、地区改的市有名无实，只不过是换个牌子，经济实力并没有增强。有些地级市为了支撑架子，把原来的一个县级市拆分为两个县级区，经济总量没有增加，原来一个县级市的政府部门，现在扩大为两个县级区和一个地级市的政府部门，县级、科级领导增加了一倍，地市级领导则凭空增加了上百个，给当地经济发展带来的负担是不言而喻的。

三、中国城市化滞后的原因

城市化已经成为中国经济社会发展的大趋势，全国平均每年有多达1000万的农村人口转变为城镇人口。但是相对于13亿多人的庞大基数和GDP的高速增长，中国的城市化速度显然是太缓慢了。2010年，全国的城市化率达到49.95%，大大滞后于89.9%的非农化水平。① 这种慢速度表现在三个方面：一是城市化滞后于经济增长，二是城市化水平滞后于国际平均水平，三是城市化水平滞后于社会发展需要。但是，也有相反的意见，比如陈明星等人的研究发现，我国城市化水平滞后于世界平均水平，主要的问题是我国城市化水平和经济发展水平处于双低状态，类型上属于低级协调型，这种双低之间是基本协调的，并不存在城市化严重滞后经济发展水

① 《中国统计年鉴》(2011)：《3-1 人口数及构成》、《2-2 国内生产总值构成》。

平，较低城市化水平的根源取决于较低的经济发展水平。①

城市化是工业化和经济发展的必然结果，“工业化—城市化—现代化”是一个不可逾越的过程。早在20世纪80年代，著名经济学家张五常（1989）就指出，中国8亿以上的人口是农民，假若中国要在20年后有较好的经济表现，最保守的估计，必须有3亿~4亿人口从农村迁到城市；否则，经济现代化就难有大成。因为要在农村内大量增加工商业产品，就会因费用奇高而难以办到。最近，诺贝尔经济学奖获得者斯蒂格里茨把中国的城市化和美国的高科技并列为影响21世纪人类发展进程的两大关键因素。

城市化滞后由来已久，存在很多客观原因。

中华人民共和国成立后面临严重的军事威胁，国内领导层认识到：战争在很大程度上依赖强大的工业力量，没有一个完整和有效的重工业生产体系，就不会有强大的军事力量来保护新生国家。当时重工业被认定为决定一个独立国家实现真正独立生存的基础，优先发展重工业，成为一个超经济因素。

在一穷二白和独立自主的经济背景下发展重工业，必须寻找稳定的资本积累来源。当时的民族工业总体实力弱小，且多为轻工业，技术陈旧，尚未形成配套的工业体系。尤其是当时生产效率低下、管理落后，无法快速积累资本以推动重工业的发展。因此，采取了剥夺农业剩余甚至是必需品的办法进行原始资本积累。通过统购统销和人民公社制度，以较低价格强制性收购农产品，并强制农民就地从事农业劳动。人民公社制度本质上属于军事化管理，不允许农民流动迁徙到城市，不允许各单位私自从农村中招工和私自录用盲目流入城市的农民（即盲流），城市化便无从谈起。

现有学术文献中，绝大多数认为这种制度安排在中华人民共和国成立初期的特殊历史时期具有合理性，不少人认为这种以民族利

① 陈明星，陆大道，查良松．中国城市化与经济发展水平关系的国际比较．地理研究，2009，2：464-474.

益和国家安全为根本出发点而实行的重工业倾斜战略是成功的。但是，改革开放以后，人们逐渐发现，重化工业的成功主要来自于国家赋予的垄断地位，而非经济效益。矿产冶炼业的成功主要来自对资源的低税负开采。如果把机会成本算进来，计划经济时期的重工业倾斜战略能否算得上成功，是非常值得探究的。

此处，我们可以看到，基于军事压力而采取的重工业倾斜战略，禁止农民进城，对于城市化进程而言是一个巨大阻碍。

久而久之，城镇居民所拥有的非农业户口成为一种超国民待遇，城镇居民有一种天生的优越感，通过升学、参军、提干等形式进入城镇的少量农民子弟，也很快被融入这种优势人群。进城不再是简单的居住和就业形式的改变，而成为一种身份和地位的提高。为了维持这一较高的地位势能，限制准入成为一道对绝大多数农民来说不可逾越的鸿沟。为了追求较高的政治地位和较舒适的生活方式，许多农民付出的代价是沉重的。

城镇与农村之间的鸿沟，城镇居民与农民之间的身份差异，是中国二元社会经济的主要表现，已经成为城市化进程中最大的障碍。加速城市化进程、促进经济快速发展给城镇居民带来的收益，如果能够弥补其所遭受的财物或心理上的损失，则他们将会是改革的支持者，否则就会成为坚决的反对者，阻碍城市化进程。农民无疑是加速城市化进程中最大的受益集团，但是他们的影响力不大，而且他们对于改革的影响，主要表现在事后赞扬，而不是事前的决策环节。相反，城镇居民的反对意见则可能表现在事前。所以，即使加速城市化对于城镇居民非常有利，也必须让他们及时地看到这一良好预期。

由于制度惯性，经济体制改革在农村和城镇两个区域内各自进行，并没有触及城乡二元经济结构。因此，市场诱导下的工业化在广大农村地区进行，形成中国特有的工业化背离城市化的现象，乡镇企业遍地开花，对国民经济的持续发展极其不利。享受政策优惠、摆脱陈旧制度约束的深圳在短短几十年里发展成为一个大城市，其他地方缺乏这样好的机遇。工业的非城市化，难以形成规模效益，不能分享城市带来正的外部经济性，对工业的进一步发展是极其不利的，工业化和城市化之间的分离，对各自的发展都是不利的，浪费了大量资源，也无法带动第三产业的快速发展，使得城市化成为无源之水。

城市人口，对于农民进城持反对态度，他们不愿意让农民分享城市公共资源，以免对城市财政产生负担和压力。农民自身只好进行体制外循环。实际上，多年来中国实行的是反城市化的道路，一直以限制为主，依靠各种政策规定对城市、城市居民进行保护，最终造成了缺乏市场竞争力的一个群体，很多人到现在仍然需要政策的保护和垄断地位才能在劳动力市场上占据一席之地。可以说，当前劳动力市场并不是完全竞争的。许许多多的工作职位采取的是歧视性的招工政策，更加人为隔断了劳动力市场。这在一定程度上加剧了地方主义。地方政府通过申请设置建制镇和县改市，争取更大的自主权，充分调动资源。权力由中央向地方下放，对于刺激地方的积极性是一件好事，但是各地重复建设、重复立项多，社会资源容易造成浪费。市带县、镇管村等政策的实施，不但没有带来农村城市化的发展，反而造成城镇农村化，降低了城市化的质量。市带县还使城市基础设施建设与城乡综合发展之间的利益分配出现新的矛盾，城市领导的利益偏好是搞好城市规划，因为这更容易干出政绩来。

重工业倾斜战略下，工业对农业的剥夺极大损害了农业部门的利益，使农业畸形发展。这对重工业实际上也没有多少好处。重工业的超前发展，阻碍了城市对农村剩余劳动力的吸收，城市化进程受阻，重工业缺乏发展的基础，技术落后，能耗高，劳动生产率低下。改革开放以前，为了保证工业积累，加快国民经济的发展步伐，国家实行农业和非农人口的隔离制度，利用行政手段强行将农村人口限制在城市之外，以最大限度地剥夺农业剩余，并维持城市较高的生活水平，由此导致了城乡隔离的二元经济结构和社会结构。优先发展重工业的后果，就是打断了经济的自然发展进程，使一、二、三产业之间比例失当，社会两大部类之间比例失当，导致消费品供给不足，农产品供给不足。

第二节 城市化对农村经济的正面影响

一、城市化的重要性

城市与农村是两个相互依存但相对独立的区域。初期，基于降低交易成本、确保军事安全等方面的原因，城市从农村区域逐步独立出来，形成政治、文化和军事中心；但城市并不具有生产功能，还离不开农村，其独立性很有限。随着农业劳动生产率的提高和道路交通事业的发展，劳动力和人口得以脱离农业的束缚，二三产业发展并向城市聚集，城市逐步真正独立，成为经济中心，并居于领导地位。

城市往往具有很多自然优势，交通便利，一般还是所辖区域的政治文化中心，这些特性使得城市成为经济增长极。城市区域一般都充满自我膨胀、自我发展的强大活力，不断从周边农村腹地吸纳各种要素。在适合的地点，适应经济发展需要新的城市不断出现，并沿着小城镇—小城市—大中城市的路径演进。城市数量在增加，城市规模在扩大，这就是城市化。城市化应该指一个过程或进程，现有的规模不等的城市是其结果。城市化进程表现为各种生产要素和拥有这些要素的人口从农村向城市的转移。在这个过程中，劳动力（及其附着的家庭人口）、资本（资金）、土地、知识等各种要素纷纷从农村集中到城市。要素总在寻求自己最大的报酬，人总在寻求自身最大的福利，这是市场经济固有的规律。与农村地区相比，城市区域内较高的要素回报率和社会福利是城市化自始至终的动力之源。

城市化是人类社会发展的必然趋势。从自给自足的原始自然经济发展到无所不包的现代商品经济，在分工协作基础上组建起来的人类社会越来越依存于城市。衡量城市化水平的指标主要是城市常住人口占总人口的比重。城市常住人口，也即城市居民（包括小城镇）的数量比例反映了一个国家或地区的经济整合程度。发达国家（意大利除外）的城市化率都已达到75%以上，一些地方的人口流动趋于停滞甚至发生逆转，即出现了逆城市化现象。城市化对于农村经济产生了积极的影响：人口的自由流动基本消除了城乡收入差距，非农产业的发展使国家有能力对农业进行反哺。农村虽然出现偏远化趋势，但并未产生不良社会效应；相反，由于社会生产活动的影响减少，人口和产业对于农村环境的污染减少到最低限度，生态环境得到较多改善。发展中国家的城市化出现了两种不同的情况。大多数发展中国家，如印度、埃及等亚非国家的城市化水平低于50%的世界平均值，这些国家的经济发展比较落后，还不得不较多地依赖农业；城市化对于农村经济的促进作用有限，城乡二元结构显著。一部分发展中国家的城市化水平超过了世界平均值，除了韩国、新加坡等少数成功的东南亚国家之外，其他拉美等国的城市化水平虽然已经接近发达国家，但城乡之间的二元结构依然存在，城市化未能对农村经济发展做出贡献，相反，还产生了许多不良后果，如城乡收入差距拉大、农业发展滞后、粮食需要依赖进口、城市病严重等。

在中国，城市化正在加速，对于农村经济发展的影响越来越大。从静态来看，城市化进程不可避免地会削弱农村的经济实力，对农村经济造成损害。尤其当政策缺乏科学性的时候，对于农村经济的损害尤甚。即使将来城市化水平提高了，也无法缓解“三农”问题。但是，从长远来看，科学合理地加快城市化进程最终应该能够消除“三农”问题，促进农村经济的发展，就像大多数发达国家一样。不同的城市化政策，对于农村经济或有利或有害。要趋利避害，必须对这些利弊的机制进行分析，从农村经济发展的角度出发，寻求利益最大化的制度安排。

二、城市化促进农村经济发展的机制

农业现代化指现代最新科技成果和设施不断应用于农业生产的过程，表现为农业的机械化、商品化和农业经营管理的科学化。城市化本身不会直接推动农业现代化。但是，由于城市化的推进是农村人口且首先是劳动力向城市迁移的过程，劳动力的离开改变了劳动—土地关系，在客观上促使农业生产模式发生改变。

（一）城市化促进农业机械化

农业机械化，指使用石化动力替代劳动力和畜力的过程，衡量指标是农业机械总动力。农业机械化，不但提高劳动生产率，还会减轻农民的劳动负担，增加农民福利。

城市化中，农民不断向城市聚集，在城市寻找非农就业机会，减轻了对农村土地资源的压力。改革开放以后，随着家庭承包经营制度的建立，耕地被分散到各个小规模的农户。舒尔茨认为小农"有效而贫穷"，小农对于传统要素和技术的使用长期处于均衡状态，没有改进技术和更换要素的动力。改革开放初期，由于缺乏其他非农就业机会，农民增加农业劳动投入的机会成本几乎等于0。诚如舒尔茨所言，小农对于所处恶劣条件的反应是非常理性的，如果一个农村劳动力认为自己多余的时间不值钱的话，他们没有别的选择；为了促进产出最大化，只有在有限土地资源上投入过多的劳动，这有助于增加单产和总产，但无疑非常不利于农业机械化。

20世纪90年代前后，中国农村工业化普遍展开，乡镇企业遍地开花，超过1亿人的农村劳动力就地非农转移，成为农民收入持续增长的主要因素。这些在自家门口转移的农村劳动力，被称为钟摆式迁移就业，早出晚归，仍然以农村家庭作为居住地。农忙季节，他们会请假甚至集体放假，回到承包的耕地里进行收种活动。对农民来说，在本地进行非农就业，既能增加收入，又不耽误农业经营，还可以节约居住和生活成本。由于无需忍受夫妻分居和家庭离散的痛苦，社会关系比较熟悉，其心理和精神成本也比较低。但是，这造成了普遍的农业兼业经营，导致农业机械化停滞不前，以及农业技术进步和劳动生产率提高缓慢等问题。

随着城市化进程的加快，农村劳动力开始向距离家乡较远的城市迁移，每年春节前后往返，被称为候鸟式迁移就业。这样，他们就无暇进行农业兼业经营。至此，农业机械化才得以较大规模地实现。在整个过程中，化肥对有机肥的替代就是个很好的例证。在经济发达地区，农业有机肥的使用数量越来越少。因为农民发现，如果能够获得其他的就业收入，耗费劳动时间将有机肥运送、施用在耕地里的成本就会相当高。权衡利弊之后，用现金购买化肥替代有机肥便成为一种最佳选择。表2-1是1985—2010年的部分数据。通过对化肥施用量与农民纯收入之间的回归分析，它们的相关系数高达0.941，检验所得F值为184.089，显著性概率为0.00，表示回归相关性极其显著。同样，农业机械总动力与农民纯收入之间的相关系数高达0.986，检验所得F值为812.253，显著性概率为0.00，表示回归相关性极其显著。

增加劳动时间、积攒和施用有机肥等，一般局限于就业机会较少和收入水平较低的地区。机械化实际是在农业劳动力的时间价值越来越高的过程中出现的一种替代。受土地资源稀缺的制约，农业劳动力的时间价值不能取决于其农业产出，只能由非农就业来衡量。城市化加速，外出打工农民增加，一方面，非农收入增加使农户有资金投入机械化以替代劳动力；另一方面，恐怕不少农户越来越没有能力进行农业精耕细作。所以，无论是发达地区，还是欠发达地区，农业机械化水平都有提高的趋势。实际上，从表2-1的数据可以看到，城市化水平与机械化水平（农业机械总动力）的相关系数高达0.997，检验所得F值为3533.163，显著性概率为0.00，表示回归相关性极其显著。这充分说明，加快城市化，可以很好地推动非农化就业、推进农业机械化。

表2-1　　中国农业机械化与城市化的比较

年份	乡村总人口（万人）	农业劳动力（万人）	农业机械总动力（万千瓦）	劳均马力数	化肥施用量（万吨）	农村居民家庭人均纯收入（元）	城市化水平（%）
1985	80757	31130	20913	0.69	1776	398	23.7
1986	81141	31254	22950	0.75	1931	424	24.5
1987	81626	31663	24836	0.80	1999	463	25.3
1988	82365	32249	26575	0.84	2142	545	25.8
1989	83164	33225	28067	0.87	2357	602	26.2
1990	84138	38914	28708	0.86	2590	686	26.4

续表

年份	乡村总人口（万人）	农业劳动力（万人）	农业机械总动力（万千瓦）	劳均马力数	化肥施用量（万吨）	农村居民家庭人均纯收入（元）	城市化水平（%）
1991	84620	39098	29389	0.86	2805	709	26.9
1992	84996	38699	30308	0.89	2930	784	27.5
1993	85344	37680	31817	0.96	3152	922	28.0
1994	85681	36628	33803	1.03	3318	1221	28.5
1995	85947	35530	36118	1.12	3594	1578	29.0
1996	85085	34820	38547	1.19	3828	1926	30.5
1997	84177	34840	42016	1.29	3981	2090	31.9
1998	83153	35177	45208	1.39	4084	2162	33.4
1999	82038	35768	48996	1.49	4124	2210	34.8
2000	80837	36043	52574	1.60	4146	2253	36.2
2001	79563	36399	55172	1.70	4254	2366	37.7
2002	78241	36640	57930	1.81	4339	2476	39.1
2003	76851	36204	60387	1.93	4412	2622	40.5
2004	75705	34830	64028	2.09	4637	2936	41.8
2005	74544	33442	68398	2.28	4766	3255	43.0
2006	73160	31941	72522	2.27	4928	3587	44.3
2007	71496	30731	76590	2.49	5108	4140	45.9
2008	70399	29923	82190	2.75	5239	4761	47.0
2009	68938	28890	87496	3.03	5404	5153	48.3
2010	67113	27931	92780	3.32	5562	5919	50.0

资料来源：《中国统计年鉴》(2006)，《中国统计年鉴》(2011)。

农业作为一种弱质的基础产业，具有其他产业所没有的特殊性。其他产业的发展一般需要吸收大量的劳动力，而当前农业的发展，必须以大量释放剩余劳动力为前提条件。城市化能够较好地满足这个条件。全国城市化水平每提高一个百分点，就会有 1000 多万农民迁往城镇居住。

但是，从表 2-1 可以看到，由于农村人口增长速度很快，城市化进程相对滞后，从 1985 年到 2010 年的 20 多年间，虽然乡村总人口减少了 1 亿多人，但农业劳动力数量变化不大。这种情况如何能够促进农业机械化产生质的飞跃呢？城市化中，大量农村人口迁往城市生活时，还必须减少农业劳动力，才能减缓原居住地的人地矛盾。没有农业劳动力的减少和农业经营规模的扩大，便很难实现以机械化以及由此引起的农业劳动生产率大幅度提高为主要特征的农业现代化。

使用化肥和机械是对劳动力资源的替代。随着机械化的进展，农村剩余劳动力愈来愈多；如果这些多余出来的劳动力没有就业去向，则机械化无法完成自身的使命。如果没有城市化进程，农村劳动力在当地就业，获得较低的非农收入，还不得不进行农业兼业经营，也无法完全实现农业机械化。从这个方面来讲，机械化是不需要推进的，而应该是产业发展的一种自然过程，只不过被大量农村剩余劳动力所阻滞。推进农业机械化的直接效果：一是减轻农业劳动的强度，二是提高农业劳动生产率，三是推进农业的商品化，四是保证农业产出总量和粮食安全。不过，如果在劳动力还不那么稀缺的时候就极力推进机械化，必然会受到适得其反的效果。一方面，极大提高农业生产经营成本，降低农业经济效益，致使农民抛荒土地；另一方面，在农村劳动力和土地这两大农业基本要素还没有市场化之前，要素市场的不均衡，会导致农业生产资料生产经营部门等非农产业对农业利益更大的侵蚀。总之，机械化并没有增加农民的福利，相反农民在农业方面的收入增长缓慢，某些地方甚至绝对降低。在城市化还没有达到一定水平的时候不能盲目推进农业机械化。

（二）城市化促进农业商品化

农业商品化，指农业生产由自给自足向为了买卖交易而进行生产的转变过程。在中国，农业商品化还具有特殊含义，包括农产品由国家计划购销方式向市场化转轨并最终实现市场化的过程。

中华人民共和国成立以后实行计划经济体制，大宗的工农产品实行统购统销制度，阻断了中国近代以来缓慢发展的商品化进程。不过，由于计划体制无力统治所有的产品和延伸到广大的农村腹地，农村地区仍然存在较多的市场交易，这也为农村经济体制改革创造了良好的土壤。那时，农产品的交易总量很有限，仅仅局限于一个小区域内农民家庭互通有无的初级阶段。农村的商品化进程在改革开放以后得到迅猛发展，不过发展势头远不如城镇。由于小农生产经营方式的存在，农民的自给性生产和消费比例远大于城镇。这不但降低了农民的福利，也阻碍了农业自身的发展。

农业商品化的衡量指标是农产品的市场零售总额占其生产总值的比重。但由于数据的可获得性有限，多采取相关数据进行估计。如浙江大学钱文荣等将农业商品化率定义为农产品销售额占农业总产值的比例，以这一指标来衡量农户农业生产的市场导向程度。① 历年《中国粮食发展报告》以全国粮食商品量所占比例作为粮食商品率，但《中国粮食发展报告》只是自 2004 年以来连续每年出版，历史数据有限。此处，考虑到较长时期内权威历史数据的可获得性，以农民销售粮食总量占粮食总产量的比重替代。具体数据见表 2-2。其中所计算的粮食商品化率与《中国粮食发展报告》有所出入。比如，2010 年《中国粮食发展报告》称，2009 年粮食商品量 29748 万吨，商品率 56%，比上年提高 2 个百分点。

根据该表数据进行分析，发现农业商品化率与城市化率之间的相关系数为 0.960，检验所得 F 值为 220.922，显著性概率为 0.00，表明回归相关性极其显著。

① 钱文荣，郑黎义．劳动力外出务工对农户农业商品化率的影响——基于江西省四个县农户调研的实证分析．南方人口，2010，4：59-64.

表 2-2　　农业商品化与城市化的关系

年份	城市化水平（%）	全国粮食产量（万吨）	全国农村居民家庭出售粮食（万吨）（抽样）	粮食商品化率（%）
1990	26.4	44624	15165	34.0
1991	26.9	43529	15184	34.9
1992	27.5	44266	14100	31.9
1993	28.0	45649	13600	29.8
1994	28.5	44510	16153	36.3
1995	29.0	46662	15402	33.0
1996	30.5	50454	17312	34.3
1997	31.9	49417	19193	38.8
1998	33.4	51230	18920	36.9
1999	34.8	50839	19963	39.3
2000	36.2	46218	21401	46.3
2001	37.7	45264	21326	47.1
2002	39.1	45706	21998	48.1
2003	40.5	43070	22621	52.5
2004	41.8	46947	21746	46.3
2005	43.0	48402	28013	57.9
2006	44.3	49804	28872	58.0
2007	45.9	50160	28174	56.2
2008	47.0	52871	31289	59.2
2009	48.3	53082	33292	62.7
2010	50.0	54648	30903	56.5

资料来源：《中国统计年鉴》(2011)。

城市化中，大量农村居民进入城镇工作和生活，他们的消费水平大幅度提高，但相比原来的城镇居民，其收入和消费水平仍然比较低，恩格尔系数较高。在20世纪80年代初期，正是那些首先进入城镇居住的农民，打开了中国粮食商品化的大门。

众所周知，小农是封建思想的据点，是保守派的大本营。英国的“圈地运动”过程，正是小农从农村大举进入城市的过程，开启了英国现代化的进程。学术界对“圈地运动”褒贬不一，历史学家倾向于以批判的态度看待，非理性主义者更是对其口诛笔伐。离乡背井总会有诸多的痛苦出现，尤其是在社会大转型的过程中。但是，从经济学意义上看，也就是从提高经济效率和社会整体福利的角度看，农民离开耕作的土地是社会文明的进步。

农民进城，其消费总量、结构和消费方式都会发生巨大变化，极大促进了农业商品化。第一，是消费总量大幅度增加。如表2-3所示，农村和城镇居民的主要食品消费情况呈现显著的差异。2010年，除了粮食之外，城乡主要食品消费，城市都高于农村。这意味着，如果一个农民进入城市定居，其对农产品的消费量大幅度增加，必然推动农业商品化进程。第二，是食品消费由粗糙到优质，原来在农村吃的东西一般都是质量档次较低的，并稍微经过加工和炒制，便被食用。如农村集市上销售的农产品，其质量较低，价格较低。高品质的农产品大多被销往城镇。第三，从消费的产品结构看，在农村多消费粮食、低价格的动物蛋白和普通的瓜果蔬菜；到城镇后，开始消费较高价格的蔬菜、肉类和瓜果。第四，消费方式的改变表现在城镇居民到外面餐馆、酒店吃饭的比例大幅度增加，农村居民多在家消费，外出就餐的机会不多。

表2-3 **2010年居民家庭平均每人主要食品消费量**

（单位：公斤）

地区	粮食	蔬菜	植物油	猪牛羊肉	家禽	鲜蛋	水产品	鲜奶	瓜果
农村	181.44	93.28	5.52	15.83	4.17	5.12	5.15	3.55	20.60
城镇	81.53	116.11	8.84	24.51	10.21	10.00	—	13.98	54.23
城/乡	0.45	1.24	1.60	1.55	2.45	1.95	—	3.94	2.63

注：根据《中国统计年鉴》(2011) 的数据进行匡算，农村的部分数据还包括部分制成品。

在现代市场经济中，有需求就会有供给，消费结构变化会影响到生产结构的调整。城市化进程加快，城镇居民数量增加，大量农民工的自给性消费变为商品化消费，对于农产品和食品的消费数量增加；城镇居民收入和生活水平的提高，使得对于农产品和食品的消费质量的要求提高。农业生产更多考虑的将是消费者的需要，对需求信息特别重视，城镇正好可以担当农产品市场交换和供求信息交换的角色。这些商品化需求的拉动，促进了农业技术推广来改造传统农业，实现农业现代化。

农业的机械化和商品化过程，便是农业现代化的过程。其对城市化会产生良好的反作用。只有拥有一个发达的农业基础，才可以源源不断地把劳动力、农产品、资金、土地等农村要素转移到城市，支撑起健康而持续的城市化。

（三）城市化促进农村区域开放与发展

城市化过程会促进农村社区的综合发展与城乡一体化。按照城市文明普及率加速定理的说法，当城市化达到一定水平时，城市文明随着城市化水平的提高，在社会范围内的普及加快。在城市化水平低于10%时，城市的辐射力很弱，城市文明基本上只限于城市人口享受；当城市化水平达到20%～30%时，城市辐射力开始增强，城市文明普及加速，普及率为25%～35%；当城市化水平达到30%～40%时，城市文明普及率为40%～50%；当城市化水平超过50%时，城市文明普及率达到70%以上，这个阶段是城市辐射力最强、城市文明普及最快的时期；当城市化水平超过70%时，城市文明普及率有可能超过90%以上，甚至100%，这意味着即使不住在城市，同样可以享受到绝大部分的城市文明。① 城市文明的扩展可以改变农民由来已久的封建思想，拓展视野，改善思维习惯，生育观念、生活习俗更为文明化。

城市化促进了人们生活方式的转变和生活质量的提高，受其影响，农民开始逐步走出封闭，走向开放，消费方式不断得到改善，由自给自足占较大比重变为主要是商品性消费、货币性消费，促进

① 谢文蕙，邓卫．城市经济学．北京：清华大学出版社，1996.

了农村各行业的兴旺发展。由于经济发展较慢和传统社会习俗等原因，国内边际消费倾向一直较低，国内基本消费品表现为严重过剩。2008 年金融危机之前，国家多次调低银行存贷款利率，但对于刺激消费和投资来说收效甚微。货币流动性陷阱的影响，使得本已不足的有效需求更显疲软，过剩经济的特征愈发明显。广大农村的商品化程度相对于过去来说，已经有了很大提高，但总体水平还很低，农村产业结构严重趋同，各地形成低水平重复建设，不但导致了我国农产品的结构性过剩和商品化程度偏低，也极大地影响了我国农业生产的效率，阻碍了农民收入的持续增加。因此只有促进城市化进程，才能使农村市场从隐性的、潜在的市场变为显性的、有购买力的市场。在中国，农产品和工业消费品以及主要生产资料的供应，总体上处于供略大于求的状况。这种需求不旺的现象是在居民收入水平不断提高的条件下形成的，市场价格总水平持续走低，边际消费倾向较低。从统计数字上可以看到，三个农民也抵不上一个市民的消费水平，如在 2010 年，人均消费性支出，城镇居民是 13471 元，农村居民是 4382 元。

促进城乡一体化并非建设所谓的田园城市。主张田园城市的人认为城乡之间将最终达到完全融合，没有城乡分别。这在实际上是行不通的。城镇和乡村这两种社区形态的形成和发展有着其特定的自然、社会、经济、历史等条件，应该各自独具特色，在较高层次上形成协调发展的格局。我们所提倡的消灭城乡差别，应该是要达到城乡居民之间的平等相处，在基本社会事业发展方面消除各种人为的差异。

城镇主要表现为工业生产、商品流通、交通运输、金融、信息、科技、文化和行政中心，城镇数量的增加和规模的扩大能够对周边农村地区产生持久的经济辐射作用，显著促进周围农村地区的快速发展。城镇基础设施建设，带动了与之相关各行业的发展；城镇房地产的发展，带动了建筑业，给农民工进城工作提供了一个广阔的平台，也促进了农村建筑和建材业的大发展。

中国农村发展最大的问题是人多地少。减少现在的农民才能使农民从人地矛盾的重压中逐步解脱出来，走上富裕之路。比如，种地是否合算已经成为一个悖论。如果只在自家分得的有限的承包田里种地，种地一般是不合算的，因为土地资源太少会造成劳动力的闲置。当前人多地少，劳动生产率低是农民收入水平长期低下的客观原因。如果转包大量耕地，进行规模化种植，则更容易发家致富。只要有足够多的土地，农业经营的资本回报率就是比较高的，尤其是在当前农业税费都已经取消并能获得政府补贴的情况下。促进城市化进程，应让那些有能力、有要求的农民尽快地彻底离开农村的土地，把资源留给那些最需要的纯农民，最终各得其所。

第三节　城市化对农村经济的负面影响①

城市化可以极大促进农村经济的发展，这在理论界已经形成共识。但是在看到城市化积极一面的同时，我们也不应该忽视其对农村经济带来的负面影响，尤其是在政策措施不科学或不合理的情况下，更容易导致一些消极后果。

一、城市化进程对农村经济的负面效应

（一）城市化过程的高成本影响了农民福利

在城市化过程中，被称为民工的农民从农村向城镇迁移，要支付许多成本，有的是货币费用，有的是精神损失。这些成本主要包括以下几个方面：

（1）制度约束成本。由于目前中国仍然采取一种城乡隔离的制度措施，在户籍制度、社会管理制度等方面对农民有所歧视，民工要进入城镇尤其是进入大城市就业和生活，受到诸多限制，如外出打工前要在本县缴纳一定的管理费用，进入城镇后要向暂时居住地办理有关手续。如果在大城市安家落户，往往还要支付数量可观的城市增容费。

（2）就业成本。民工在寻找工作时，必须支付有关信息成本，

① 参见韩纪江，孔祥智．城镇化进程对农村经济的负面效应浅议．农业经济问题，2001，7：26-30.

有的通过劳务介绍机构，要交纳不少中介费，而且还经常因为当地主管部门对劳务信息机构运作的管理不规范，上当受骗，白白浪费资金；有的通过各种个人关系介绍，要支付很大的人情费用，个别的还有误入黑帮的危险。由于信息不对称，进入城镇后的农民，可能无法及时就业，但必须维持最基本的生活开支，形成一种就业的代价，有时这种代价相当高。

(3) 生活成本。民工离开原来的住所和熟悉的环境，与占据天时、地理、人和的城镇居民相比，要付出更高的生活代价。如城镇居民可以在住房供给有限的环境中，随意提高房租；很多民工缴纳不起房租，只好长期居住在恶劣的环境中，影响身心健康。民工的食品需求由原来很大程度上的自给转而完全通过市场来满足，生活消费的市场化程度比城镇居民还高，城镇居民对水、电、暖、煤、气等的消费即使没有国家补贴，也还具备一种规模使用和固定使用的效益。高额的医疗费用、子女教育费用，往往使民工对之避让三分，有病不医使身体状况越来越差，子女不能享受正规基础教育，影响了今后人力资源的总体素质。

(4) 交通成本。由于就业形势不稳定，为寻找更好的就业岗位，民工需要经常流动，付出的交通费用在支出中所占比重越来越大。其中一个原因是中国当前的交通运输远远没能达到规模经济水平，运输费用太高。交通成本在那些远距离异地转移的民工那里表现得更为突出，特别是由于传统的习惯，民工在春节前后集中返乡探亲，给交通造成了很大的压力，自己也付出了很高的成本。

(5) 机会成本。民工外出打工后，各种形式的农民负担照交不误，但无法享受上缴费用后应该得到的社区福利。原有的各种生产工具和家庭生活设施闲置，得不到充分利用；原有土地使用权的收益也会大打折扣，有些耕地甚至被抛荒。由于现有体制约束，这些机会成本无法转移到其他农民身上，形成社会资源的净损失。

(6) 精神成本。大多数民工是单身外出，长期在外，与家庭团聚的时间少，难以享受天伦之乐，内心比较痛苦，必须长期承受很大的精神压力和精神负担；很多农民家庭夫妻常年分居，形成对人性的压抑，也影响了社会安定。

（7）迁移成本。农民家庭和经济实体向城镇的聚集性迁移需要大量费用，尤其是制造业向城镇的集中，不但耗费时日，也涉及巨大的重建成本，有些甚至因成本过高而丧失了迁移的可行性。

城市化过程中的高成本阻碍了农民外出异地就业，降低了农民的福利水平，对农民群体和个人的发展产生了很大的危害，也降低了城市化速度。

（二）城市化进程中的人口流动影响农村劳动力素质

由于制度约束，中国城市化初期阶段人口的流动首先表现为一年一度的民工潮，其中有很多农民常年工作生活在城镇，我们可以将其视为一个先期转移出去的、比较稳定的人口整体。这些率先转移出去的农民，往往具有较高素质，男性所占比例比女性大，初中以上文化程度比小学文化程度多，未婚的青年劳动力比已婚的多，头脑灵活、有一定技术和管理专长的明白人多，这些都对农村劳动力群体素质的提高非常不利。中国农村劳动力的整体素质本来就不高，如在 1999 年，全国 4.6 亿农村劳动力中，高中以上文化程度所占比例仅有 11.35%，有 46.05% 的人只有初中文化程度，有 33.65% 的人仅仅小学毕业，有近 9% 是文盲半文盲。① 至 2008 年，在农村劳动力中各文化程度所占比例，高中以上的提高到 15.74%，小学毕业的减少到 25.30%，文盲减少到 6.15%，但仍然有多达 52.81% 的人为初中文化程度。根据经验可知，小学以下低文化层次所占比重变低的原因是老年人群的自然死亡。当那些年轻、有文化或有一技之长的青壮年男性劳动力转向城镇后，剩下的就是以儿童、妇女和老人为主的所谓“613899 部队”。按照经济规律办事，农村劳动力通过市场机制配置到能够产生较大效益的城镇就业，应该说这是历史的进步，任何人都应该大力支持。但是这种流动对于农村经济发展的不利影响，也不可忽视。

① 根据《中国农村统计年鉴》(2000)、《中国农村统计年鉴》(2009) 的有关数据计算得到。

高素质人口的流失不能不说是当地经济发展的败笔，这与大量人才出国就业是一个道理。人才在国外就业能够挣得一点外汇收入，但是他们给他国创造的财富，远远大于所得，增强了他国的综合国力。农民中有能力外出打工的人，实际上就是本地的人才。对当地农村社区来说，他们外出打工的潜在机会成本非常高。所以，从长期看，外出打工农民越多的地区，其发展后劲越弱，与其他城镇和农村地区相比，将更加贫困，造成城乡差别和地区差别的扩大。

部分高素质的农民外出打工，并没有减轻对原籍教育设施的压力。受到制度约束，除非少数非常成功的农民可以将子女带到城镇接受教育外，民工后代中的大多数必须回原籍接受正规教育，其中不乏学习成绩优良的学生，他们通过高考脱离了农村，那些高考失利者也大多继续父辈们的打工之路，对家乡的经济建设不会有任何的直接贡献。能够积攒一定资金回乡投资的民工只是少数，即使民工将在城镇获得收入中的很大一部分带回了家乡消费，能够提高其家庭的生活水平、活跃家乡消费品市场，但这种贡献对家乡经济发展来说并不起决定作用，因为仅仅通过扩大消费品的购买并不能彻底改变生产结构和提升有机构成。

（三）城市化使农村中大量生产要素流失

随着户籍制度、城镇住房和劳动就业等各项制度改革在某些地区和某些特定时期的突破，一些农民逐渐脱离农村，举家迁移到城镇工作和生活。这些农民一般都是农村中率先致富的典型，已经积攒了一定数量的资本，他们进入小城镇的主要目的是提高收入水平和改善生活质量。当这些农民进入城镇后，会从农村地区带走大量的财富资源，如有形的货币资金和家庭生活设施、无形的生产财富的能力和常年积累的农村教育支出等，形成农村资金的非农化，在一定程度上影响了农村地区的社会综合发展。与城市教育投资体制不同，在农村地区提倡人民教育人民办，农村教育设施中有很大一部分比例来自农民集资，农民子女上学过程中又缴纳了大量学杂费用，支出了大量生活费用，这些都形成农村人力资本积累。以改革开放前20年为例，农村居民家庭平均每人生活费用支出，在1980

年是162元，1999年是1577元。① 这里笔者假定农民生活费用支出呈线性增长趋势，那么按照当年价格简单计算，1980—1998年每个农民的年均生活费用支出是820元，如果折算成当前可比价格计算，会更高一些，大约在1000元。再假定农村儿童的生活费用支出相当于平均水平，那么一个农民从1980年出生到1999年成长为能够自我供养的成人，所需要的人力资本投资总额达2万元。②这些成年后的农民子女有三个去向：沿着上一辈人的足迹，继续当农民；进入城镇打工，逐渐成为城市化的主体力量；通过考学进入城镇就业。第一种出路，是农民个人最不愿意走的，但是占据相当大比重。第二种出路，仅仅限于一些有打工传统或有关系门路的一部分，其比例呈迅速扩大趋势。第三种出路，是农民最大的期望，随着大学扩招，入学比例增长很快，但是毕竟只占很小的比例，这部分农民子女需要农民家庭提供更多的财力支持，2000年前后，四年大学的花费在2万元左右，这些投资基本上全部进入城镇。根据上述计算，中国的城市化率每提高1个百分点，会有大约1200万农民进入城镇，从农村带走至少2400亿元的人力资本投资。这是一笔巨大的财富，城市化对经济的促进作用，也有这方面财富聚集的贡献。上述数据是根据2000年前后的情况进行估算的，2010年后，具体金额大幅度提高，估计至少提高了1倍。

城市化的过程必须实现乡镇企业向城镇的聚集，这种聚集必然出现大量财富向城镇的直接转移。此外中央的一些政策在无形中还促进了城镇对农村地区的再次剥夺。如撤县设市、设区和撤乡设镇等措施，将农村置于城镇的领导之下。出台类似政策的本意似乎是加强城乡联系，促进城乡市场和地域经济的发展，但是往往事与愿违。由于城镇建设能够极大地彰显领导干部的政绩，受到客观存在的利益驱使，干部们的工作中心往往集中在城镇，人、财、

---

① 数据来自《中国统计年鉴》(1999)、《中国统计年鉴》(2000)。

② 这些人大多数是初中毕业，在15岁左右便开始参加劳动，占用的人力资本投资要比高中毕业的少一些，但是不论从事什么工作，都还有学习的成本、等待就业的机会成本。

物的分配方面也大多集中到城镇，这其中有很大一部分支出由农民负担。

(四) 城乡差别继续存在和农村地区的衰退

长期以来，中国城市化采取了城镇内部繁殖策略，城乡之间形成两种截然不同的社会经济发展模式，形成二元经济结构。这种二元结构允许城市通过工农产品“剪刀差”等多种途径从农村攫取剩余，使中国城乡之间的社会经济发展水平产生巨大落差。工业过快增长，而且以重工业为主导，忽视了轻工业发展，不但造成人民生活日用品的严重短缺，还使得工业与农业之间的产业关联度降低，丧失了产业关联效益，不利于国内总供给和总需求关系的平衡。受到传统思维和习惯势力的影响，现行的城市化政策措施并未彻底摆脱过去模式，有一个最显著的制度安排——户籍制度仍然存在并发挥着作用。这种制度的运行界定了人们观念上的城乡区别，错误认识的危害更甚于错误本身，那种观念区别更甚于表面形式上的区别。城乡差别的主要体现是人均收入，如城镇居民家庭人均可支配收入与农村居民家庭人均纯收入之比，在 1985 年是 1.86，1990 年是 2.2，1995 年是 2.71，1999 年是 2.65，2010 年是 3.23。[①] 换一个角度来看，如果没有制度约束，市场化促进社会生产价格的形成，各种流动性生产要素内部的收益率在某一个较大地域范围内比较接近，人均收入不应有巨大差别。

作为经济增长极或经济中心，城镇在某一个地域经济范围内应该处于主导地位，这是经济发展的客观结果，但这并不表明农村的必然衰退或消灭。国外一些发达地区，也不同程度地存在农村地区衰退问题，但那种衰退是地域经济活动和人口活动的同时衰退，以人口急剧减少、交通不发达和农民自愿贫穷为前提，与中国的问题在性质上截然不同。中国很多城镇经济中心地位的形成得益于行政力量，并不符合经济区位优势和交易成本最低法则，而农村地区的衰退则是农民所不情愿的，只是没能得到国家政策的平等对待，被

① 根据《中国统计年鉴》(2000)、《中国统计年鉴》(2011) 的有关数据计算得到。

无奈地禁锢在制度樊篱中。

目前的城乡差距还有日趋扩大的趋势，城乡之间在经济分配上的对立越来越尖锐。教育、交通、医疗、社会保障、民兵训练、计划生育等各项事业的发展水平是一个地区社会发展文明程度的标志，这其中很多都具有公共物品性质，需要国家财政投资。在城镇当然主要由国家财政统一负责，而农村则主要依靠农民负担。长期投资不足，使农村地区的生存和发展条件相对恶劣，严重影响了农民收入的增长。

现在促进城市化，要防止形成城镇特别繁荣，而农村继续落后贫穷的后果。像拉美的一些小国，城市化水平很高，大大超出其工业化水平，但农村非常落后，吸毒、走私、犯罪活动猖獗，社会秩序极度混乱，应该给我们带来警示。

（五）城市化会相对影响农业生产

中国农业生产是一种典型的小农经济，商品化程度不高，劳动生产率极低，自身积累和扩大再生产能力差，弱质性显著。农业的弱质性以及其对整个国民经济的基础地位，要求我们必须将其作为一种公共物品来看待。加入 WTO 后，中国农业生产在国际市场上的竞争力有多大，不能不引起我们的关注。毫无疑问，粮食等主要农产品在国际市场上缺乏竞争力，国家必须对其进行保护或支持。

不过从近期看，如果能够至少做到保护农业生产的正当利益不受侵犯，恐怕就已经很有进步了。一种产业的地位应该由经济发展规律所决定，任何政策、任何人都不能忽视客观规律的存在。1993 年颁布的《农业法》规定，国家逐步提高农业投入的总体水平，国家财政每年对农业投入的增长幅度应当高于国家财政经常性收入的增长幅度。但是实际上，农业投入水平要低得多，如就在《农业法》颁布的第二年，即 1995 年，国家财政支农增幅竟然不到财政经常性收入增幅的 30%。① 到 1998 年，情况有所好转，国家财政支农增幅达到当年财政收入增幅的 56%。2010 年，农林水所占

① 程漱兰．中国农村发展：理论和实践．北京：中国人民大学出版社，1999.

财政支出不到总的财政支出的10%。财政支农资金增幅下降，而且很多资金通过非农化流失到其他产业，不能真正进入农业生产领域，致使农业基础设施常年老化失修，抵御自然灾害的能力极弱，一旦遇到特殊年份，出现粮荒现象也不无可能。那么资金都投放到什么地方了？1999年，财政支出中的国内基本建设支出增幅达到当年财政收入增幅的3.3倍，2010年社会保障和就业支出所占比重超过总的财政支出的10%，其中绝大部分为城镇居民所享受。①

现在全国正在掀起新一轮城市化热潮，诚然，城市化是经济发展的一个重要标志，但不是最终目的，促进城市化的一切政策措施应该同时也是促进经济发展的手段。农业作为经济发展的一个领域，断然不可偏废。随着城市化进程的加快，大量农村劳动力和农村资金转移到城镇，用于农业生产的劳动力减少，对机械化的需求增加，将产生较大的资金缺口，必须通过财政转移支付或信贷等途径予以满足。

二、消除城市化对农村经济负面影响的对策

产生上述负面影响并不是城市化过程的必然结果，而是在很大程度上源于综合政策措施的偏差和失误。如片面注重城市化的数量和规模扩张，忽视了城镇建设质量的提高；借助户籍管理等旧体制的力量，相应保持原有城镇居民较高的社会福利；通过实行对农民和农业的差别对待和实质上的歧视政策，实现对农民的再次剥夺。为了避免上述负面影响，必须遵循所有公民一律平等、切实提高经济效益等原则，正确处理城市化与农村经济发展的关系。

（一）将城市独立出来

过去实行市管县等措施，原本目的是加强城乡之间的联系，保证城市原材料和食物供应，实现城乡共同繁荣。但是，具体操作结果变成了城市对农村通过行政力量的剥夺。过去政策的基本制度背景是市场的分割和极不完善，现在随着市场经济体制的逐步建立，

① 根据《中国统计年鉴》(2000)、《中国统计年鉴》(2011)的有关数据计算得到。

一切经济工作都应该通过市场机制进行，即便是宏观调控也必须遵循市场经济规律，杜绝行政力量对经济发展道路的扭曲。城市对农村经济发展的辐射带动作用，应主要体现在市场需求方面。

（二）加强中心城镇建设

中心城镇包括县城和较大规模的镇，其中心城镇的地位大多是社会经济长期发展形成的，对周边农村地区具有很大影响。加强中心城镇建设，发挥其在农村地区的市场中心、信贷中心、信息中心和社会服务中心的作用，必须立足于“三农”，而不宜过分强调工业的作用。

（三）增加城镇基础设施供给

城镇基础设施的供给数量和质量，决定了城镇聚集经济效益和规模经济效益的大小。良好的交通、通信、住房等生产和生活条件，可以降低生产经营成本和生活费用，降低经济要素的进入门槛，吸引更多资金、物资和农民进入城镇，形成经济运行的良性循环。

（四）取消户籍等一系列陈旧制度

户籍、就业、住房等制度产生于短缺经济时期，其制定的主要目的是维护政治和社会的稳定，而不是促进经济发展。现在这些制度已经成为中国市场经济体制建立、完善和运行的主要障碍，也体现了国家政策对农民的继续歧视和不公平，与国内大力促进城市化的政策也不协调。

（五）摆正三农在国家财政预算中的位置

至少国家财政要对农业、农村和农民给予与工业、城镇和城镇居民一致的国民待遇。财政的农业支出要切实合法——符合《农业法》规定。在农村推行真正的义务教育甚至全免费基础教育，不遗余力地提高农民素质。

第四节　城市化中的人地分离现象

一、城市化中的人地矛盾

人地矛盾，指人口的大幅度增长与土地资源有限之间的矛盾。

人的主观劳动与土地自然属性的结合，生产出人类所需要的财富。最初，人少地多，只要提高人的劳动生产率，便可以源源不断地生产出财富来，这就是宏观经济学中凯恩斯总供给曲线的一个假设。但是，逐渐地，人口增长使得所有土地资源在既定技术水平下得到充分利用，财富生产的增加便开始以物价水平的上涨为代价。

城市化是以较少土地承载较多人口和要素的过程，可以很好地缓解人地矛盾，抑制物价上涨。城市化实现了要素的聚集，由此产生聚集和规模经济效益，并对技术进步和社会发展形成正外部性，从而促进了经济的长期增长。在城市化中，伴随人口由农村向城市的迁移，土地资源在城乡之间的配置发生转变。此时，人口总量在迅速增长，可继续开发利用的土地资源总量却在锐减，各种负外部性趋于严重。人多与地少这一对矛盾的不断加剧，滋生了很多问题，如表现为粮价上涨的粮食安全问题，表现为房价上涨的买房难问题，表现为菜价贵问题、行路难问题，等等。各种所谓的“城市病”也大多因为太多人口聚集在太少的土地上而形成。

为了获得因聚集而产生的效益，必须促进城市化，而不是因噎废食地去放慢城市化进程。那么，下一步应把促进城市化的政策重心置于消除城市化负外部性。这包括两个主要的途径。一是增加城市建设用地，表现为城市规模在外延上的扩大，城市建成区不断增加——城市平面化扩展。二是提高城市建设质量，表现为在单位面积城市建成区上增加更多的基础设施和社会事业发展投资——城市立体化发展。前者主要依赖增加城市建设用地，后者主要依赖增加城建投资。在城市建设资金非常紧张的情况下，城市建成区“摊大饼”式的扩展就成为一种必然而普遍的现象。全球的城市化都已经或正在经历这样的一个过程。只有当土地资源稀缺到引起政策干预时，城市的低成本外延式扩展模式才会终结，进入平面与立体相交织并最终进入高成本的内涵式立体化发展模式。美欧日等发达国家，大规模的城市化基本趋于完成，城市人口比例基本稳定，城市建设也趋于稳定下来。

中国目前的总体城市化水平还比较低，按照现有国家统计局的统计标准，2010 年全国城市化率达到 50%，城市化在今后一段较长时期内，仍将处于外延式扩展模式中。但是，对土地利用转变的行政管制太严厉，导致沿海发达地区因可以转为城市建设用地的指标不足而出现高房价，欠发达地区的用地指标因相对宽松而形成土地浪费引致高粮价，从而产生了诸多问题，这种现象集中表现为人地分离，即人口与土地的分离。很显然，人地分离加剧了人地矛盾。

二、人地分离的原因

城市化通过在较少土地上承载较多的人口和要素来缓解人地矛盾，这种情况是在自然状态下出现的。因为，在自然状态下，向城市区域迁移的人口和要素会放弃其在农村地区占用的土地。这存在逻辑上连续递进的几个原因。第一，自然状态下，土地私有，土地所有者有买卖土地和通过租赁等方式处置土地、获得收益的权利。第二，土地市场具有良好的交易秩序和价格发现机制，土地与资本、资金具有良好的替代性。第三，位于城市的土地，其升值快于农村的土地，进入城市就业和生活的人愿意以较低价格让渡其在农村的土地权益，以便获得资金购置城市土地的相关权益。第四，正是由于城市土地升值快，价格高，导致进城人口放弃较多的农村土地来换取较少的城市土地。这便是城市化节约土地的题中之意。

城市化有助于集约利用土地资源，显而易见，人口的集中使人均、产均占据的土地面积减少。但是，这一切都必须以农民在进城后能够通过转让、买卖等方式放弃在农村的土地权益为前提。遗憾的是，农村土地的集体所有制阻断了这一过程。村集体的存在，导致缺乏农村住宅的自由流动机制。当然，这里也有其他一些主观因素，如进城农民过于保守，要留有自己在农村的住宅。

在禁止农民交易土地的同时，集体所有制却在助推大规模有计划的土地非农化。浙江大学靳相木与山东农业大学杨学成认为，从村庄治理结构看，土地的村庄所有制在新形势下为“要地不要人”的圈地狂潮开辟了一条绿色通道，大片粮田被低价征占，但由于没能同时出现产业聚集，无力为失地农民提供相应的就业机会。超越生产力要求的城市化一旦蔓延，所带来的社会灾难，与滞后于工业化的城市化相比，后果更为可怕。土地村庄所有制蕴含着发生这种灾难的逻辑可能。①

集体是一个很抽象的概念，是其内部所有个体权利共性的集中。土地是集体所有，而集体则是当地村庄内所有农民共同组成的群体，集体与农民之间的关系是一般与个体，没有农民的个体，就不会有集体的群体；没有了集体，也就没有了农民共同利益的载体，所以土地的真正主人是本地社区的全体农民。

应该把村看做什么？一些从事社会学、人口学、经济学和交叉学科的学者们对村庄进行了较多的研究，包括实地调查和基于各种理论的分析。当前对于村庄的理解，总体观点是倾向于剥离附着于其上的那些行政权力。承认现实，尊重现实，注重本质，抛弃形式主义，应该是当前最为理性的选择。笔者以为，村庄更应该是一种合作组织、社区服务组织，而不应该反过来成为农民的领导者和土地所有者。为此，应该取消村集体所掌控的土地权力，将其变成一种真正的合作组织。

人地分离的制度原因还来自人户分离，而形成人户分离的本质原因还在于经济利益驱使。土地权利直接与户口挂钩，当户口还在农村时，进城的农民工没法通过交易、交换等方式把在农村的土地权利转移到城市。

---

① 靳相木，杨学成．作为制度的村庄和村庄里的制度——中国人口城市化问题的一个解释框架．管理世界，2004，5：67-75.

第三章　农地与粮食安全

第一节　农村的土地

一、农地

农地指可以进行农业经营的土地，包括耕地、林地、草地和畜禽养殖用地、养殖水面等，是农林牧渔四大农业产业所占用的土地。

对于耕地的统计，存在一些问题。经济学意义上，凡是已经进行耕作的土地都属于耕地的范围。根据国家统计局《中国统计年鉴》的统计口径，耕地面积指经过开垦用以种植农作物并经常进行耕耘的土地面积，包括种有作物的土地面积、休闲地、新开荒地和抛荒未满三年的土地面积。但就在该年鉴的同一页又规定，农用地包括耕地、园地、林地、牧草地和水面。在这里，将园地单独列出在耕地之外。由此可见当前对于耕地统计思维上的混乱。国土资源部的《国土资源统计年鉴》与《中国统计年鉴》也存在一定的差异，将耕地和园地各自独立并列出来。两个部门的统计口径所产生的区别可以通过表 3-1 看出来。表中，中国统计年鉴的耕地数据声称来自国土资源部，但两者的差距在于所占比例不同。而且，国土资源统计年鉴上还有园地这一项的统计。如果把耕地和园地相加，《国土资源统计年鉴》的可耕作土地所占比例就大于《中国统计年鉴》1.36 个百分点。

表 3-1　　中国的土地状况划分（按特征分）

	《中国统计年鉴》(2009)		《国土资源统计年鉴》(2009)	
	面积（万公顷）	比例（%）	面积（万公顷）	比例（%）
耕地	12172	12.68	12171.6	12.80
园地	无	无	1179.1	1.24

同样是具有法律上权威意义的统计数据，存在较大差异，这给经济研究和决策分析造成了一定的分歧。同时，现有统计还忽略了几个严重的问题，即耕地上面种树而转为果园和林地的现象、优质耕地减少而劣质耕地增加的现象、土地整理与复垦数据灌水现象。所以，笔者估计，就耕地的物理性状而言，现有实际的耕地面积、生产潜力应该低于统计数据。对于耕地的定义，笔者以为，应该顾名思义，它指每年可以翻耕、换季种植农作物的土地。果园、用材林、生态林、灌木林等应与森林一起称为林地。与耕地不同，林地无论其有无经济价值，都客观地具有较高的生态价值，包括碳吸附较多、提供绿化景观和水土保持等。草地是进行放牧或收获牧草的土地，具有较高的生态价值，而畜禽养殖用地则是作为一种污染源看待，随着劳动力工资的上涨，畜禽养殖所排泄的污染物进行无害化处理和变废为宝的成本提高，畜禽养殖逐渐成为一种污染源，需要进行规范和限制。养殖水面存在生态作用和污染等正反两个方面的外部性，需要有针对性地进行支持或限制。不言而喻，区分农业用地的目的是因地制宜地采取不同的鼓励政策。

农地要搞好流转。土地流转原来都曾经搞过，由于土地越来越少，土地流转的效果并不好，农业规模经营难以大范围推广。土地流转必须尊重农民意愿，使得离开土地的农民能安心地从事非农产业，留在土地上的农民也能放心地生产，扩大经营规模，取得更高的收益。推进土地流转的关键是正确处理承包权和经营使用权的关系及其利益分配问题。土地承包权必须稳定并获得应有的收益，而经营使用权必须流转才能提高经济效益。可以尝试确认农民对土地的永久使用权（“田面权”），能自由转让、抵押、出租和继承。来自土地所有权（"田底权"）的收益则归村集体所有，用以进行村级公共管理。

在符合土地利用总体规划的前提下，农民可以在承包地上从事各种农业经营，但要防止土地撂荒现象。对于全年抛荒的，应给予高额罚款，并由乡镇政府或集体组织向承包者收取抛荒费；无故造成季节性抛荒的，给予严厉惩罚。非农业建设用地征而不用的，要征收土地闲置费；连续 2 年未使用的，无偿收回土地使用权，恢复耕种。同时，采取多种措施，鼓励土地流转，在稳定承包权的基础上，放活经营权，在保证土地农业用途不变的前提下，尝试各种方式的土地转包和流转。

现在的农地承包制，从经济学上来讲并不是最经济的。之所以坚持农地承包期 30 年不变，并主要按照人口来平均分配土地，完全是出自政治稳定和社会稳定方面的考虑。土地是农民的基本生产资料，很多农民已经不再经营农业，但他们的非农就业并不稳定，土地便成为他们存活下来的基本社会保障。因此，就这一点而言，稳定土地承包关系非常重要。为此，在制定城市土地利用规划的时候，哪些土地需要开发，农民怎么样补偿，哪些土地需要保留，都必须清晰地界定。

对于农地尤其是耕地的重要性，学术文献颇多，在此不重复赘述，主要内容是保护耕地、提高耕地利用效率。如北京大学蔡运龙等高度重视耕地问题，认为耕地问题是中国现阶段社会问题的一面镜子，中国当今耕地问题症结是土地产权不明晰，农民没有掌握主动权，所以虽然采取"世界上最严格的耕地保护政策"，实际上农地最容易被征用。地方政府很容易滥用征地权，损害农民和全社会利益。此外，还有以牺牲农民利益的传统思维习惯，对耕地真正价值认识的不足，忽视耕地外部性等原因。明晰土地产权是治本之策，应真正实现"耕者有其田"，将征地制度改革为购地和征购制度，建立耕地资源所承载全部价值的评价指标体系。①

① 蔡运龙，俞奉庆．中国耕地问题的症结与治本之策．中国土地科学，2004，3：13-17.

二、宅基地

在当前可利用土地资源越来越稀缺的情况下，农村宅基地逐渐进入人们的视野。18亿亩耕地红线的战略思维催生了严厉的耕地保护政策，但为了满足非农经济发展的迫切需要，又设置了一个耕地动态总量平衡的“防水口”。只要在本区域内做到了耕地面积的动态平衡，便可以增加国有的城市非农减少用地指标。为了避免触及耕地保护“高压线”，各地纷纷寻找其他的办法，对于宅基地的研究也随之兴起。

一些文献分析了农村中“空心村”出现的原因及其危害。东南大学薛力认为，空心村现象是村庄外围粗放发展而内部衰败的空间形态。其原因是城市化滞后于非农化、农宅建设迅速发展而村庄规划和管理体制落后、原有农宅本身的形态特征、土地产出低效益等。解决空心村问题，应根据其发展的具体阶段而采取迁村并点、村庄改造和促进城镇化等政策。① 河南师范大学社会发展学院李永芳认为，农村住房建设的大量增加，反映出农民生活水平的提高以及新农村建设扎实推进，但由于存在无序建房等一些不合理做法，空心村大量形成，使得耕地严重流失，加剧了人地矛盾，直接危及了我国的粮食安全。在新农村建设中，改善居民住房条件的同时应切实加强耕地保护。应规范农民建房用地行为，严格治理“空心宅”现象；合理规划村庄建设，加快农村城镇化建设，集中住宅，节约耕地。②③

大多数学者主张放开宅基地流动和交易的限制。北京工业大学赵之枫、张建认为，农民的流动和迁徙已成为社会常态，二代农民工更趋向于在城市中生活。对于那些准备向城镇迁移的农民，如果

① 薛力．城市化背景下的“空心村”现象及其对策探讨——以江苏省为例．城市规划，2001，6：8-13.

② 李永芳．遏制农村无序建房与耕地流失的基本对策．河南师范大学学报（哲学社会科学版），2010，6：126-129.

③ 李永芳．新时期以来农民建房与耕地保护问题的思考．当代中国史研究，2011，1：63-68.

限制其将房产向非集体成员转让，一方面影响他们筹集一笔进入城市安身立业的最低资本金，从而阻碍人口城市化进程；另一方面他们进城之后继续将农村的房产保留在手中，不利于农村人口人均土地资源占有水平的提高。诞生于20世纪60年代的宅基地使用制度是以城乡二元户籍制度为基础、限制城乡人口流动为初衷、实现重工业优先发展战略为最终目标而作出的一种制度安排，对农村住宅建设产生了重大的影响。宅基地的无流动性、无偿和无限期使用的特性不仅造成了大量宅基地的闲置与无序扩张的矛盾，宅基地使用权的非流转性也阻滞了农村剩余劳动力的转移，成为破除城乡二元社会结构和推进城市化进程的障碍。要逐渐完善农民的宅基地产权，引导和规范宅基地合理流转，实现农村宅基地有效利用，促进城乡要素的合理配置和有序流动。建立完善的城乡土地制度、住房制度和保障制度，既可以促进农村住房建设的健康发展，也可以更加有效地抑制大城市房价上涨过快的趋势，推动城乡经济和社会和谐发展。① 四川省社会科学院周中举认为，建立在人口不流动的自然经济假设基础之上，限制农村宅基地使用权自由流转制度，已不适应要求。对宅基地使用权的制度重构，应牢牢把握好用益物权为私权这一逻辑起点，围绕保障权利人利益、实现农村宅基地使用权自由流转的目标来推进。②

对于农民是否愿意通过出让宅基地来获得进城资金支持，西南大学张怡然、邱道持等人的问卷调查表明，农民工农村宅基地退出与否的意愿主要受宅基地的住房养老保障效用、置换住房面积的期望值、家庭经济收入状况、技能培训状况、老人和子女状况等因素影响。其中，宅基地住房养老保障效用起决定性的反作用，反映出农民工退出农村宅基地最大的顾虑来源于城市与农村社会保障待遇不均等，农民工进城后享受不到城市政府提供的公共服务。因此，

---

① 赵之枫，张建．城乡统筹视野下农村宅基地与住房制度的思考．城市规划，2011，3：72-76.

② 周中举．农村土地使用权实物交易和地票交易制度评析——以农村宅基地使用权为中心．经济体制改革，2011，1：83-87.

要加快农村宅基地的退出必须建立配套的宅基地退出补偿机制，保障退出农村宅基地的农民工的当前生计和长远利益。① 江西财经大学刘旦的调查研究结果认为，导致宅基地置换意愿强的因素有年龄较小、受教育程度较高、非农就业状况好、得到的补偿情况好、社会保障完善等。可能的解释是因为户主年龄越大、受教育年限越低，越缺乏非农就业机会，或对老房有感情，就越不愿意置换宅基地。女性比男性更不赞同进行宅基地置换，是因为女性外出打工机会少，在统计上不显著。此外，乡村干部的寻租会抑制宅基地置换。②

第二节 耕地减少问题——以温州为例③

温州经济发展迅速，在改革开放以后的30年里，非农化和城市化进程大量侵占耕地，耕地面积由1978年的20万公顷减少到2007年的15.8万公顷④，年均减少1.3万公顷，由此形成较多的经济社会问题。对此进行研究分析，寻求缓解或防止耕地减少的对策，是构建和谐社会的迫切需要。

一、耕地减少的根源

（一）非农化

非农化指农业产业向其他产业转化、农业要素转向非农用途的过程。农业的主要社会功能是解决温饱问题，但人的需要呈现层次性递增。随着农业生产效率的提高，在解决温饱之后，对于非农产

① 张怡然，邱道持，李艳，骆东奇，石永明．农民工进城落户与宅基地退出影响因素分析——基于重庆市开县357份农民工的调查问卷．中国软科学，2011，2：62-68.

② 刘旦．基于Logistic模型的农民宅基地置换意愿分析——基于江西的调查和农户视角．首都经济贸易大学学报，2010，6：43-48.

③ 参见韩纪江．我国耕地减少的问题研究——以温州为例．温州职业技术学院学报，2009，1：10-13.

④ 依据历年《温州统计年鉴》的数据计算所得。

品出现越来越多的需求，推动了农业要素向其他产业的转移，这也是社会大分工产生的前提。在这一过程中，作为农业产业的典型要素——耕地逐步走向非农化用途。非农化是经济社会发展的一个进步，是超越温饱、追求更高生活层次的必经之路。在市场经济条件下，非农化过程起始于非农产业较高的比较经济效益。随着非农产业技术进步和劳动生产率的提高，非农化进程会逐步加速，直至对农产品供给造成负面影响，引起农产品价格上涨。当农产品价格上涨到一定程度，使得农业经营能够获得社会平均利润率的时候，农业便与非农产业一起实现了现代化，各种产业协调发展，不会出现"三农"问题，但完全竞争市场往往是不存在的。为了实现社会稳定、经济超常规发展等目标，要确保农业基础的稳定，中国在制度安排上实施了严格的耕地用途管制。这种管制与非农化动力之间形成一定程度的对立关系。

非农化动力对于耕地形成极强的"虹吸现象"，国家严保基本农田政策便是阻隔于其间的"河堤"。只要想方设法绕过国家政策，耕地便会源源不断地由农业用途转变为非农建设用途。温州的非农化动力异常强劲，来自巨大的利益差异。例如，在温州城市近郊的一亩耕地，如果种植粮食，其年均收益一般不超过 1000 元；如果建成厂房进行工业生产，其年租金往往超过 10 万元。其非农化的收益差异高达 100 倍之多。随着城市化进程的加快，温州耕地面积逐年减少，非农利用的地租呈现增长趋势，耕地的非农化动力越来越强劲。在巨大利益面前，绕过国家政策"河堤"的"虹吸现象"——违法使用耕地进行非农经营的活动屡见不鲜。从全国范围来看，土地违法案件每年逾 10 万件。① 土地利用存在不可逆性，那些违法侵占的耕地很难实现复耕，最终会采取各种办法实现合法化。农民的目标是增加收入，地方政府的目标是促进地方经济发展和展现政绩，企业的目标是获得廉价土地而实现利润最大化，这些土地利益主体都倾向于联合起来共同实现耕地用途的非农化转变。而国家的目标是以确保粮食安全为基础的经济发展与社会稳

① 《国土资源年鉴》(2006)。

定，国家保护耕地的长远意图往往与上述短期且直接的土地利益主体产生分歧。①

温州人多地少，全国人均耕地面积0.1公顷，而温州人均耕地只有0.02公顷；温州的平原地形只占地域总面积的17%，且大部分耕地的地块零碎，不利于大规模农业机械化生产，农业经营规模受到很大局限。② 依靠农业增收的希望不大，甚至无法维持生活；除了少数人不得已在经营农业外，绝大多数的农村劳动力已经脱离了农业。迫于生计、尚在经营农业的农民也逐步摆脱精耕细作的传统经营方式，采取兼业经营的做法，一旦遇到合适的非农机会便会抛弃农业。部分地区虽然实行了耕地转包、租赁、合作等经营形式，但整体农业经营规模仍然偏小。加上农业经营者的文化素质相对偏低，科技进步受限。上述情况导致农业劳动生产率和土地产出率徘徊在低水平，更加削弱了农业对于劳动力、资本和科技等要素的吸引力。虽然温州的人均耕地很少，但普遍存在抛荒现象，耕地复种指数呈现下降趋势。据笔者综合多个方面的数据估计，温州市年季节性抛荒面积合计可高达12万公顷，40%的耕地在冬季闲置，25%的耕地在春季抛荒；夏秋季也有多达1.3万公顷的抛荒耕地(其中一些属于工业园区、开发区征而不用的耕地)，占耕地总面积的8%左右。从客观上看，农业生产的比较效益低下，与其他二三产业相比，农业生产缺乏规模经济，技术进步缓慢，劳动生产率低下，在大多数情况下经营农业无法获得社会正常利润；从主观上看，极少有人真心实意想去经营农业。从事农业的人，往往是缺乏其他非农就业机会，才不得不依靠土地来获得基本衣食来源；从纯粹的经济理性和自身利益最大化的角度看，无论是农民还是基层干部，在思想和行动上都会偏离农业。土地被征用时，农民虽然有着一些这样或那样的不满，但归根结底是希望自己获得尽可能多的补

---

① Zhang, Tingwei. Land market forces and government's role in sprawl. *Cities*, 2000, 17 (2): 123-135.

② 依据《温州统计年鉴》(2008)、《中国统计年鉴》(2008) 的有关数据计算得到。

偿，而不是不被征用。① 上述种种因素导致农业经营陷于恶性循环，加剧耕地流失。

与农业恶性循环集相对应的是非农产业的良性循环集，不断拉动着耕地的非农化。温州市场经济发展较早，非农产业发达，积累了大量资本需要土地载体才能实现进一步增值。温州非农产业的一个显著特点是众多的家庭经营单位形成产业集群，从中获得行业规模经济，提高了经济效益。但由于缺乏非农土地利用指标，产业集群所在城镇区域的地价居高不下，不但增加了生产成本，还制约了企业发展和集群规模扩张。要降低生产成本，必须摆脱土地的硬性约束，通过各种渠道、以较高的代价来吸引耕地。在可以预见的未来，温州经济总量增长所要求的土地承载得不到满足，会导致地价持续上涨。这种预期引发了普遍的“圈地”行为，加剧地价的迅速上涨。企业拥有的土地越多，发展潜力越大，既可以把土地抵押借贷资金，也可以随时扩大生产规模。温州不少企业的生产经营性收益所占比重在下降，土地收益所占比重却越来越大，出现了“越有土地越赚钱，越赚钱越有土地”的经营异化现象。非农产业给予耕地的价格较高，对耕地所有者和使用者产生了足够的刺激，将耕地“农转非”。

耕地给其所有者带来的经济效益不高，但具有极强的社会效益和生态效益，后两个效益为社会公众所共享，体现为国家政策的强制保护。耕地所有者是农民所组成的村集体，非经国家征用程序，不得将耕地转为非农建设用地；在村集体内部利用耕地进行非农经营的限制也越来越严格。现实中，耕地非农化的利益诱惑越来越强烈，当卖地冲动遭遇更为强烈的买地动机时，供需双方便成为耕地减少的共谋，想方设法绕过国家政策达成一致意见。

（二）城市化

温州的非农化并没有带来相应的城市化，这是加剧温州耕地减少的重要原因。城市化使一定的土地面积可以承载较多的人口和要

① 孔祥智，顾洪明，韩纪江．失地农民“受偿意愿”影响因素的实证分析．山西财经大学学报，2007，6：14-19.

素，从而达到节约用地的效果。按照发展经济学家钱纳里等人的理论，当人均国民收入达1000美元时，城市化率应达到60%以上并开始加速。① 2007年，温州地区GDP已经达到2157亿元，人均GDP2.8万元，按照现有汇率计算已经达到4000美元，城市化水平却只有60.3%，虽然远高于全国44.9%的平均水平，但与96.7%的产业非农化水平相比，② 人口的城市化水平仍然偏低，表现在人口和非农产业呈现分散布局态势，无法集约利用土地，而且还难以共享城市便利的基础设施。

作为工业化和经济发展的一个必经之路，城市化水平的高低成为衡量一个地区经济社会发展程度的重要标志。温州是浙江规划中的第三大都市圈和浙南的经济文化中心，出台了不少旨在促进城市化的政策措施。温州的户籍制度改革较早，降低了进城门槛，大学生毕业工作、购房或投资即可入户，在很大程度上促进了人口聚集。根据既有规划，温州都市区城建用地2020年将达到416.6平方公里，规划人口440万人，每平方公里（100公顷）承载人口超过1万人；届时温州市域城市化水平约为73.5%。③ 但温州城市化进程面临诸多障碍，首当其冲的便是人多地少。温州地形号称“七山、二水、一分田”，目前可以进行城建利用的土地后备资源越来越少，城市近郊几乎无可用之地。不论科学多么发达，土地仍然是基本生产和生存条件，是安身立命之所在。土地紧张导致温州城建用地价格畸高，推动房价更高，已经对温州产业发展和居民生活造成了诸多负面影响。

城市化与耕地保护之间存在着悖论。从理论上看，城市化指要素在有限土地空间上的聚集，应该有利于节约和保护土地，而不是减少耕地，但现实中的城市化却在减少耕地。一方面，城市化进程

---

① 霍利斯·钱纳里，莫尔塞斯·塞尔昆．发展的格局（1950—1970年）．北京：中国财政经济出版社，1989：56-58.

② 依据《温州统计年鉴》(2008)、《中国统计年鉴》(2008) 的有关数据计算得到。

③ http：//www.wzup.gov.cn/zt/2003-2020/main.htm.

不可逆转，温州都市规模的扩大需要占用越来越多的土地资源，这显然会直接导致城郊耕地的减少。温州现有人口近 800 万人，城市化水平每提高 1 个百分点，将有 8 万人进入城镇区域。按照现有规划标准，2020 年每平方公里承载 1 万人估计，需要安排 0.08 万公顷农地转为城市建设用地。据此推断，当温州城市化水平由 2007 年的 60.3% 提高到 2020 年的 73.5% 时，温州城市建成区范围内尚需占用耕地 1 万多公顷，在今后的 13 年里每年需要占用耕地 0.08 万公顷。另一方面，迁移到城市的农民一般不会放弃其在农村的土地尤其是农村宅基地。因此，在城市化进程中，农民由农村向城市迁移，在城市化区域占用土地资源会造成耕地的净减少，同时还会造成原有宅基地甚至耕地的闲置。

二、耕地减少所带来的问题

（一）农业产业衰退

耕地是农业产业发展的基本条件。从温州区域整体来看，农业作为一个产业在逐渐衰退，耕地的减少加剧了这一过程。1978—2007 年，温州农业增加值占 GDP 的比重以年均 1.3 个百分点的速度下降。至 2007 年，农业增加值只占温州 GDP 的 3.3%；温州 GDP 达到 2157 亿元，年增长 14.3%，而农业增加值只有 71 亿元，年增长 0.5%；当年的农业贡献率为 1.8%，农业拉动率为 0.31%，均处于极低的水平。① 耕地减少，制约了农业经营规模的扩大。与其他地区大规模的农业经营相比，温州农业经营正在失去其比较优势，从而缺乏竞争力。可以说，温州农业产业受到本地非农产业和其他地区农业经营者的双重挤压。出于单纯的区域经济发展目的，温州的农业似乎变得可有可无。如果在整个国家范围内配置资源，按照经济优化布局原理，温州应该主动放弃农业产业，将有限的土地用以非农生产经营，会取得更大的经济效益。但是，在目前以省市为基本经济社会管理和调控单元的国民经济架构中，条块分割导致市场机制在某些时期、某些地域或某些产品部分失效，无法完全

① 依据历年《温州统计年鉴》的有关数据计算得到。

实现区域间在产业布局方面的分工协作。这种情况下，农业产业地位的过快衰退，会对其他产业造成不利影响。

（二）农业基础性地位缺失

无论经济怎么发展，农业始终居于基础性地位。耕地不足会动摇温州的农业基础地位，影响到社会生态系统，削弱防范突发事件的能力。温州模式以个体私营经济为主体，在城市化大潮中，具有经营能力和有资金实力的农民迁移到城市生活和工作后，很少主动对农业进行反哺，这是私营经济追逐最大利润的正常反应。农业是一种弱质产业，存在自然灾害和市场供求变动的双重风险，在二三产业的快速发展面前，这种双重风险会被显著放大。如果政府不给予足够重视，听任耕地减少现象持续加速进行，就会出现一些农业问题，突出表现为可能形成对温州整体经济的掣肘后果，如农产品和食品的价格很高而卫生质量不稳定，不但降低了居民的生活水平，还会制约那些以农产品为原料的轻工业的发展。据估计，温州粮食等主要农产品的自给率不足50%，粮食安全主要依赖外部供应。高地价本来就推高了交通设施的建设成本，使得道路、桥梁的供给严重不足；粮食、水果等大量农产品需要从外地运进，无疑给温州较为紧张的交通运输增添了更多的压力。一旦发生重大紧急事件，农产品的短缺会对温州区域经济发展和社会协调稳定造成严重影响。

（三）制约城市化进程

耕地减少与二三产业发展是同步进行的。耕地减少得越快，二三产业发展的平台越大，经济总量增长就越快。当大量耕地转变用途、被用于促进二三产业发展时，区域经济实力增强导致农业份额相对下降，从区域发展的整体上来看利大于弊。但是，与耕地用途转变的流量不同，耕地存量的减少，使得征地困难演变为一个严峻的现实问题，这是导致温州房地产价格居高不下的重要因素。高房价构筑了较高的城市化门槛，造成温州经济增长速度出现放缓的迹象。从另外的角度看，高地价预期面前，农民往往不会主动放弃原有的村级土地权益。比如，一些农民子弟考上大学后，宁愿不把户口转移出去，而对土地待价而沽，期望能够获得集体土地的分红收益和征地补偿。户籍制度在温州已经走向了它原有用途的反面，不少农民因贪恋农业户口和农村耕地上的福利而拒绝进入城市生活。与非农化相比，温州的城市化相对滞后，大量人口滞留在农村，不利于以城市聚集为基本前提的第三产业的快速发展，降低了经济增长效率。

（四）影响农民福利

耕地的经济效益低，但生态和社会效益高，还承担着社会弱势群体的保障功能。偏远地区的耕地保障着农村贫民的生活，城市近郊的耕地寄托着城市贫民的希望。温州区域内欠发达的偏远地区还有一些贫困农民，他们不得不依赖农业生产才能勉强支撑生活。除了少数个别的农业种养大户外，这时的耕地已经沦为单纯的“保命田”和“养老田”。随着城市化进程的推进，城市近郊农民与其耕地一起被划入城市区域。被征地农民有些已经融入城市生活，有些却未能成功地实现从农民向市民的转变，从而沦为无土地、无就业、无保障的“三无”农民。有鉴于此，保留一点土地成为“三无”农民最大的期盼。城乡结合部的农民尚可将土地待价而沽，以期获得更多的土地增值收益。而在距离经济中心较远的区域，农民现实和预期的土地收益相对较低。城郊农民在卖地过程中获得卖地收益，却将耕地的生态和社会效益转嫁给其他农民和土地来承担，形成发展机会上的不平等。

三、防止耕地减少的对策

（一）旗帜鲜明地保护耕地

实行严格的基本农田保护制度是防止耕地减少的首要环节。基本农田是“保命田”，必须确定位置、勘定界线，无论非农产业怎样发展、无论城市化如何推进，不准以复垦平衡等借口侵占或征用，这应该成为一条“铁律”。保证温州的粮食安全，基本农田面积以不低于10万公顷为宜，可以永续维持区域内800万人的基本生存需要，还可以发挥其巨大的生态效益，如净化空气、构建绿色景观等。严防死守基本农田，既要防止外部强权征用，更要预防内部所有者侵占。应对这种情况，在确定基本农田保护规划之时，必须配以鼓励政策，给予农民相应的财政补贴。补贴数额以温州经济发展状况为基础、以人均收入作为参考，能够满足种地者的基本生存和发展需要。

（二）确定适宜的基本农田

划定基本农田时，根据温州大都市发展规划，制定科学的土地利用规划，必须做好内外两个方面的工作：

（1）内部工作：科学调整耕地的地块布局，合理预留非农用地，不能让基本农田成为温州经济发展的桎梏。基本农田的规划必须要有长期的可行性，一旦确定下来之后不得更改，切忌规划年年做、内容年年换。

（2）外部工作：争取上级政策，适当减少规划耕地面积。土地不足已经成为温州经济发展的主要障碍之一，为非农化和城市化提供更多的发展空间，应该放松土地“紧箍咒”。通过争取上级政策，在更大的区域范围内进行规划，适当调减温州的基本农田，增加其他中西部地区的基本农田，这样既可以在国家范围内保障粮食安全，又能极大发挥温州这样的经济增长极地区的快速发展和辐射带动作用，使经济效益和社会效益更为显著。

（三）推进非农产业的城市化

非农产业的发展不可阻挡，防止耕地减少的一个关键环节是要让非农产业尽量高效率地使用土地资源。温州的发展起源于农民自发创立的家庭工业，起初是利用自有住房、庭院进行工业生产，后来在规模扩大后逐渐占用耕地建设厂房，从而形成乡镇企业遍地开花的局面。这主要基于内外两个方面的原因：（1）从外部看，城市国有土地可供生产经营使用的数量有限且进入门槛很高，包括高地价、高交易成本（如繁琐而漫长的审批手续）。（2）从内部看，自有土地使用方便、简单，能够满足小规模投资的需要，可有效降低市场风险。上述现象的长期存在是受制于国内土地利用方面严格且僵化的制度安排，使得非农化不能带来相应规模的城市化。因此，大力推进城市化，要顺应经济发展需要探索适当的土地利用办法，吸引非农产业用地集中到城市区域。目前最为简单可行的办法是进行土地置换和集中使用，将分散在各地的乡镇企业、家庭企业的用地指标转换到城市区域。

（四）推进农民的市民化

大量进城农民被称为农民工的根本原因是其并未真正融入城市，没有实现彻底的市民化。其原因是来自城市的户籍制度隔离与来自农村的土地纽带牵引的共同作用。推进农民的市民化，释放其在农村所占用的土地，才能让城市化起到增加存量耕地的作用，之后通过农村宅基地的复垦和土地整理增加耕地有效面积。一般耕地整理可增加耕种面积5%以上，并提高耕地质量，降低农业耕作成本，增加土地产出。农民大量进城之后，加大村庄兼并和旧村改造力度，合并自然村、消灭空心村、扩大中心村和小城镇，无人居住的宅基地可以置换出来，或进行养殖、复垦，或进行非农化利用以替代对现有耕地的侵占。

第三节 粮食产业发展与粮食安全①

一、粮食产业的基础性

中华人民共和国成立后，为了筹集工业发展资金，通过工农产品之间的不等价交换，支援工业生产，这主要表现在工农产品计划价格之间的“剪刀差”。工业品价格越来越高于其价值，农产品价格越来越低于其价值，像一把剪刀一样，工农产品比价差额越来越大。“剪刀差”的出现，是对马克思价值规律的严重背离。国家通过制度性安排，一方面通过垄断大宗农产品的购销渠道，用低于价值的价格收购农产品，保持城市居民食品消费的低费用；另一方面用高于其价值的价格，出售质次价高的农用生产资料和生活消费品；同时，对进出口实行垄断。计划经济时代的“剪刀差”，实际是在封闭的经济环境中，对社会资源进行扭曲性的强制再分配，其结果是国民经济畸形发展。

① 本部分内容主要见韩纪江，牛忠东．浅析粮食产业的基础性及相关政策．齐鲁粮食，2001，10：32-33.

在目前的市场经济中，仍然存在工农产品之间的价格“剪刀差”，并在一定时期内呈现扩大的趋势。粮食生产的有机构成大大低于工业，随着技术的进步和有机构成的提高，工业品的价值应该是下降的，但实际上价格在持续上扬（最典型的是1997年亚洲金融危机、2008年美国金融危机爆发之前几年），继续大幅高于其价值，虽然粮食价格也在提高，但提高的幅度低于生产资料等工业品。粮食生产的有机构成提高较慢，价值降低较少，其市场价格、国家收购价格低于应有价值。造成这种情况的原因有：（1）粮食属于基础产业，在市场上面临不利的竞争地位。（2）土地是一种特殊的资本，无法移动、充分流转和无限增加，人多地少，限制了我国粮食生产规模，规模太小导致不经济。（3）我国目前的制度约束，如户籍制度、工商管理制度、信贷制度等，使工业生产仍然居于一种非完全市场状态，要素不能自由流动、进入或退出，某些工业品尤其是基础性产品或服务，与农业相比，具有一种潜在的定价优势，如高电价、高油价、高房价、高通信费用和上网费用，等等。

粮食生产的发展是国民经济其他产业发展的前提条件，有粮则稳，无粮则乱。在国民经济的整个价格体系中，粮食价格处于最基础环节，粮食供给的增减，不仅导致粮食自身价格的升降，还会导致整个物价体系的变动，我国20世纪80年代以来的几次通货膨胀与粮食价格不断攀升不无关系。粮食产业自身的收益与它所能够带来的其他产业、整个社会的收益比较，后者远远大于前者，这就是说，粮食产业在一定程度上存在着正外部性。

二、国家粮食产业政策的变迁

由于粮食产业对于国民经济的基础性，国家对于粮食产业给予了相当高的重视。改革开放以前，国家对于粮食产业的态度是：生产环节予以大力支持，农业生产以粮为纲。农业基本建设主要是在国家投资下引导农民投劳投工，建造水库8万多个，打机井200多万眼，修建了几十万公里的堤防和灌渠，初步控制了大江大河的洪涝灾害，给粮食生产创造了一个良好的环境，粮食总产量增长很快。但是，由于在流通环节实行严格的统购统销，禁止自由买卖粮食，以大大低于粮食价值的价格，由国有粮食企业代表国家收购，种粮农民损失惨重。

改革开放以后的20世纪80年代至21世纪初期，国家对于粮食产业的态度是：生产环节放开，流通环节支持，支持力度呈下降趋势。国家用于农业基本建设的投资剧减，水利设施严重损坏，粮食生产环境不断恶化；但是在流通环节投入大量资金，不断提高粮食收购价格，改革粮食购销体系，激发了农民的种粮积极性，粮食单产和总产量增长都很快，并出现相对过剩现象。为有效保证粮食安全，坚持"米袋子"省长负责制，并不断改革粮食流通体制，探索种粮农民、粮食企业和国家三者利益的最佳组合。这一时期，粮食的国家收购价格逐渐高于市场价格。

2000年起开始在安徽试点农村税费改革，到2003年开始全面铺开，直至2006年1月1日，废止《农业税条例》，取消农业税和除烟叶以外的农业特产税，全部免征牧业税。农业税又叫公粮，是农业社会或农业国家的主要税种。当中国进入工业化中期以后，农业税所占财政收入的比重大幅度下降，2004年农业税占国家财政总收入的比重只有1%，2005年部分地区试验推广之后，这一比例下降到只有0.002%，所以取消农业税已经成为举手之劳。但是，这对于农业生产、农民和农村社会来说，却是意义非凡。第一，象征性意义重大，农民种地不再具有直接意义上的劳役性质，开始真正为自己种地，虽然此时土地尚不为自己所有。第二，农业税总额虽然不大，但附着其上的各种附加税费繁多，农民原来实际缴纳的税费远高于国家财政所得，其中很大一部分成为征收成本。第三，农业税的征收队伍作风粗暴、影响恶劣，农业税消除后也同时解散了这批人，使其从事其他有意义的职业，有助于变害为利。第四，农业税的征收和上缴曾经是村组、乡镇等农村基层组织的一项主要任务。取消之后，基层的工作变得轻松了，可以更好地将精力用于农村经济发展与服务。第五，取消农业税促进了耕地转包和规模经营。原来的转包者曾因承担农业税而不堪重负，现在没有了农业税，转包的交易成本大幅度降低，耕地转包变得更加便利。

在取消农业税费的同时，国家层面对农业的补贴不断增加。供职于农业部的马凌认为，从 2004 年开始，在“多予、少取、放活”方针的指导下，伴随着连续 7 个中央一号文件的制定，我国陆续出台了一系列粮食生产补贴政策，包括狭义上的粮食直补、农资综合补贴、良种补贴、农机具购置补贴等“四补贴”以及广义上的减免农业税、实行测土配方施肥、粮食高产创建、水稻和小麦病虫害防治补助、粮食大县奖励等。通过这些政策的实施，我国初步建立起了粮食生产补贴政策的框架体系。这些补贴政策有力地促进了粮食生产。① 中国科学院农业政策研究中心黄季焜等人提出，为保障国家粮食安全和提高农民收入，2004 年国家在取消农业税同时开始对粮食生产进行补贴，补贴数额逐年增加。这项政策转变具有历史意义，通过随机抽样调查发现，几乎所有的农户都得到了补贴，对农民收入提高发挥了一定作用，补贴并没有扭曲市场，对粮食生产和农资投入没有产生影响。他们建议国家把农业各种补贴合并为农民的收入支持，同时加大提高粮食生产力的投入。②

大部分学者认为，农业补贴不仅对农业生产有较好成效，而且还会促进宏观经济发展。如中国农业科学院农业经济与发展研究所黄德林等提出，农业补贴增长将降低 CPI、GDP 价格指数、出口价格指数、投资价格指数，从而带动资本、投资、真实 GDP、土地租金增长，促进社会就业，带动名义工资、实际工资、家庭可支配收入增加，促进家庭消费和政府消费增加，整个宏观经济发展呈现良好态势。因此，在保障粮食安全政策中，应继续加大农业补贴政策的实施力度，提高农业补贴的实际效用，对国家粮食安全有重要意义。③ 但也有人认为，当前农业补贴的效果有限，如中国人民大学商学院张继承通过对河南省 747 个定点农户的调查数据分析提

---

① 马凌．我国粮食生产补贴政策浅析．中国农业资源与区划，2011，1：7-9.

② 黄季焜，王晓兵，智华勇，黄珠容，Scott Rozelle．粮食直补和农资综合补贴对农业生产的影响．农业技术经济，2011，1：4-12.

③ 黄德林，李向阳，蔡松锋．基于中国农业 CGE 模型的农业补贴政策对粮食安全影响的研究．中国农学通报，2010，24：429-435.

出，当前补贴水平并未有效改变粮农生产行为，需要进一步提高粮食补贴标准、优化补贴结构，坚持和提高最低收购价和保证补贴增加幅度快于生产资料增长幅度。①

大多数学者提出应继续增加农业补贴的力度，改善补贴的结构。湖南农业大学经济学院占金刚认为，自2004年中国出台一系列粮食补贴政策以来，已初步形成适合中国国情的粮食补贴政策体系，基本实现了粮食补贴政策的目标。但是在粮食补贴政策的实施过程中，也暴露出补贴规模比较小、补贴结构不合理、补贴资金不到位等问题。因此，应在提高农民对粮食补贴政策的认知同时，完善农业立法，形成粮食补贴的长效机制；突出粮食主产区的作用，完善粮食主产区的粮食补贴政策；完善粮食补贴体系，增强补贴的综合作用等方面不断完善粮食补贴政策体系。② 江西财经大学刘克春认为，政府实行的粮食直接补贴、最低收购价政策，调节了以粮食生产为主要收入来源的农户的粮食种植决策行为，提高了其粮食生产积极性，一定程度上促进了粮食种植面积的扩大，而农业生产资料价格负向地调节了农户的粮食种植决策行为。应重点加大对粮食种植大户的补贴力度，鼓励农户扩大粮食种植规模，促进粮食规模化生产；逐步提高对农民购买粮食生产资料的补贴标准，特别是提高对化肥、农药和农用机械等器具的购置补贴标准。③

一方面，农业劳动力不断随着城市化大潮进城务工经商，使得农业经营规模扩大，农业机械化和商品化水平提高；另一方面，对农业补贴的加大提高了农民的生产积极性。这是最近几年来维持较高农业产出的两个主要原因。但同时还必须看到，随着能源、农资和劳动力成本的上涨，农业作为一种经营，其给农民家庭带来的收入有限，除非能够以低廉租金承包大面积的农田。所以，对于以粮

---

① 张继承．粮食补贴效应与粮农生产行为选择研究——基于河南省747个定点农户的调查．价格理论与实践，2011，6：10-11.

② 占金刚．中国粮食补贴政策执行效果分析．湖南农业大学学报（社会科学版），2009，6：17-21.

③ 刘克春．粮食生产补贴政策对农户粮食种植决策行为的影响与作用机理分析——以江西省为例．中国农村经济，2010，2：12-21.

食为核心的农业基础的稳固不可掉以轻心。

为了确保粮食安全，除了生产领域以外，国家还出台了有史以来规模最为庞大的粮食储备体系和相关政策。

中国粮食经济学会副会长赵凌云提出，建立粮食储备制度只有在国家具有一定的经济实力、粮食供需平衡、丰年有余的情况下才能建立起来并发挥其应有的作用。从1952年到1989年38年中，即中华人民共和国成立以后到国家粮食专项储备制度建立以前，曾4次建立储备粮，但由于粮食供给短缺，群众温饱问题还没有解决，就建立不起来，或建立的数量很少，起不到应有的作用。1990年，粮食供给逐渐由长期短缺转变到总量基本平衡，国务院发出《关于建立国家专项粮食储备制度的决定》，第一次建立起具有较强调控能力的储备粮规模。1999年，国务院决定建立中央储备粮垂直管理体制，并成立中央储备粮管理总公司，具体负责中央储备粮的经营管理。2003年公布实施《中央储备粮管理条例》，将中央储备粮管理纳入了法制化、规范化轨道，制定中央储备粮轮换管理办法、中央储备粮动用预警机制和中央储备粮应急动用预案等一系列规章制度。2004年全面放开粮食购销后，国家出台最低收购价政策，中储粮公司在最低收购价粮食的购销中，发挥了主渠道和主力军的作用，成为粮食宏观调控市场化运作依托的主体。① 中国粮食行业协会、中国粮食经济学会会长白美清回顾了1990年以来中国粮食储备体系20年的发展，认为中国粮食储备制度经受了一系列重大的考验，在维护国家粮食安全上发挥了中流砥柱的作用；作为中央储备粮支柱的中储粮公司和作为地方储备粮支柱的地储公司也经受了实践的检验，成为国家调控粮食的主要载体。当前，我国粮食工作面临供需紧平衡的新阶段，粮食生产增长已趋缓，增产难度加大，而粮食需求呈刚性快速增长。做好粮食储备工作，必须坚持“三个维护”（维护国家粮食安全、维护农民利益、维护粮食市场稳定）和两个确保（确保库存粮食数量真实、质量良好，确保

① 赵凌云．回顾粮食储备制度的建立和发展．粮食问题研究，2010，4：4-6.

在国家需要的时候调得动、用得上），应调动各方积极性共同储粮，与粮食现代物流建设相结合，走科技兴粮之路。①

在取得显著成效的同时，当前的粮食储备也逐渐暴露出很多问题。四川省平昌县粮食局的何德兴、夏治强等基层干部具有丰富工作经验，他们提出当前粮食储备政策存在粮食储备体制不够科学、地方政府储备粮食积极性不高、费用补贴标准偏低不切实际、储备粮品种和品质结构不够合理、轮换经营机制不活等问题。有可能出现一些可怕的结果，如虚假轮换，没有企业愿意承储储备粮，储粮企业会想方设法向储备粮购买者加收国家规定以外的费用，储粮企业积累亏损额等。②《21 世纪经济报道》的王小东特约记者的调查，验证了杂交水稻之父袁隆平在“两会”期间所提交的关于粮库空置问题的提案，有些国家储备粮库是空的，因为虚报库存有很多好处。在现有粮食体制下，向上虚报库存容量可以骗取国家拨付的粮食保管费，通过倒卖“不允许动”的储备粮或出租粮仓可以在市场上赢利，这就是当前空转粮库的“双重套现”现象。而且，据推断，这在全国粮食系统是一个普遍现象。此外，还普遍存在虚报产量套取国家粮食补贴的现象。③ 南京农业大学钟甫宁认为粮食政策的短期目标与长期目标会有冲突，与通常的认识不同，如果把供应不足的趋势当做生产的短期波动，并且用储备加以平衡，粮食储备的作用就可能走向原定目标的反面；同理，控制粮价也可能是今后粮价更大幅度上升的原因。因此，一旦储备的下降达到某一临界点，价格的波动就可能远远大于生产波动可能引起的变化。反过来也一样，滞后并且更加激烈的价格变化不仅可能导致生产决策反应滞后，而且很可能导致生产决策反应过度，形成时间更长、波动幅度更大的生产周期。应允许市场价格发出正确的供求信号以确保

---

① 白美清．中国粮食储备体系二十年的回顾与展望．粮食问题研究，2011，3：4-6.

② 何德兴，夏治强．对现行国家粮食储备政策的思考和建议．粮食问题研究，2011，3：39-42.

③ 王小东．安徽当涂“查虫记”．21 世纪经济报道，2008-04-07.

长期供应，将其作为粮食安全的基本目标。①

粮食储备是确保粮食安全的必要环节，与18亿亩耕地红线、农业补贴、最低保护价收购等一起，组成了粮食安全大厦的基石。但是，其中问题多多，主要原因涉及行政效率的低下。有关数据表明，最近几年，中央储备粮系统拥有1380多座国家粮食储备库，总仓容高达3亿吨左右，超过粮食年产量的一半，但能否真正满足储备和调节供求的功能，还无法下定论。

国家储备粮食的成本是巨大的。截至2009年底，全国国有粮食企业职工总数为64万人，按照人均薪酬每年3万元计算，则仅人工费一项每年便高达200亿元。此外，还有各种存储场地、库房、设备、办公费用等开支，加起来是一个不小的数目。动用这么庞大的资源，进行粮食储备，是政治上的必需，但其经济上的可行性有待于进一步的考证分析。粮食储备不同于其他原材料和能源等其他战略性物资，因为粮食易损耗和变质。如果将这些钱财物用于激励市场化的运作，藏粮于民，其效果是不是会更好呢？这已经超出本项研究的范围，有待于有兴趣的学者进行深入的研究。但其基本思路是很明确的：第一，有时政府行为可能适得其反。第二，粮食储备脱胎于封建社会，那时属于皇权统治，高度集中的权力必然要求控制当时最重要的物质，即粮食。第三，粮食作为一种商品，具有的市场价值被社会所认可，而社会经济主体是理性的，他们知道如何处置粮食，即知道通过生产、储存、加工和运销，来获得最大化的利益。只要加强相关信息的搜集、传递和发布就可以了。第四，历来的饥荒与粮食减产、运销不畅、人为抑制粮食市场等因素有关，而与储备是否存在无关。因为储备的资金来源不过是税收收入在时空上的转移，在灾荒之年，直接发放储备粮食与向饥荒人群发放钱财或货币补贴、让其间接在市场上购买粮食的效果无异。所以，储备粮食，不如在财政预算上留有将来救灾的余地。第五，在行业本位思想的影响下，粮食储备极有可能出现逆向调节，成为加

① 钟甫宁．粮食储备和价格控制能否稳定粮食市场？——世界粮食危机的若干启示．南京农业大学学报（社会科学版），2011，2：20-26.

剧粮食市场波动的幕后黑手。这已经不鲜见，致使在粮食短缺时加剧短缺、在粮食丰裕时耗费国家资金。第六，从生产供给环节看，世界经济高度融合和一体化，技术进步也已经超越封建时代的局限，粮食生产早已不再局限于春播秋收，可以随时通过增加进口来促进世界各地增加种粮投入。第七，从消费需求环节来看，粮食的主要用途不再局限在吃这一个方面，像玉米、糖类等已经成为很重要的工业原料，这给粮食的供应增加了弹性。第八，同样数额的财政资金用在国家储备方面不一定是个最佳选择。可以采取多种办法，例如：(1) 扶持社会经济主体，对于储存有一定数量粮食的企业或个人进行贴息补助或土地等方面的优惠。(2) 变储备粮食为储备耕地，根据相关预测数据，轮作休耕一部分粮田，粮价高时投入种植，粮价低时给予既定的利润进行休耕。这样可以避免储备粮食时的损耗和高成本，节约社会资源。(3) 补贴粮食流通环节，货畅其流是防止短缺最好的办法之一。(4) 变储备粮食为储备高附加值的畜牧产品，选择不毛之地集中大量建造畜牧养殖场、粮库和冷库，在粮食价格较低时，低价收购粮食发展畜牧养殖，畜牧产品进行加工后的储存成本相对低廉，而且已经非常市场化，便于进行市场操作。之所以要选择不毛之地，有以下考虑：可以节约耕地资源，减轻养殖业污染，同时有助于集中防范畜牧养殖业所容易出现的各类动物疾病。

三、促进粮食安全的多角度思路

国家对于粮食产业采取的政策措施，在一定程度上保障了粮食供给，但现在正逐渐丧失其原有的效果。这表现在：(1) 粮食生产在一定程度上还是一个政治任务，将收购任务层层分派给各级政府，同时也将粮食所面临的自然风险以及市场风险下放、转嫁，这对于粮食主产区来说，苦不堪言，产粮越多，负担越重。(2) 粮食生产开始被边缘化。现在之所以还存在那么多粮田，其原因一是农民群体的低素质，二是机械化对劳动力的替代。因为现有种粮农民要么是不懂其他技术，要么是没时间从事农业。对于前者来说，是不得已从事的主业，对于后者来说完全是一个副业。(3) 粮食生产的商品化进程依然严重滞后。现在，即使补贴再多，对于规模不大的绝大多数农户而言，种粮食在经济上仍然是不合算的。绝大多数农民种粮的基本目的是自己吃，而不是出售。棉花生产在原来鲁豫主产区的衰退便是粮食产业的前车之鉴，现在很多农民种棉花的目的主要是自用。

从国家宏观层面看，我们倾向于鼓励农民多种粮食。因为粮食丰收和低价格是中国经济高速、健康增长的基本前提。在国际上也是如此，最近两次国际金融危机之前都曾经经历过粮价的暴涨。但是，强制性牺牲农民的利益，已经有悖当前社会公认的公平正义，被社会各界所唾弃，也被农民所不容。现有政策的本质已经由宁可牺牲农民利益也要保障粮食安全转变为两者并重。但是，从国家层面看，促进农民增收已经不是个大问题，以屡屡出现的民工荒为特征的劳动力短缺，显示出中国已经进入刘易斯拐点，只要劳动力市场化继续推进，实现城乡劳动力的机会平等，农民增收问题便顺理成章地转变为工资增长问题。那时，粮食安全、粮食产业的基础性会变得相对重要起来。所以，纵观当前的发达国家，它们对于粮食生产和整个农业产业都有相当多的优惠政策，目的是通过保护来确保其基础性地位的稳固。

中国在今后一段时期内，在现有国际环境和粮食进出口状况不变的前提下，要保障粮食安全，有多个方面的政策思路可以考虑。

一是继续增加财政支持力度。这一思路延续过去七八年来的政策路径，因为工业化进入中期以后，国家财力充足，完全有能力来反哺农业。具体做法是增加农业科技投入、政策补贴投入、储备投入。

二是调整结构，包括调整区域布局和农业生产结构两个方面。建立农业功能区，对粮食生产进行规模化、规范化、机械化种植，通过提高劳动生产率和集中补贴来吸引农民提高种植技术水平，增加产量。农业生产存在劳动密集型和资本密集型两大类，可以把粮食生产视为资本密集型，把园艺产品作为劳动密集型，在调整农业生产结构的时候，应考虑到农民的劳动时间分配：

(1) 鼓励外出打工者有条件地放弃土地权利；

（2）鼓励就地兼职的“钟摆劳动力”种植劳动时间投入较少、可以委托专业服务机构耕作和收获的粮食；

（3）鼓励纯粹农民种植那些耗费劳动时间投入较多、附加值较高的园艺类作物或果树。

三是政府有序退出直接干预，利用所节约的强大财力，对涉及粮食产业的市场经济主体进行间接的政策扶持，具体措施有：

（1）政府发布明确而坚定的政策意图，如在粮价较低会损害种粮农民利益时，增加粮食出口退税税率，将多余粮食廉价销往国际市场；或者赠送给缺粮的友好国家、替代资金援助，实现国际互助。在粮价较高会损害宏观经济健康发展时，增加粮食进口，增加有关弱势群体的直接食品消费补贴。

（2）增加具有公共物品性质的市场信息、气象信息等服务，利用卫星GPS定位系统等尖端科技手段，扫描种植区域，汇集各地的种植面积情况，预测产量及其分布。

（3）促进科技进步是一项永远不会落后的政策，支持具有良好正外部性的技术创新与推广，大幅度增加科研院校和研究机构的农业技术研发资金。对于类似于超级稻的技术、对于袁隆平、李登海这样一流的科学家及其科研团队给予更多科研资金支持，并超前投入巨额资金致力于生物工程的基础和实用技术研发。

（4）降低农业生产资料生产的税费，促进农资生产与经营的市场化和有序竞争，增加进口农资数量。同时，加强对假冒伪劣农资的打击力度，杜绝坑农害农现象的发生。

四、进一步的设想

如果耕地因太稀少而出现问题导致粮价上涨到一定程度，将会发生新的变革。新变革的源泉来自粮价与其运输成本的比较。众所周知，农产品的运输成本较高，甚至曾经出现过因运输成本太高而造成的大饥荒。① 农产品往往体积较大，而单位体积的价值较低。所以，农产品在从生产地运往销售市场地的时候，价格会提高很

① 赖建诚．西洋经济史的趣味．杭州：浙江大学出版社，2009：47-51.

多，甚至会翻几番。物流成本的冰山理论描述了运输成本在产品售价中占有重要比例，运输技术越落后，运输成本越高。比如，在美国内战期间，曾经有运输粮食每延长一英里便会损耗一半的说法。如果靠肩挑马托运输粮食，人吃马喂的，其损耗程度可想而知。这也曾经是号称天府之国的四川虽然物产丰富但人均收入却不高的主要原因之一。

人们已经形成共识，京杭大运河的建成对于促进中国社会文明发展发挥了至关重要的作用，南粮北运支撑了北京作为六朝古都的政治地位。其根本原因是水运粮食的成本非常廉价。陆路和航空交通运输业发展到现在，仍然不能忽视水运的重大作用。内河水运虽然速度慢，但其承载量大，运费低廉，非常适合粮食、建材、原材料等大宗的低值而无时限产品的运输。所以，目前东北粮食的外运，如果利用海路水运，比陆路铁路运输要便宜得多，会提高竞争力。据说，同样的价格，广州从东北购进玉米，如果通过铁路运输，还不如直接从海外进口用轮船运输来的便宜。

根据2007年国家发展和改革委员会制定的《粮食现代物流发展规划（2006—2015年）》，目前我国粮食从产区到销区的物流成本占粮食销售价格的20%～30%，比发达国家高出1倍左右。根据《国务院关于印发物流业调整和振兴规划的通知》（国发［2009］8号）的说法，全社会物流运行效率偏低，社会物流总费用与GDP的比率高出发达国家1倍左右。这其中的原因很多，一是在“两桶油”的寡头垄断下，汽柴油价格居高不下；二是铁路、港口、码头、机场等的垄断经营，效率不高；三是高速公路的高收费；四是各种物流税费庞杂；五是各种超载超限治理所引致的乱罚款和雁过拔毛。前面四个原因是众所周知的，不必细说。但就第五个原因来说，有很多可圈可点的地方。治理超载是合理合法的，但是以这种冠冕堂皇的理由，行地方或个人苟且之事的则多如牛毛。鉴于治理超载行为的成本显著高于其收益，建议取消类似的规制，转而强化事故处罚规章。如因超载引起的交通事故，超载一方应承担更多的责任，增加事故赔付额度。

假定运输费用不变，如果粮价单方面上涨，致使运输费用在粮食售价中所占比例缩小到一定程度，便可以改变粮食储备地点，或改变一部分农业产业的布局，如改变畜牧养殖业地点。比如，将粮食运往沙漠、戈壁等土地租金极低的区域，进行规模化的畜牧养殖，可以节约大量耕地用于粮食生产。那些湿度较低的荒漠地带，与外界隔离，还不容易爆发流行性疫病。立体种植和无土节水栽培的蔬菜也可以迁移到西部，这样，原本毫无价值的土地得到了利用。

如果运输费用增加，可不可以考虑牺牲运输速度来降低运输费用呢？高速铁路、高速公路的特点是通过提高运输成本来节约时间成本，但普通货物的运输是否需要高速度？很显然，在农产品中，粮食、畜产品与蔬菜、水产品的运输，对运输时限的要求存在很大差别。北京交通大学经济管理学院赵坚认为，铁道部似乎更加偏好建设高标准、高成本的运输线路，却不知不建设这样的线路所节约的资金可以修建几万公里的普通铁路。①

且不管建设成本的高低，我们可以比较一下慢速铁路和快速铁路的成本收益。北京交通大学经济管理学院荣朝和认为，一是该建的铁路没有建，二是新建的铁路过分专用，三是修建标准过高，四是搞了太多的平行线，隐藏着巨大的风险。他敏锐地指出，对于运输而言，速度有时并不是最重要的。从高速铁路建设的成本来看，时速 300 公里高速客运专线的建设成本是一般铁路的 3 倍左右。②

公务出行一般是不计成本的，只要快速和舒适。这一方面因为公务人员的时间成本较高，另一方面也因为国家有一套既定制度，不同级别的人可以乘坐不同级别的出行工具，而高速列车和慢车同属一类交通工具，哪怕其票价堪比飞机。但私人的出行往往更多地考虑所费时间、其时间成本和交通成本的关系。我们可以看到，春运期间，农民工不担心回家的速度，而只担心回家的成本。普通客车被高铁列车取代，极大增加了客运成本，引起广大社会人士的强烈不满，其原因便在于此。

① http：//news. sohu. com/20080326/n255909477. shtml.

② http：//www. caijing. com. cn/2009-08-30/110230890. html.

回到粮食运输上来，对于大多数内陆地区，缺乏水运通道，铁路运输的成本是最低的，仍应大力发展铁路，应该是低速铁路，能耗低、拖挂车皮多、运量大。这还可以收到另外一个效果。低速铁路的开通，可以担当建筑材料、装修材料运输的主通道，这样，有助于降低城市住房的建筑装修成本，从而降低房价和居住成本。在农村地区，速度极慢的拖拉机曾经是农村建材、农产品的主要运输工具，虽然其速度特慢，甚至不如自行车快，但其运量非常大。

拖拉机的慢速运输是一种适合当前中国农村经济现状的适用技术，其优势非常显著：

(1) 运力大、运价低廉。运输型拖拉机的发动机功率、轮胎、外廓尺寸越来越大，装载量越来越多。这降低了单位运价，使其在农村地区具有广泛的利用价值。

(2) 同样是跑运输的，同样的运载量，运输型拖拉机的价格往往只有汽车的一半以下，而且在使用过程中维护成本低。

(3) 办理手续便捷，拖拉机作为农机，由农机管理部门负责，手续便捷，费用较低，还可以享受到有关支农补贴，在相关道路缴费方面也比汽车要低。

(4) 拖拉机对道路要求低，适合农村地区，山区丘陵、土路和砂石路都畅行无阻。

(5) 拖拉机用途较多，除了运输之外，还可以在农忙季节发挥其固有的拖拉即农事操作功能。此时，拖拉机在田间的运输优势更是无与伦比。

第四节 基于城乡关系视角的“三农”问题

谈到农地和粮食安全，就不能不讨论“三农”问题。“三农”问题，指基于农业、农村和农民而产生的诸多问题集，包括农业产业萎缩——粮食和食品安全问题、农村区域发展滞后——社会失衡问题、城乡收入差距扩大——农民收入低下问题等三个方面。“三农”问题都与农业产业或农业资源相关，其载体是农民。

当前，农民群体在不断分化，从事非农产业的农民越来越多，不在农村地区居住的农民也越来越多。典型农民指：主营和依赖农业经营而生存、居住在农村、户籍身份是农业户口的人。非典型农民包括进城的农民工及其家属、居住在农村的非农经营者、城乡之间如钟摆般每天上下班的农民。大量农民成为非典型农民，他们通过各种渠道分享工业化和城市化的利益；有些是兼业者，还在兼营农业；有些已经彻底摆脱了对于农业产业的依赖。典型农民在绝对量上越来越少，从全国范围来看，这个群体最为贫困，是“三农”问题的焦点所在。

中国的城乡居民收入差距呈递增趋势。1985 年城乡居民收入绝对差额是 341.5 元，之比是 1.86；1994 年城乡居民收入绝对差额是 2275.2 元，之比是 2.86；2005 年城乡居民收入绝对差额是 7238.1 元，之比是 3.22。经济基础决定上层建筑，决定各种社会关系。所有的社会问题，几乎莫不集中表现为经济利益的冲突，“三农”问题也不例外。当城乡收入差距逐渐扩大的时候，“三农”问题变得越来越凸显出来。

一、“三农”问题根植于城乡隔离分治制度

城乡居民之间的收入差距，在改革开放之前也是很大的。比如 1978—1981 年城乡收入差距超过 3 倍。新中国成立以后，由于面临巨大的国内外军事和政治压力，为尽快发展能够随时动员为军事力量的重工业，在缺乏外部支持的情况下，只好通过工农产品“剪刀差”、统购统销等方式剥夺农业。这样强化了城乡二元经济和社会结构，导致工业化脱离农业平台，工业化没有带动城市化。

长达 30 年的计划经济时期，中国采取了一种城乡分治的制度安排，城乡之间被严格的户籍制度和基于户籍制度的一系列行政管理制度体系所隔离。人口不能自由流动，人力资源无法最大化其价值，城乡收入差距因而无法得到缩小。

中华人民共和国成立后，在农村地区逐步实施了极具军事化色彩的人民公社管理体制，通过强有力的行政手段、暴风骤雨般的政治运动和富有鼓动力的强制宣传灌输，来干预农民的生产和生活。那个时期，军队具有极高的地位，以复员军人为主体的农村干部担

负起管理农民的任务，延续了数千年的村落组织被生产队取而代之。由于缺乏迁徙自由，生于斯、长于斯、死于斯的超长预期，使得农民形成了逆来顺受、消极抵制、墨守成规等人口学特征，导致农业劳动生产率低下，农业问题突出。其他农村和农民问题虽然也有很多，但基本没有显现出来。

利用户籍制度来实施城乡分治本来是配合计划体制运行的。以户籍制度为核心，就业、教育、住房、医疗和社会保障等各种行政管理制度形成一个强大的制度体系，阻止了人口这个基本社会元素的流动。在城市地区，实行国家和集体公有制，所有人都属于一个公有制的单位，个人对于单位具有很强的依附性；离开了单位，个人或家庭几乎无法生存。在农村地区，实行集体公有制，土地作为最基本的生产资料，为集体所有，所有集体成员共同生产经营；离开了称为大队或小队的集体，个人或家庭也很难生存。农民要迁移流动，必须得到批准，否则就会被作为“盲流人员”而受到严厉制裁。因此，在计划经济时期，中国社会是高度稳定的，并取得了一个迄今还为不少人所称道的效果，即几乎完全消除了世界各国都颇为头疼的城市病。计划经济时期，中国的城市里没有贫民窟，没有交通堵塞，社会治安也很好。无论是城市还是农村，都分别实现了以“吃大锅饭”为基础的内部公平。

城乡分治的户籍制度直到目前还依然发挥着重要作用。农业户口的身份烙印无法轻易消除，附着在这种身份上的就业、教育、住房、医疗和社会保障等制度安排，使得大多数进城的农民工不能安居成为城市居民。城乡居民的身份差别，相信在不久的将来，随着改革（对内开放）的深化，实现了市场化之后，会完全消除，但现在的情况还不容乐观。

二、“三农”问题显现于特定历史阶段

改革开放以后，我国开始放弃重工业倾斜战略，城乡关系有所好转。改革开放，表现为对内改革，对外开放。对内改革实际是对内开放，是对各种制度约束的放松和行政权力的下放，逐步把国内资源和市场、国外资源和市场向国内外开放。强权的放松和金钱的

诱惑，引致农民摆脱农业纠葛，走出农村樊篱，大量农民进城打工经营。得地利之先的沿海地区，成为中国改革开放政策的最先受益者，其经济发展需要大量廉价劳动力，吸引中西部的农民南下东进，在外面拼搏一年，就可以带回来可观的收入，一定程度上缓解了中西部农村的贫困。但是，这并非长久之计。由于进城打工经营的农民主要是劳动力而非其家庭，各种农村社会问题、相对贫困问题、农业基础不稳问题等日渐严重，“三农”问题更多地显现出来。

对于“三农”问题的关注其实是最近十多年的事情。自1995年开始，国内农产品市场发生了由短缺向相对过剩的逆转。其原因有二：一是农产品增收，1995年比上年粮食增收2%。二是农产品进口增加，1995年的进口金额比上年增加一倍，由31亿美元增加到61亿美元，占国内总产量的2%左右。农产品总量由短缺、相对平衡转变为相对过剩，价格水平回落，造成农业经营收入减少。而与此相反，为了缓解通货膨胀压力，城镇居民工资不断调整，收入水平在高位保持较高增长。城乡居民的收入水平此消彼长，之间的差距更为扩大。大量出现关于“三农”问题的呼吁起始于1997年，当时的城乡居民收入增长由两位数下降为一位数。尤其是当亚洲金融危机爆发以后，中国政府向世界承诺人民币不贬值后，出口受阻，国内企业尤其是乡镇企业的总体经济效益下滑，农民的非农就业变得困难，非农收入增长乏力。

1997年以前，农民的流迁就业促进了城市的繁荣和沿海地区经济的迅速膨胀，在较高通货膨胀率配合下，就业问题不那么突出，城市居民与农民工一起都是受益者。1997年以后，中国陷入通货紧缩，正如菲利普斯曲线所描述的那样，中国的就业形势严峻起来，农民工与城市居民的就业摩擦开始出现。其实，在尚不成熟的劳动力市场上，似乎只有农民工这个群体才是完全市场化的。当出口受阻、产品价格低落时，劳动力市场出现了一个很有趣的现象：正规部门的工资上涨幅度超过了一倍以上，但以农民工为主体的非正规部门的工资增长几乎停滞。即使如此，受到农业增收停滞的迫使和高信息量诱使的双重作用，农民依然大量外出打工，沦入收入越低越要多工作的低水平就业陷阱。

农民外出打工，一般从事脏、累、差、险的工种，工资收入少，居住条件差，社会地位低。有人戏称“农民工干的比牛还累、吃的比猪还差、地位比狗还低”，这种流行口号所折射出的社会问题，实在令人痛心疾首。

三、“三农”问题与农业问题的比较

“三农”问题不同于传统的农业问题，从宏观视角上看，在基本解决了农业问题之后，才从后台走上前台，1997 年以前的农业问题，可以称为大农业问题，虽然涉及农业、农村和农民三个方面，但主要还是把焦点集中在农业（即农林牧渔）上面。在这一点上，改革开放启动前后没有根本区别，都把农产品产量的增加作为主攻目标，目的是保障国家粮食安全。

改革开放之前，完全致力于增加粮食总产，但由于几乎不考虑农民收入问题，其结果是南辕北辙，事与愿违。改革开放以尊重农民选择和增加农民收益为开端，通过农业经营制度变革，以提高粮价、增加农业收入等为诱因，提高农民从事农业生产的积极性。从一定意义上说，至 1995 年，粮食安全不再成为一个紧迫的话题。

早在计划经济时期便已经形成、存续的农业问题，必须靠制度变革才可以解决。因为在集体经营的大锅饭体制下，无论技术怎样进步、投入怎么增加，似乎都无法解决吃饭问题。改革开放初期的农业问题还须依靠政策解决。改革开放的成功之处在于极大解放了农业生产力，在制度环境稳定以后，依赖技术进步和市场化经营就可以促进农业产出迅速增加。农业问题相对解决之后，农产品由短缺转为相对过剩，导致粮价下滑，影响到农民增收，后者反作用于前者，农业投资减少，成为粮食生产不稳定的隐患。土地资源的过度开发、非农产业的三废污染，致使农村生态问题日渐突出。此时，社会各界的注意力才转向了农村发展和农民增收。

同时，大量农民工逐步进入城市社会、进入媒体和学术界的视野，“三农”问题由远及近，由较远农村地区的农业生产转移到城市身边满目皆是的农民工。日趋现代化的城市中一眼就能看得出农衫褴褛的农民工，将城乡差别的鲜明对比展现在公众面前。同时，社会思想意识得到越来越多的放松、电视媒体和电脑网络的普及、新闻视角的大众化等社会进步，促进了社会公众认识上的根本转变。“仓廪实而知礼节”，追求公平的良知，促使那些先富裕起来的人们开始关注弱势群体，关注城乡差别。

四、“三农”问题所处的特殊国情

处于发展的初级阶段，并不是“三农”问题出现并加剧的借口。“三农”问题富有中国特色，是基于其他各国所没有的特定历史和政治背景。

发达国家几乎都已经实现了城乡一体化，大部分人工作和居住在城市，只有少数人在农村从事农业经营；凭借高效率的技术、设施和高额补贴，农民的收入和生活水平不比城市居民差。况且，发达国家城市劳动力市场的进入障碍较少，对于任何人、在任何时候都是平等的。只要不想做农民，可以随时进入城市寻找合适的工作。

绝大多数发展中国家在制度上实行城乡同体，没有明确界定农民的身份，没有限定农民迁徙的自由，因此不存在涵盖农业、农村和农民的“三农”问题，但“三农”问题实际被各种社会问题所取代。由于工作能力、而非制度方面的差异性，发展中国家的社会人群分为三种人：有能力在城市居住的稳定居民、无力进入城市的农村稳定居民、徘徊在城市边缘的贫民窟居民。由于经济发展落后、社会文明程度不高、存在较为普遍的城乡二元结构，发展中国家的农村地区集中了大量贫穷农民，但他们安于现状、相对稳定。城乡边缘的贫民窟才是社会矛盾的焦点。

“三农”问题在中国显得格外突出，源自中国独特的国情：

（1）农业是中国社会稳定的基础。“无农不稳”的说法在中国具有现实意义，13 亿多人口不可能把粮食安全问题依赖进口和外援，所以无论如何必须保证基本的粮食自给率。

（2）人多地少的基本国情。由于人多地少，以家庭承包经营为主体的土地集体所有制，还不能涉险加以改变，必须通过这种

“家庭经营—集体所有”模式使较大一部分农民滞留在土地上。目前来看，这种模式似乎就是基于现有城乡关系的最佳制度安排。

(3) 分散工业化存在很多后遗症。乡镇企业遍地开花，造成中国农村地区的环境污染和生态破坏异常严重，可利用土地资源减少、水土流失、食品卫生安全等问题正在破坏农业的稳定性。

综上所述，发展中国家普遍采取了赶超型发展战略。要赶超发达国家，就必须依靠国家机器采取超自然、不公平、非市场的措施，采取牺牲一部分人的分配制度，或许是个迫不得已的最佳选择。不过，从发展中国家赶超战略的成败来看，不自然、不公平、非市场的措施越多，成功的可能性就越小，都犯了“欲速则不达”的毛病。举凡已经实现工业化的国家，基于农业的农民和农村问题都得到极大的消解。虽然其在历史上也曾经做过扭曲市场机制来剥夺农业产业的事情，但在工业迅猛发展之后，摆脱了对农业剩余的依赖，转而实行以工补农。中国仍然是发展中国家，尚不具备大范围以工补农的条件，应重点把财力集中于基础设施和科教文卫事业，着力创造一个良好的市场环境和公平的人文氛围。对于“三农”问题，只要遵循公平原则，革除城乡分治的户籍制度，不去剥夺“三农”利益，便可在短期内达到显著成效。

第四章 土地征用

第一节 征 地①

在我国，农民失地主要指户籍身份为农民的居民，失去了其所承包或使用的、由集体所有的土地资源。农民失去的土地主要被用于非农建设，其中绝大部分是在城市化进程中被地方政府所征用。以下从这个视角对农民失地问题进行分析。

一、城市化：农民失地的必然性

庞大农民群体的存在是我国现代化道路上一个无法回避的障碍。只要还有大量农民离不开土地和农业，中国就永远不能实现现代化，更谈不上自强于世界民族之林。现在学术界已经逐渐达成共识，作为天文数字般的一个整体来看，农民要增收，单纯地依靠农业经营已经不可能。从经济发展的长期趋势来看，要持续获得较高的收入，农村劳动力必须转移到非农产业或城市中就业。

现在，每年都有多达 1 亿的农村劳动力在异地打工，形成年复一年的“民工潮”；还有 1 亿左右的农村劳动力在当地早出晚归形成“钟摆”式非农就业。受到户籍、就业、教育和住房等制度约束和工资不高、收入低下等经济约束，上述 2 亿农村劳动力的非农转移往往不彻底，不能扎根在城镇。一般而言，他们的配偶和子女还维系在土地上，就是说其家庭还留在农村。这样来看，虽然在产

① 参见韩纪江，孔祥智．城镇化中农民失地的必然性及问题分析．经济问题，2005，8：51-53.

值方面全国的非农化水平已经很高，2003 年达到 85.4%，但人口的城市化水平（指城镇人口占总人口的比重）只有 40.5%，非农化水平高于城市化水平 1 倍以上。这说明，大量农村劳动力虽然已经在非农产业就业，但身份仍然是农民，这种现象是我国社会经济发展进程中诸多问题，比如交通运输紧张、生产经营效率不高、环境污染普遍、社会治安令人担忧等的重要成因。众多农民身似浮萍，不能安居乐业，似乎还有加剧“三农”问题的趋势。改变这种状况，必须加快城市化（城市化）进程，促进人口和要素的集聚。

只有加速城市化进程，让农民彻底脱离土地和农业，转向非农就业，并完全融入城镇生活，才可以实现由农民向市民的转型，并有助于彻底解决“三农”问题，这是中国实现现代化的必由之路。众所周知，我国制造业的总体状况是资源消耗型、粗放式，能耗高而经济效益低，国际竞争力不够强。其重要原因是工业的集聚程度不高，未能普遍形成产业集群而导致市场信息闭塞、技术进步缓慢和管理方式落后。城市化可以促进产业集中，加速物流交换和劳动力流动，提升市场档次和知名度，极大提高经济效益。城市化可以节约基础设施建设的单位成本，使得生产经营和日常生活更加便利。城市化能够集中利用各种资源，集中进行社会管理，并加强居民之间的信息交换，形成新观念、新思想，促进科技进步和文明演进。而且，从理论上讲，在城镇可以集中处理废弃物，有利于环境保护。

加快城市化进程已经成为学术界和各级政府的重要战略举措，促进城市化的措施纷纷出台，这是一个喜人的现象。从过去 10 多年的城镇发展历史来看，城镇人口确实在大幅度增加。1990—1995 年，中国城镇人口每年增加 1000 万人；而到了 1995—2003 年，城镇人口的年递增数已经稳定地超过了 2000 万人。这些新增城镇人口一般要在城郊新占土地，也有一些地方是在旧城不远处建设新的城区。2003 年全国城市建成区面积 28308 平方公里，年末实有住宅建筑面积 89 亿平方米，城市人均住宅建筑面积为 23.7 平方米，据此我们可以推算出城市常住居民为 3.76 亿人，人均城市用地面积为75平方米。这个数据是当前我国城市的情况，其他城关镇和小城镇，容积率会低得多，人均占地要大大高于75平方米。即使按照人均占地75平方米来估算，则目前每年新增2000万城镇人口需要征用225万亩土地。这是一个很保守的数字，实际上，加上现有城镇居民对居住环境改善的要求，2003年比2002年新增城市建成区面积350万亩，在一年间需要把350万亩的农地征用为城市用地。此外，还有各种交通设施、管道设施、孤岛式的工业园区、生态和景观保护区等，估计今后一段时期内每年全国农民大约会失去400万亩土地。

二、城市化进程中农民失地形成的问题分析

改革开放以来，农民失地存在两个阶段。第一阶段发端于20世纪80年代中期，乡镇企业迅猛发展，掀起了第一轮土地非农化高潮。农民在这个时期没有感觉到失地所造成的问题；相反，由于土地非农化转移是在农村集体内部进行的，其收益被农民所占有，故而开设的乡镇企业越多，农业方面转移出去的土地越多，农民反而越富裕，农民的满意程度越高。乡镇企业的异军突起，确实为农民增收和农村经济的超速发展做出了不可磨灭的贡献。第二阶段是从20世纪90年代初期至今，随着大规模的城市和交通道路建设，土地资源开始从农村、农民手中向外部流失。在这个阶段，除了按照国家征地制度得到一定补偿外，农民往往不能直接享受失地的好处，开始感觉到因失地而给生产和生活带来的困境。

很多地方政府有着太急切的心情，想尽快把区域经济做大做强，不惜以加速城市化进程为名，超前规划，进行“跑马圈地”，肆意侵占城郊农田，并开展以土地买卖为主要内容的城市开发和城市经营。“圈地热”的背后有很多利益支撑，农地在被征用为国有性质的非农建设用地后，会迅速升值，凭空增加数十倍甚至上百倍的利益，如果用于正当途径，就是地方财政收入的大幅增加，可以用来发展城市经济和彰显政绩；如果其中存在暗箱操作的话，还可以产生大量灰色收入。土地通过国家征用而增值后，地方政府及其人员往往是最大的受益者。所以，刺激产生了越来越多的违法用地

事件，各种非法的土地征用、买卖和转让屡禁不止。根据国土资源部的数据，全国的土地违法案件每年都超过10万件，违法主体主要是地方政府，表现在未批先用或不批就用，以既成事实逼迫土地主管部门让步。

很多人，包括大多数农民、地方干部，都有一种错误的认识，即土地属于国家所有。政府代表国家，所以政府向农民征地就成了理所当然、理直气壮的事情。实际上，虽然国家拥有对土地的最终处置权，但农地被宪法赋予集体所有的公有产权形式，而不是国家所有。在缺乏科学决策和民主监督的情况下，集体所有产权的所有者和权力的执行者容易分离，一些村干部不能代表集体内部所有成员的共同利益，但总能代表集体来处置集体资产。为了维护自己的官位，村干部倾向于秉承上级政府的意图行事，并且还能在征地过程中获得大量补偿资金的支配权。所以，村干部往往与地方政府、开发商和用地企业站在一边，纵容、助长甚至千方百计要求征地。大多数农民也是支持土地征用的，其初始动机是希望得到较多的经济补偿。但是农民是弱势群体，在征地补偿数额方面，缺乏谈判地位，很难维护自己应有的权益，其结果经常是事与愿违，失地农民的利益受到侵害。

城市化一般先从城乡结合部开始，向城郊四周扩展，不断地征用农地开展非农建设。在这一持续的过程中，会形成一急一缓两个大的问题。

一个稍微缓一点的问题是，最先失去的土地多是城镇近郊的肥沃农田，往往是菜田园地或者是吨粮田，其土地生产率较高，级差收入高，假设种植粮食的每亩单产为700公斤。每年400万亩农地被征用，如果技术条件不变，2003年粮食总产量4.3亿吨作为基数计算，将使我国的粮食供给年均减少0.7%，长此以往会严重危及国家粮食安全。加入WTO以来，国际市场上的低价粮食都在想方设法进入中国，这在一定程度上掩盖了目前耕地面积减少对国内粮食供给不足态势的影响。如果长期忽视、放松对国家粮食安全的关注，一旦遭遇不可预知的进口渠道的阻塞，将造成无可挽回的损失。

另一个比较急的问题是，会集中形成大量失地农民。城郊农民人均土地数量一般较少，每年400万亩土地被征会涉及上千万农民。虽然他们中的绝大多数人在失去土地的同时会被确认为城镇人口，但是成为城镇人口并不意味着就是城里人。土地对于农民具有多重价值，如宅基地给农民提供一个居所是基本生存空间保障，提供一个家乡归属感和亲友网络是心理保障；耕地给农民提供衣食来源是最低生活保障，由子女耕种，为失去劳动能力的老年人提供养老是养老保障，吸纳农村剩余劳动力是失业保障。失地后的农民必须通过各种途径同时获得这五个方面的保障，否则，在得到有限的资金补偿之后，如果缺乏非农经营技能，不能及时实现职业和生活角色的转变，就会形成“无土地、无工作、无保障”的“三无农民”问题。如果非自愿地失去了土地，且得不到合理补偿，失地农民与县乡村等基层干部之间的矛盾会日趋激化，个别失地农民已经成为“上访专业户”，由此而引发的各种社会不安定因素日渐增多。

三、解决农民失地问题应该遵循的原则

为保持社会稳定，必须给予农民长期土地承包权，这是中国的立国之本；而为了促进经济发展，必须加快城市化进程，引导绝大多数农民走出农业和农村，这是中国的富国之路。如果在加快城市化进程中不能妥善解决好农民失地问题，前者将是后者的一个机会成本。所以，要在稳定中求得发展，必须妥善解决农民失地问题。根据上述分析，笔者以为从宏观上进行把握，应该遵循以下四项原则。

（一）粮食安全原则

作为一个处于发展中的大国，吃饭问题最重要。为了保障粮食安全，必须尽可能减少城镇建设对土地尤其是肥沃良田的占用。中国是个人地矛盾异常突出的发展中国家，可耕地不多，在不可逆转的农地非农化进程中，要立足于节约用地。为此，必须科学规划城镇，提高城市容积率，集约利用土地。但是，要真正杜绝城镇的粗放扩张，不能仅仅依靠行政指导和行政规范，更不能寄希望于宣传

口号，而是应该更多地采取经济手段。《土地法》规定，新增建设用地的土地有偿使用费，30%上缴中央财政，70%留给有关地方政府，都专项用于耕地开发。但在现实中，大量的土地使用费没能用于耕地开发，而是被用于城市经营，现在确实也没有那么多的荒地供我们用作耕地开发，相反还要不断地退耕还林。随着土地越来越多地被征用，粮食安全将失去依托。为此，可以考虑进行粮食安全补偿，凡是征用农民土地的，必须根据一定的系数，向国家交纳粮食安全补偿金，收归中央国库，这样可以收到“一石三鸟”之效。一是用来补偿粮食产地，在全国范围内调整产业布局，提高种植粮食的经济效益。二是可以为农业科研与推广筹措资金，解决粮食单产提高缓慢等技术难题。三是通过提高土地征用补偿标准，增加土地使用成本，在一定程度上促使地方政府和用地企业节约使用土地，避免“跑马圈地”。

（二）社会公平原则

土地是农民的命根子，谁都不会把自己的命根子轻易交给别人。如果农民失去土地后得不到合理补偿，就会遭受到福利损失。在征地过程中，必须尊重失地农民的权益，最起码的，要使之受到公平的对待，征地后的总体福利水平只能提高，而不能下降。要做到这一点，首先应根据土地固有的价值进行补偿，因征地而让农民失去了什么，就需要相应的补偿什么，不能简单地以补偿金取代其他保障。《土地法》规定，征用土地的，按照被征土地原用途的价值给予补偿。但是，就当前各地的补偿情况看，给予失地农民的这种补偿往往远不能满足农民原有的需要，比如有些地方要求农民以土地换（社会）保障，往往还要让农民额外向外掏钱。失去土地后尚不能完全获得养老保障，更奢谈什么生活补偿和就业保障。土地在被征用前后，都是作为一种生产资料而存在，具有所有权、使用权和收益权等多种权利。土地被征用，实际是为了改变使用权而改变所有权。如果避开所有权和使用权不谈，至少应该保留原有农民一定的土地收益权，只有这样才能在一定程度上解决失地问题。比如土地最终归谁使用，谁就要付出租金，或者一次性支付，或者采取年金制支付，随行就市，根据当地经济发展和土地需求状况随时调整。如果仅仅避开所有权，较为科学合理的做法，是在所有权改变的同时，给予农民一定比例的土地使用权，让失地农民可以集中起来从事非农生产经营活动，这样就能持续不断地给予失地农民就业保障、生活保障和养老保障。货币补偿存在贬值可能，而且总有用完的时候，只有掌握了生产资料的使用权，并持续获得一定的收益权，才能使失地农民摆脱坐吃山空的窘境，才能避免他们将来的衣食无着，彻底解决“三无农民”问题。

（三）区别对待原则

城区的外延扩展最好优先使用非耕地、瘠薄土地。为此，可以把农地分为四种类型：非耕地、普通耕地、肥沃耕地、基本农田，这四类农地的补偿标准要拉开档次。《土地法》规定，土地补偿费和安置补助费的总和不得超过土地被征用前三年平均年产值的10～30倍。这个规定看似科学合理，补偿倍数从10倍扩展到30倍；但是，依据这一法律规定，在具体的实际操作中，征地补偿标准之间拉开的档次最多不超过3倍，而肥沃耕地与一般耕地、非耕地之间的收入差异却可能高达数十倍，会导致补偿的不公平。例如有的瘠薄粮田年纯收入每亩只有三四百元，有的蔬菜大棚则可能高达数千元。因此，为了保护肥沃耕地较高的生产力，必须切实给予较高的补偿标准，并区别对待，拉开档次，以大大提高肥沃耕地的征用成本。对基本农田要实行更加严格的保护制度，基本农田保护区一经规划确定，便不能寻找任何借口肆意侵占。

（四）法治公开原则

当前中国农民失地问题中，有很大的比例是在征地环节因处置不当造成的，凡是农民反响比较大的征地事件，都有明显的违法行为。所以，杜绝违法行为、遵循法治公开原则非常重要。在征地程序方面，可以设置两道法定程序。第一道程序是要符合《土地法》、其他土地征用法规和总体经济发展规划的规定，以体现国家意志，体现区域经济发展的总体要求，对于违法者要撤职查办，不能姑息迁就。第二道是要尊重农民的选择权。在具备了征地的合法性后，还必须广泛公开公示，征得土地所有人的许可。对于违背农民意志而强行征地者，要严肃处理，追究行政责任。涉及土地这种重要生产资料的有关事情，应该由全体村民大会而非“村民代表大会”投票表决，不能由集体的领导说了算，盖个村集体公章就算数。可以采取签名制，凡是土地征用及其补偿事项，必须经过被征地村民的绝对多数通过，共同签名，才算合法生效。这样虽然在征地前的准备成本很高，手续烦琐而复杂，但总比征地后留下诸多后遗症要好得多。经过两道法定公开程序后，借由征地而产生的贪污腐败、官民对立等问题会迎刃而解。

第二节　征地中的利益矛盾[①]

城市化进程中围绕土地征用的土地利益主体包括失地农民、村组干部、地方政府、中央政府、用地企业和城市居民等。[②] 其中，土地需求和利用主体有三个：地方政府、用地企业和城市居民；土地供给主体只有农民。失地农民在失去农业用地后大多希望给予一定的非农用地指标用于开发二产或三产，身兼土地需求和供给两个角色，但主要还应属于土地的供给者。在土地供求双方通过土地征用活动而得以衔接的过程中，村组干部和中央政府分别对供给和需求两个利益冲突双方施加影响，实现自己的利益目标。

一、土地利益主体概述

（一）失地农民

土地是农民的基本生活依靠。农民通过耕种所承包的耕地以维持最基本的生活，在此基础上，进城或就地从事非农产业，可以逐步提高收入水平并发家致富。失去土地的农民一般首先会转为非农业户口，这在过去是个颇具诱惑力的优待政策，因为非农业户口承载了很多城市福利，但现在其吸引力越来越弱，尤其在城市福利改

① 参见韩纪江．征地过程中利益主体的矛盾演变分析．经济体制改革，2008，4：107-110.

② 王培刚．当前农地征用中的利益主体博弈路径分析．农业经济问题，2007，10：34-40.

革比较深入、城市福利比较少的中小城市，是否拥有一个非农户口已经不那么重要。在失地农民心目中最为关键的是就业和收入问题。如果失地农民不能在城市找到合适的工作，就无法真正融入城市，“无土地、无工作、无保障”的“三无农民”问题就会凸显出来。

（二）村组干部

村组干部从其职能上看是当地农民的代言人或代表，包括村支书、村主任及其他村委会成员、村民代表等。过去，在村庄的治理过程中，村组干部获得较多权力所带来的利益，已经形成一个既得利益集团。随着农村税费改革的成功和农业税的取消，村组干部的工作状况发生了很大变化，他们不再参与收缴农业税费，所经手的资金大幅度减少。乡镇企业的转制、转型和集体经济的衰落，使得村组干部的可利用财力更为减少。交通和通信条件不断改善，各种社会化服务组织与机构越来越多，乡镇、县城和邻近城市的社会化服务能够及时有效地延伸到村庄，这些都使得村组干部在农村社会管理方面的作用日趋淡化。土地征用重新给予了他们掌控较多财力的机会，最后“捞一把”的心态很多，使其产生强烈的卖地愿望。

（三）地方政府

地方政府主要是市县和乡镇政府及其部门，一方面是土地征用的实施主体，代表国家完成土地利用方式的转变；另一方面，地方政府还是土地的利用主体，建设基础设施和发展各项社会事业，都需要占用土地资源。政府的职能应该是为当地居民服务，利用税收资金来提供公共服务或进行管理。但是，当前地方政府人满为患，不少地方完全是吃饭财政，税收收入用来发工资都显得紧张，提供公共服务更只能是奢谈。为了彰显政绩，地方政府急需新的资金来源，而土地征用恰恰成为其可以随意支配的最后一块“蛋糕”。

（四）中央政府

中央政府代表国家和民族的长期利益、整体利益。从国家经济社会发展的全局出发，中央政府采取保护基本农田、严格控制征用的“高压线”政策。之所以采取这样严厉的政策，是因为作为一个人口大国，确保粮食安全始终是关系民族存亡的首要前提。但是，为了给经济发展松绑，中央政府也不得不允许部分农业用地有计划地转为城市建设用地，这种计划的实质是放慢土地征用的速度，以防止在现有农业技术条件下因耕地面积减少而造成粮食减产。毕竟，确保耕地面积才能保障国家粮食安全。

（五）用地企业（包括房地产开发商）

用地企业是城市建设用地的直接需求者，其根据利润最大化原则来利用土地。土地是二三产业经营的平台，没有土地资源，财富的创造和企业利润都将成为泡影。从一般情况看，企业需求土地，出资购买土地进行经营是再合情合理的事情不过了。但是，目前的主要问题是企业对于土地的需求太过于旺盛，很多已经超出了其正常经营需要，而大量存在"圈地"现象。

（六）城市居民

随着生活水平的提高，城市居民对于土地的需求逐步增加，他们希望增加土地供给，以降低房价和改善居住条件，并增加科教文卫机构、道路、绿地等基础设施的供给。与失地农民不一样，城市居民无须过多地担心就业和社会保障，也一般不用担心国家粮食安全和个人吃饭问题。

二、土地利益主体之间的矛盾演变

（一）土地利益矛盾的起点——土地用途管制

城市化进程中，伴随着人口的集中，作为人口载体的土地由农业用途转变为城市建设用地。用于种植、林业、畜牧、渔业、生态等方面的土地，限于其产业特征，其收益有限，但转变为城市建设用地后会产生巨大的利益增值。如果没有政府对于土地用途的管制，在市场竞争的作用下，不同产业内土地的收益应该会趋于平均化，即农业用地的收益应该等于非农建设用地的收益。因此，土地用途改变后所产生的巨大利益差异，源自政府对土地用途的管制。这种利益差异的大小，则取决于政府管制的力度。政府管制力度越强，土地征用的利益越大；反之，就越小。

对于土地的管制主体是中央政府，管制的对象主要是地方政府，管制手段是用地指标。中央要扶持发展从而给予较多征地指标的地区，土地的非农建设价值增值较小，土地征用后的利益增值较少。此时，失地农民和地方政府、用地企业之间的矛盾不那么尖锐。而在中央要限制土地征用的地区，土地的非农建设价值较大，土地征用后的利益增值较多，失地农民要求的征用补偿便会水涨船高，由此形成较多的征地矛盾。①

中央政府是土地征用的直接受益者。土地征用越多，非农产业发展越快，GDP 总量越大。对于一个迫切需要加快经济增长的发展中大国来说，没有比经济总量的增大更好的了。追赶发达国家，在短期内技术与管理水平无法得到突破，实现经济的飞跃就必须依赖大量消耗资源并占用土地。况且，当前的城市化进程已经成为一种不可逆转的经济趋势，迅猛扩张的交通网络、持续的农村工业化浪潮等都会占用土地。每年除了计划内的耕地征用之外，还有不少耕地被自发地非农化，实际的耕地损失要比上报的统计数据大一些。为此，中央提出要通过垦荒和土地整理等方式来保证耕地总量的基本平衡，但这是一个注定无法完成的任务，因为还要同时确保良好的生态环境并提高森林覆盖率，不少耕地要退耕还林，还有沙漠化在侵蚀土地。各种政策在逻辑上就存在尖锐的矛盾，在实施过程中更无法得到真正贯彻执行。

失地农民对于土地的所有权基于集体共同拥有，个人只能以家庭的形式拥有土地的使用权和收益权，具体用途的处置权受到极大限制，只能在承包的土地上进行农业活动，不能从事非农生产经营，尤其不能建造房屋等不动产。这种处置权的限制来自政府对于土地用途的管制制度。要进行非农利用，必须经过征用环节改变土地所有权和用途之后才可以。在这种情况下，农民对于土地的态度呈现两重性，既珍惜拥有又不吝被征用。珍惜拥有，不会轻易出让土地的使用权，更不会放弃集体所有权内的份额；不吝被征用，是为了分享土地非农化所带来的收益。大多数农民希望土地被征用，因为农业经营所得收入有限，而一旦土地被征用，便可以在短期内

① 叶艳姝，吴次芳．地产市场成长的地方政府阻力及其对策．建筑经济，2006，4：55-59.

无须劳动而获得过去需要辛勤劳动才能得到的收入。①

村组干部可以被视作类似行政机构的一个群体，具有内在的自我膨胀和自我获利机制，不断寻求各种政策所赋予的管理权。一些村组干部甚至主动联系要求土地征用，可以从中得到不少好处。比如，用地企业会给予其不少好处费、为其吃喝费用买单、安排其亲友的就业等。一些村组干部甚至可以在土地征用补偿费里面直接提成，或者在征地补偿之后的二三产留地方面获得较多利益。为了寻求土地征用过程中更多的利益，法律规定的各种征地程序变得模糊起来。一些地方甚至没有征地公告，或者在征地公告中含糊其辞。村民代表大会走形式，甚至不召开。征地过程中的信息不对称现象加重之后，失地农民的利益被侵害，征地补偿标准被人为地掩盖、缩水，村组干部成为用地企业廉价获得土地、损害农民利益的帮凶。这种利益矛盾影响了邻里关系和社会秩序，矛盾突出的时候，有些村组干部甚至不敢回村居住。

（二）土地利益矛盾的发展——利益分配失衡

在城市化发展初期，国家制定了土地征用补偿标准，从农业产出的角度对于失地农民予以补偿，使失地农民失地后不会感到吃亏。但是，随着城市化进程的加快，可进行非农利用的土地资源越来越稀缺，土地的价值急剧上升。尤其是城市边缘的土地，其征用补偿金额越来越高，给予农民强烈的土地增值预期，失地农民纷纷不再满足于现有基于农业产出而计算的较低补偿，更多的农民要求按照土地增值以后的价值进行补偿。与失地农民不同，用地企业希望压低买地价格和征地补偿标准。地方政府高度依赖土地财政，一方面希望压低征地补偿标准，少给农民一些；另一方面又试图通过招标拍卖或挂牌等形式抬高土地出让价格且可以消除土地腐败现象。为了确保粮食安全，中央政府把土地保护的任务层层分解到各地，希望控制工业化与城市化的用地规模，提高土地利用效率，同时确保社会稳定，缓解农民抱怨征地补偿少和城市居民抱怨房价高

① 孔祥智，顾洪明，韩纪江．失地农民“受偿意愿”影响因素的实证分析．山西财经大学学报，2007，6：14-19.

的不满情绪。

土地利益增值较多并不必然会产生利益矛盾，矛盾所指主要在于利益分配失衡。利益主体在土地用途转换之后的利益分配格局受到各自的话语权（政治力量）、经济影响（经济力量）、社会影响（社会力量）等的决定。土地征用的制度或政策框架由中央政府制定，而由地方政府实施。由于地方政府的利益牵涉在里面，中央的土地政策在实施过程中，其政策效力必然出现大量的耗散。中央政府对于土地征用的管制是异常严厉的，但地方政府往往要采取种种措施绕过中央政府的管制，竭尽全力增加土地征用。中央政府的法律和政策约束越来越针对地方政府，但其实施又必须依赖地方政府。地方政府在行政权力方面的高度集中，使得中央政府部门的下派机构无法真正独立。中央政府出台了很多措施，下发了很多文件，对地方政府提出严格要求，但似乎都无济于事。地方政府变通甚至扭曲有关的土地法律规定和政策，对自己有利的就执行，对自己不利的就阳奉阴违，采取各种办法推托、掩盖、寻找借口。地方政府这种普遍采取的“上有政策、下有对策”的做法不但违背了中央的政令、出现大量违法案件，而且还与农民产生了更多的矛盾冲突。

失地农民的话语权较弱，《土地管理法》(2004 年修订）及其实施细则皆对农民的土地权利视而不见，征地方案由地方政府制定实施，仅仅在实施时象征性地听取农民的意见，实质上把失地农民的各种进一步的要求排除在外。该法的实施条件不断发生着变化，各地的经济发展程度和收入水平尤其是农业经营和非农经营之间的收入差距大幅度扩大。而且，在市场经济的建立过程中，《土地管理法》所提倡的这种非市场化的做法，使得土地价格出现双轨制。其成本价格较低而出售价格较高，因而给予地方政府经营城市的财力，从根本上损害了市场机制。

土地征用是国家赋予地方政府的权力。当前，权力就意味着收益。每年公布的全国土地违法案件多达十几万起，其违法主体多是地方政府或与之有关的机构、个人。地方政府具有更为强烈的征地动机，通过出售土地可以实现经济发展目标，增加 GDP。不少地方将土地作为城市经营的主要对象，土地用途转换过程中的利益增值已经成为地方财政资金的重要来源。如果没有中央政府的三令五申，没有国家严控土地用途转换、保护基本农田的“高压线”政策，地方政府甚至会把所有土地卖掉。在较短的任期内需要做出较多的政绩、频繁的职务转换等都给予地方政府官员很短的预期。所以，与环境污染、资源浪费一样，侵占农业用地成为最为简便的发展法则。哪个地区的土地征用得多、征用得快，哪里的经济发展速度就快，政府的政绩就突出。“但存方寸土，留于子孙耕”的口号似乎是20世纪80年代经常提及的，现在各地几乎看不到。所以，经济发展的比赛往往演变为土地征用的比赛。当前提倡遵循科学发展观、构建和谐社会就是要防止这种破坏式、粗放式发展模式的进一步蔓延。

更有甚者，地方政府还经常以公益事业用地的名义大量征用土地，可以支付更少的征地成本。① 公益事业是以牺牲占其受益人口较小比例的失地农民的利益为代价，造福以城市居民为主体的大多数人，并形成地方政府的政绩。为了公共利益是不是就可以牺牲失地农民的利益呢？如果是为了公共利益而征地，应该是从公共财政里面拿出预算资金来，而不是让失地农民这个本来就比较贫穷的群体失利。地方政府通过经营土地获得收入来提供公共物品，是攫取了土地增值收益，农民的利益受到损害，其服务对象和收益群体主要是用地企业和城市居民。但城市居民在享受较好生活环境的同时，却付出了高房价的代价。随着可利用土地资源的减少和土地价格的急剧上升，开发商倾向于低效率地建造住房，因为住房交付日期越晚，其市场价格越高。与之相反，房地产的需求者即普通城市居民则需要住房又快又好地建造出来，以改善居住条件。绝大多数普通城市居民家庭，其子女逐渐独立，形成了刚性的购房需求，不得不支付高昂的房价成本，从而成为仅次于失地农民的弱势群体。

土地不但经常会作为地方政府招商引资的优惠政策工具，而且还理所当然地成为中央政府调控经济冷热的工具。土地本来是农民

① 许根林. 城市土地供给制度变迁中的地方政府行为. 改革，2007，2.

的"命根子"，却被赋予了更多的政策内涵；土地是否被征用，农民毫无任何发言权。当经济过冷时，增加土地征用，以较低的地价吸引投资，低地价最终会损害失地农民的权益。当经济过热时，土地征用减少，农民被迫在土地上进行农业经营，自己无权转为建设用途和分享城市化成果，这实际损害了农民的发展权。在上述过程中，村组干部成为推波助澜者。在那些地方政府实际决定村组干部任命权的地区，村组干部出现了更多的非理性，出售土地以换取权力、换取可支配资金的冲动异常强烈。在村民选举制度比较健全的地区，村组干部则逐渐回归了理性，因为其权力来自本村农民的选举，必须与农民的利益保持一致。

（三）土地利益矛盾的激化——低效率的"圈地行为"

为了发展经济，促进投资，地方政府竞相给予投资者优惠政策，政策核心往往是给予价格较低的土地。各地的招商引资政策所形成的激烈竞争，给予用地企业非经营理性的决策考虑。有些企业开始致力于土地投机，而非正常的生产经营。比如，某些企业宁愿放弃原有产业集群所形成的规模与聚集经济效益，而到全国各地购买土地建立新工厂，本质是为了圈地而非经营。

"圈地"属于一种投机行为，而非正常的经营。当预期土地供给不足而需求较多时，未来的土地价格上涨就会影响当前的土地需求。在当前较低的实际价格下，土地的需求变得异常强劲。企业只要能够拿到土地，就会立于不败之地，而不论其生产经营状况如何。土地价格的提高，增加了企业固定资产存量，能够为企业承载较多的贷款抵押。如果将来把部分企业用地转售出去，则会赚取大量非经营性利润。在这种情况下，几乎所有企业都会将经营的目标转向土地而非正常的生产经营。企业对于土地的贪婪，使得土地价格屡创新高，加剧了土地供不应求的矛盾。同时，大量土地被占用，却不能创造出应有的价值，降低了土地的利用效率。而且，还出现了越是低效率利用土地资源、企业自身利润越高的反常现象。①

① 杨春禧．土地征用中利益差序格局的制度重构．财经科学，2005，1：170-174.

虽然地方政府大多制定一些提高土地利用效率的政策，但难以真正贯彻执行下去。如果用地企业不是靠生产创造而是靠对土地资源的低效利用来获得较高的利润，就会诱发严重的社会矛盾。比如，较低的生产用地价格和较多的生产用地指标会侵占住宅用地，使得商品房价格高涨。如果用地企业投产后所形成的促进就业效应不能使当地城市居民获得较多的收入，那么当地城市居民就会与失地农民一起成为土地用途转用的受损者，他们共同成为地方政府与用地企业的对立面。

与其他生产经营企业不同，房地产开发商是一种特殊的用地企业，他们建造住房后出售给城市居民使用。从一定意义上说，房地产开发商属于土地利用的中介。他们表面上是在出售房子，实际上是在卖地，是将土地批发以后再零售给每个消费者家庭。因此，开发商总试图掌控更多的土地资源以获得垄断的利润，从而导致房地产价格居高不下，影响到城市居民。对于当前日渐高涨的房价，城市居民有两种看法。已经拥有住房的家庭尤其是拥有较大面积住房或两套以上住房的家庭，是高房价的既得利益者。尚无自有住房或住房面积较小、需要改善居住条件的居民，则是高房价的反对者；进入城市打工、刚刚定居的准市民，是高房价的坚决反对者。对房价的不同态度，可以反映其对于土地利用的态度。反对高房价的城市居民希望政府多征用土地来增加商品房以降低房价。

三、化解土地利益矛盾的政策建议

（一）构建公正的土地管制法律框架

过去的土地法律多是要求赋予地方政府权力，所以，一项法律的出台必然有相应执法机关的设立或相应权限的赋予。而拥有土地权利的农民则成为被执法的社会主体，无论是保护耕地还是被征用为城市建设用地，农民似乎都成为被约束的对象。农民撂荒土地要受到惩罚，农民自己改变土地为非农建设用途更要受到严厉制裁。而地方政府可以有权决定哪些土地能够被征用为建设用地，用地企业可以在征用土地后撂荒或者种植绿化草木。法律法规的这种倾向性，使得土地利益主体之间在土地利用权限上存在显著的差异性，有失公正原则，加剧而非协调了利益矛盾冲突。今后，应该从保障社会公平和长期发展的角度出发，构建土地征用法律法规体系，出台操作性强、地域针对性强、能够适应经济发展变化要求的征用补偿标准。这样的法律体系应重在制约地方政府、村组干部的行为，保护土地、保护农民的利益。

（二）规范地方政府行为

应该说，化解本管理区域范围内的各种社会矛盾、协调利益纠纷本来就是地方政府的职责所系。但遗憾的是，地方政府的行为已经成为土地矛盾的关键所在。之所以出现这样逆反的奇怪现象，主要应该是对于地方政府的考核机制出现了问题，扭曲了其行为准则，最终还是中央政府的人事和政绩管理制度存在缺陷。虽然中央政府屡屡提出遵循科学发展观、构建和谐社会的严格要求，但对于地方政府领导的问责制度、考核指标尚未出现根本性的转变，从而使得地方政府依然按照 GDP 和城建规模等指标行事，而置社会矛盾于不顾。此外，赋予地方政府太多的行政权限，使得地方政府可以毫无顾忌地安排市场资源，从而扭曲市场价格、扭曲市场主体的意愿，这与建立市场经济的基本要求格格不人。所以，要化解土地利益矛盾，必须规范地方政府的行为，应该改变地方政府的政绩考核标准，大幅度削减地方政府的行政权限，并要严厉查处土地违法违纪事件。

（三）保护弱势群体利益

确保各方利益的平衡，往往会牺牲弱势群体的利益，以迁就强势群体。更何况，强势群体往往拥有较多的话语权、经济影响与社会影响，能够形成合谋与集体行动，通过个别贿赂、集体胁迫、利益共谋等形式来影响地方政府的行为，使之产生有利于强势群体的政策路径依赖。用地企业属于强势群体，其逐利动机无可厚非，在支持其发展的同时，必须防止其损害公共利益和其他群体的利益。而弱势群体则比较松散，缺乏集体行动的组织性。其中个别强烈追求个体利益的人，要么被收买，要么被打击，致使弱势群体长期处于被动局面，久而久之，其主流思维是要么逆来顺受，要么消极抵制，严重影响了社会整体福利水平的提高。要追求社会公平，必须对农民和城市居民这样的弱势群体给予特殊的政策倾斜，长期的做法是执行民意，暂时的做法是尊重民意、给予弱势群体较多的选择权。

（四）提高土地利用效率

土地利益矛盾实际是分配过程中产生的，属于稀缺资源的分配问题。充分利用资源、提高土地利用效率，可以在单位面积的土地上生产出更多的财富，从而将“蛋糕”做大，为化解各种矛盾提供物质财力基础。如果听任土地被用地企业所圈占，现有土地资源越来越稀缺，其价格就会迅速暴涨。企业是社会财富的创造载体，不应该利用土地限制企业创造财富，但也不能无节制地给予企业土地而助长企业的投机动机。唯一的选择就是要提高土地利用效率。中国人多地少，土地资源异常稀缺，从宏观层面上看，提高土地利用效率也是迫在眉睫的事。在出售土地给用地企业时，必须设定一个操作性较好的投资强度和生产经营指标，比如容积率、每平方米的投资额、产值和利税等。

第三节　征地补偿设计①

城市化进程中的农民失地问题，本质是土地这个基本生产资料失去之后农民收入来源的丧失。土地对于不同收入、不同生活水平农民的作用是不一样的，失去土地后的境况和反应也因此具有显著的差异。根据农民对土地依赖程度的不同，可以将失地农民分为纯农户、兼业农户和非农户等三种类型，以下对这三类农户的失地境况及其反应进行分析。

一、不同类型失地农民的境况和反应

中华人民共和国成立后，中国实行重工轻农的快速工业化战略。一方面，在农村实行集体化，通过人民公社和生产队来管理农

① 参见韩纪江，孔祥智．不同类型的失地农民及其征地补偿分析．经济问题探索，2005，5.

民，集体劳动、统一分配；另一方面，在城市实行国有化，通过各种类型的“单位”来管理城镇居民，也是集体生产，按级别以“票”的形式进行分配。为了把农业剩余源源不断地剥离农村，加速城市工业的资本积累，在城乡之间采取以户籍制度为樊篱的制度隔离，加剧了二元经济社会结构。在这种情况下，成为一个城里人曾经是许多农民一辈子的梦想。所以，在大规模征地的初期，农民一般都乐于土地被征，因为征地后往往有农转非的指标，可顺理成章地转为非农户口、成为城里人，获得一个城镇工作岗位，享受城镇教育、医疗保障和住房等一系列优惠政策。

随着城镇就业制度改革的深化，劳动就业日渐市场化，城镇计划安排的就业岗位越来越少，医疗保障制度也在逐步向市场化改革。在这种情况下，成为一个城里人的冲动逐渐弱化。农民对于征地的态度开始变化，不再是所有农民都无保留地赞成征地。纯农户、兼业农户和非农户这三种类型的农户对于征地开始出现不同的反应。

纯农户是指仅仅依靠土地进行农业经营的农户（包括那些从事畜牧和渔业养殖的专业农户），其家庭收入全部来自农业，没有其他非农收入来源。长期以来，纯农户在家庭收入方面形成一种路径依赖，由于缺乏其他技能，就把主要劳动时间放在农业生产上。失去了土地，这些农民的生活就会难以为继。尤其是那些年老体弱、文化素质低，既进不了企业打工又无法自谋职业的弱势群体，过去指望土地维持生计，失地后如果没有能力或没有机会转移到其他非农产业就业，就会过分地依赖征地补偿金，难免会坐吃山空，将来的生活可能没有着落，其中一些人将成为游手好闲者，另一些人将沦为城市边缘的贫民。即便给予这些农民更多的征地补偿金，也摆脱不了迟早沦为贫民的命运。所以，纯农户失地后的境况很差，往往是征地的反对者，是农民失地问题所聚焦的主体。

兼业农户是指既从事农业生产又从事其他非农产业的农户，其家庭收入中农业所占的比重呈现越来越小的趋势。这类农户的家庭成员中，有人从事非农产业，具有其他非农方面的技能和一定的非农工作经验，但由于缺乏资金和稳定的就业机会等原因，才不敢贸然全部离开土地。在土地被征用并获得一定的补偿后，兼业农户失去的是越来越不重要的一部分收入来源，他们失地后的境况一般，没有很大的怨言。如果在得到征地补偿金后，还可以被政府确认为城镇居民并享受相应的福利，他们一般不会反对土地征用。即使他们中有人反对征地，也往往是来自补偿不公平等其他操作性因素。

非农户是指农村中那些已经完全脱离农业生产的农户，他们居住在农村，虽然家庭成员主要从事非农产业，已经不再经营农业，但身份还是农民，还是农村集体的一分子，并拥有土地的承包权。对他们来说，农业收入占其家庭收入极小的比例，农业和农地已经可有可无，几乎可以忽略不计。有时候种地是不得已而为之的事情，如担心被人笑话、害怕土地撂荒被惩罚等。在土地被征用后，他们反而会彻底解脱出来，还可以顺便得到一系列的补偿。所以，非农户是城市化的直接受益者，是征地的坚定支持者，他们也是促进城市化进程的重要推动力量。

二、确定因人制宜的征地补偿方针

土地资源具有面积有限性、位置固定性和利用的不可逆性等特点，从长期来看，土地是无价的。如果不妥善安置好失地农民当前的生活和今后的生产经营，现代化将会建立在对农民残酷剥夺的基础上，无论从社会公平、经济平衡还是从政治稳定等各个方面来看，都是说不过去的。

对于失地农民的补偿，各地都涌现出了一些好的经验，如增加补偿金额、给予集体预留经营用地、补偿金入股发展集体经济、给予失地农民以城镇户籍和福利、加强失地农民的社会保障等，取得了一定的实效。不过，各种问题还是层出不穷，失地农民的上访事件、地方矛盾冲突屡屡发生。究其原因，在于各种补偿措施太注重补偿的标准性和一贯性，而缺乏对上述三类失地农民的针对性和灵活性。如《土地管理法》规定，土地补偿费和安置补助费的总和不得超过土地被征用前三年平均年产值的10～30倍，这个标准看似具有很大弹性，却是非常统一的，即最高不得突破30倍。各地经济发展程度差异很大，要在全国范围内制定这样一个很统一的补偿标准是非常不现实的。不过，要试图制定一个很有弹性的补偿标准，也并非良策；因为一个有弹性的标准往往会沦为贪污腐败的温床，而且还有可能引起地区之间的攀比。地区之间互动博弈的结果，经常是以廉价土地来吸引投资，导致对失地农民补偿标准的降低。

从全国范围看，征地补偿标准无论有无弹性、是否统一都不尽合理。征地后，农民都会得到一些补偿。但是，相同数额的补偿金对于上述三类农户的效用是不同的。对纯农户来讲，土地是一种日渐升值且升值潜力巨大的、不可替代的生产资料。生产资料是纯农户的命根子，付出的是命根子，是一生的依靠，失地后必须换回养活一生的生产资料。对于兼业农户，失去的是越来越不重要的一部分收入来源；对于非农户则是摆脱了一种拖累。如果征地补偿仅仅局限在提供一定标准数额的资金或社会保障，看似非常公平，实际却会导致上述三类失地农民的苦乐不均。对兼业农户和非农户采取一定的资金补偿是可以的，他们也是“卖地”的大力支持者。但对于纯农户则很不公平，因为土地作为生产资料的价值并非《土地管理法》所规定的最高30倍能够弥补，何况一旦遭遇通货膨胀，补偿金会大打折扣甚至不值分毫，而作为不动产和生产资料的土地，其价值是只升不降的。

中国各地农民、各种类型的农民，失地后的境况差别很大，如果在征地补偿方面农民和用地者达不成共识，对于失地农民，即使给予了形式多样、金额较多的补偿，也很难实现绝对公平。所以不制定补偿标准，而是制定一个基本方针，以让农民满意作为标准，或许更为科学合理。首先要做的事情是让失地的纯农户匹配一定的生产资料，如一份工作。对于兼业农户和非农户，不需要生产资料匹配的，就给予一定的保底资金补偿或社会保障。实践中，有些地方采取了股份合作制的形式，对现行的土地补偿金进行配股投入，效果不错，但能否持续下去，要看失地的纯农户在参股后有没有相应地参与合作，即是否得到适合的就业机会。

第五章 用地指标

第一节 非农建设用地指标

一、概述

人多地少是中国的基本国情，土地资源日益稀缺，应时刻警惕粮食危机。这一思维模式迫使中国采取并强化了世界上最为严厉的土地管理制度，包括土地公有制、基本农田保护制度、土地利用规划、非农建设用地指标（简称用地指标）的审批制度、土地征用制度、土地的有限（局限丁国有土地的二级市场）交易制度等。其中，除了农村宅基地和乡村非农产业用地这两种不能自由交易的情况之外，农地要实现合法的非农化主要通过土地利用规划和用地指标两种手段。土地利用规划是一个基于用途管制的先决条件，限制了土地利用的范围；用地指标是一个分年度发放的具体工具，限制了土地利用的速度。要从不可交易的集体用地转变为可以交易的国有土地，用地指标分配这一环节异常关键。有了用地指标，便有了土地开发的权利，因此用地指标本质上是一种由中央和地方政府主导的开发权（Development Right）配置。这一配置过程有三个特点：一是超前性，往往提前一年甚至多年便已经分配就位或者预见到其数值；二是固定性，一般情况下不允许转让到异地；三是稀缺性，往往不能充分满足地方政府的需要。上述三个特性表明，用地指标的分配无法满足市场流动性的需要，可能会丧失市场效率。

在土地利用规划既定的前提下，对于地方政府而言，用地指标是一种异常稀缺的资源。一般来说，用地指标越多，越容易招商引资和干出政绩。用地指标就是财富之源，尽管各地的用地需求强度不一、土地经济效益差别很大，但对用地指标的渴求程度都一样强烈，这使得用地指标的分配特别敏感，不得不屈从于政治方面的考虑。每年采取计划分配方式下达用地指标，较多地考虑到区际政治平衡和经济发展初始权利上的公正。这一制度安排在一定程度上取得区域平衡发展与保护耕地之功效，但以牺牲土地利用效率为代价。2008 年，全国国有土地的平均转让价格为 41.2 万元/亩，该数据在东南沿海地区为平均 51.1 万元/亩，在中西部内陆地区为平均 29.3 万元/亩。本项分析统计时，东南沿海地区包括辽宁、河北、北京、天津、山东、江苏、上海、浙江、福建、广东、广西、海南等 12 个省市，其他为中西部内陆地区，港澳台数据缺失。2008 年，全国共审批建设用地 598.2 万亩，其中，东南沿海地区 263.7 万亩，中西部内陆地区 334.5 万亩。① 若中西部内陆地区的农用地审批转移到东南沿海地区，并达到全国的平均土地转让价格，则每亩将升值 10 万多元，静态分析全部合计升值将达到 3980 亿元。这是当前全国土地平衡利用模式所产生的静态损失。按照目前粮食价格匡算，可以换取现有粮食总产出的 1/3。因此，目前土地利用模式下，确保粮食安全的潜在代价是巨大的。而且，在现有土地利用模式下，对于数目惊人的土地违法行为（最近几年全国年均十多万件）无能为力，昭示出千篇一律的政策因缺乏适用性而遭到广泛抵制。②

土地作为稀缺资源的价值日渐提高，这势必要求对其进行更为高效的利用。扭转上述局面，应该充分利用市场的力量。可以借鉴在美欧等国已经非常成熟的土地开发权交易（Transfer of Development Rights，TDR）的做法来提高土地利用的效率与公平，通过构建用地指标交易市场，在全国范围内实现土地利用的帕累托

① 国土资源部．中国国土资源统计年鉴．北京：地质出版社，2009：168-171.

② 韩纪江．征地过程中利益主体的矛盾演变分析．经济体制改革，2008，4：107-110.

改进。

二、构建用地指标交易市场的必要性

《国家粮食安全中长期规划纲要》(以下简称《纲要》) 提出：今后随着工业化、城市化发展，一方面，人口增加和人民生活水平提高，粮食消费需求将呈刚性增长；另一方面，耕地减少、水资源短缺、气候变化等，对粮食生产发展的约束日益突出，粮食供需将长期处于紧平衡状态，保障粮食安全面临严峻挑战。从这一提法里，我们可以看出，耕地资源短缺是保障粮食安全问题的一个硬约束。《纲要》强调，保障国家粮食安全要构建符合我国国情的粮食安全保障体系，有两个要求。一是立足于"基本靠国内"保障粮食供给，我国粮食自给率要稳定在95%以上。二是完善粮食流通体系，保持粮食供求总量基本平衡和主要品种结构平衡。前者要求保障一定的耕地面积，后者要求建立立足于全国范围的粮食大市场。两者的统一性在于，只要市场交易是顺畅的，便可以把粮食种植集中在具有比较优势区域的土地上，以实现粮食产业的规模经济。据此，可以实施集中保护耕地、改善农业基础设施、推进农业科技进步、高效实施惠农政策等措施。

实现这一转变，应寻求市场化交易途径来纠正或替代实行了多年的"粮食省长负责制"。之所以要改变现行的"粮食省长负责制"，是因为该制度作为一个政治制度干预经济主体行为的模式，继承了低效率的计划传统。省长负责制的目的是通过行政手段、把中央政府所承担的粮食安全责任下移，通过区域平衡来保证全国的平衡，曾对解决我国粮食短缺问题做出过贡献，但存在着难以克服的理论悖论、实践问题和政策危机。① 有学者认为，"粮食省长负责制"的耕地总量平衡政策不可取，如果一定要保持耕地总量平

① 邓大才．粮食省长负责制内生的六大矛盾．粮食问题研究，2003，2：44-47.

衡，势必要以破坏生态为代价，加剧自然灾害而致使粮食减产。①由于区域之间的耕地保护补偿机制尚未建立，耕地保护收益的输出地与受益地的发展差距日益加大，导致输出地的耕地建设乏力，不愿意保护耕地，甚至破坏耕地的生产环境。② 造成当前耕地保护困境的直接原因是中央政府对地方政府保护耕地的激励与分权体制下发展地方经济的激励不相容。③

改革开放以来，制度变迁促进了粮食等农产品产量的迅速提高。随着城市化进程的加快，可资利用的农地资源愈发稀缺，粮食安全问题时刻未敢轻易放松，并上升至“粮食省长负责制”的高度。以此为核心形成了土地利用规划、基本农田保护、建设用地指标分配等一系列固化了的制度安排，成为保障当前粮食安全的基石，但阻断了进一步的制度创新，难以应对耕地资源锐减的挑战。我国耕地面积已经接近 18 亿亩红线，而且几乎每年减少 1000 万亩。目前来看，我国的粮食自给率保持在 95% 以上，国内粮食供求平衡，但基础性因素不容乐观，未来的粮食安全缺乏应有的保障。④ 未来 10 年，中国人均粮食占有量保持在 376 公斤（±2 公斤），仅仅稍高于当前的 365 ~ 370 公斤的基本粮食安全水平。⑤

耕地资源减少的直接原因是代表经济发展的城市化进程在加快。城市化本应能够集约利用日渐稀缺的土地资源，有助于解决土地利用矛盾，但理论与现实情况很不一致，经常看到的是城市化对

---

① 贾生华，张宏斌．中国土地非农化过程与机制实证研究．上海：上海交通大学出版社，2002.

② 马驰，秦明周．构建我国区域间耕地保护补偿机制探讨．安徽农业科学，2008，36（27）：11883-11885.

③ 姜海，夏燕榕，曲福田．建设用地扩张对经济增长的贡献及其区域差异研究．中国土地科学，2009，8：4-8.

④ 丁守海．当前粮食安全形势：评估、比较与建议．财贸经济，2008，9：105-108.

⑤ 彭克强，刘枭．2020 年以前中国粮食安全形势预测与分析．经济学家，2009，12：97-99.

于土地尤其是耕地的疯狂吞噬。① 一方面，原有农民进城后会占用生产和生活用地，但其在农村原来占用的非生产用地，如宅基地、交通道路用地、休闲用地等并没有相应减少。更为重要的方面，是各地纷纷把城市化和土地经营作为一个重要的区域发展战略，由于城市化的界限不明确，各地都在最大限度地抢占土地资源。有鉴于此，国家制定了土地利用规划，通过分配用地指标等方式来约束地方政府对于土地的强烈占用冲动。这一政策基础延续了计划经济体制，难以适应市场需求的急剧变化，导致土地粗放利用，效率低下，无法满足当前转变经济发展方式的发展理念的要求。

城市化是一种典型的区域性不平衡发展，尤其是在土地的非农利用方面。城市化表现为较多的人口（及资本、资源等要素）在较小面积土地上的聚集，是人口对于土地的不平衡利用。但是，由于人口的流动性要大大高于土地的流动性，以经济利益最大化为根本原则的市场供求变动领先于旧有制度约束，城市化进程中人口聚集与土地转化存在非同步性，导致经济社会发展的不和谐。总体来看，在经济发展较快地区、主要是东南沿海经济发达地区和中西部大城市区域，用地指标紧张，地价较高，不断高涨的地价制约着经济增长。一些地区几乎无后备土地可用，土地的瓶颈制约因素明显，违法用地的冲动呈现普遍性。在经济发展稍慢地区，用地指标宽松，地价较低，土地利用的转变往往超前于人口的聚集，经济粗放扩张，占用了较多的耕地资源。上述两种截然不同的土地利用状况都导致了土地非农化的速度加快，但土地利用效率不高。同时，粮食安全问题也变得严重起来，因为即使在“粮食省长负责制”制度框架下能够保持耕地总面积的稳定，最先进入非农化的土地多是城市郊区相对肥沃的耕地资源，耕地的肥沃程度和农业产出潜力会不可避免地呈现下降趋势。

① 韩纪江，孔祥智．城镇化中农民失地的必然性及问题分析．经济问题，2005，8：51-53.

第二节　土地开发权与用地指标交易理论述评①

一、土地开发权交易（TDR）的研究脉络

美欧等国在TDR领域的研究着重考虑效率与公平的兼顾。美欧等国的研究文献从不同的视角广泛探讨了TDR对于保护耕地资源、提高效率和促进社会公平等方面的积极作用，基本是对土地分区利用规划的缺陷的弥补。对于土地的激烈竞争把保护私人农地和未开发空地摆上重要议程，TDR之所以会成为流行全美的土地利用工具，是因为其能以极小成本获得巨大的土地保护收益，尤其是当保护土地的公共舆论与政府削减支出的努力同时高涨时。② 与TDR类似，政府购买开发权（Purchase of Development Rights，PDR）不但可以促进城市内部发展，还能限制城区的蔓延以保留农场、森林和牧场。③ 一些研究重点探讨了利用TDR项目实现社会公平，但他们认为实施TDR项目的出发点和归宿都是保护耕地资源，促进社会公平只是一个中间目标；因为只有保障了社会公平，才能真正做到保护耕地。其具体思路是：土地分区规划一般是以效率优先而展开，会造成社会分配的不公平，即“暴利—暴损”（Windfall-Wipeout）困境。那些没有被分区开发的地主，因不能开发其所有权而遭遇暴损，便具有强大的经济动机去改变规划和阻碍公共土地利用计划，政府不得不屈从于这种政治压力，从而导致土

① 参见韩纪江，任柏强．借鉴开发权交易（TDR）推行用地指标交易的理论评述与展望．湖北社会科学，2011，7：90-94.

② Danner，John C.．TDRs-great idea but questionable value. *Appraisal Journal*，1997，65（2）：133-142.

③ Daniels，Thomas L.． Coordinating opposite approaches to managing urban growth and curbing sprawl：A synthesis. *American Journal of Economics & Sociology*，2001，60（1）：229-243.

地区划控制变得无效率。如果实行 TDR，便可以避免这种被动局面。①② 如果未来的土地利用具有很高的变数，土地利用规划对于限制增长的作用要大于保护农地的作用。③ 但如果土地利用规划非常灵活，则会不可避免地引起讨价还价，从而带来土地市场上盛行的寻租行为。解决这一矛盾，利用土地开发权交易可以消除供给约束，使土地开发适应市场需求，这体现了自由裁量和制度规定之间的均衡。④

赋予土地一定比例的开发权，有助于促进社会公平；允许土地权利所有人通过买卖这种开发权而实现福利最大化，有助于提高经济效率。大量文献基于对公平与效率的权衡而展开，并集中分析了如何提高 TDR 项目的效率。一个成功的 TDR 项目需要依赖于各不相同的前提条件，只有因地制宜才能提高效率。在 TDR 项目的制度设计中，轻微误差便会引起土地利用效率的极大差异。⑤ TDR 项目能否成功，需要充分考虑到 TDR 与 PDR 项目是否同时开发、开发背景研究、TDR 银行的建立、TDR 项目的启动者、开发需求类型等因素。⑥

---

① Barrows, Richard L. and Prenguber, Bruce A.. Transfer of development rights: An analysis of a new land use policy tool. *American Journal of Agricultural Economics*, 1975, 57 (4): 549-557.

② Thorsnes, Paul. Letting the market preserve land: the case for a market-driven transfer of development rights program. *Contemporary Economic Policy*, 1999, 17 (2): 256-266.

③ Kline, Wichelns. Using referendum data to characterize public support for purchasing development rights to farmland. *Land Economics*, 1994, 70 (2): 223-233.

④ Zhu, Jieming. From land use right to land development right: institutional change in China's urban development. *Urban Studies*, 2004, 41 (7): 1249-1267.

⑤ Field, Conrad. Economic issues in programs of transferable development right. *Land Economics*, 1975, 51 (4): 331-340.

⑥ Kaplowitz, Machemer, and Pruetz. Planners' experiences in managing growth using transferable development rights (TDR) in the United States. *Land Use Policy*, 2008, 25: 378-387.

国内的 TDR 研究多在引进国外研究与实践的基础上，分析耕地和农民土地权益的保护。国内对于 TDR 的研究最早肇始于台湾，如台湾学者杨重信、林瑞益认为，分区管制可以提高经济效率，但因各地所允许之经济活动及其强度不同而造成各地间地主利得分配的不公平，高强度发展商业区的地主可获得暴利，低强度发展保护区的地主利益被剥夺，建立 TDR 市场可避免上述缺陷，兼收效率与公平。① 国内大陆学者对此也大多给予充分肯定，如沈守愚认为，设立农地发展权制度非常重要，是严格有效保护耕地、统一协调全国土地利用与保护、保护农民利益、理顺产权关系的需要。② 一些学者从法律产权方面分析了为什么中国没有赋予土地以开发权，认为法律对农村土地使用权的非农化流转不支持造成农村土地发展权的压抑，目的是争夺土地收益。③ 一些学者认为对改变土地使用性质行为进行法律上的规制以及通过立法规范改变土地使用性质所产生的经济利益分配和权利归属，就产生了土地发展权制度；征收农民集体土地补偿费不包括土地发展权的对价，农民失地时，失去了土地发展权带来的巨大经济利益。④⑤ 国内现有研究多强调建立土地开发权的必要性，认为农地保护是一项低效、高机会成本的行为，应利用可转移发展权和土地产权来提高效率，降低成本。⑥ 国内大量涉及开发权的文献剑指征地问题，认为"涨价归公"思想和非公共利益性质的征地行为对农民土地发展权造成了

① 杨重信，林瑞益．可转让土地发展权市场之效率与公平性．人文及社会科学集刊（中国台湾），1983，6：21-62.

② 沈守愚．论设立农地发展权的理论基础和重要意义．中国土地科学，1998，12：17-19.

③ 刘永湘，杨明洪．中国农民集体所有土地发展权的压抑与抗争．中国农村经济，2003，6：16-24.

④ 孙弘．中国土地发展权研究．北京：中国人民大学出版社，2004.

⑤ 刘国臻．房地产老板之暴富与土地发展权研究．中山大学学报（社会科学版），2007，3：119-123.

⑥ 张安录．可转移发展权与农地城市流转控制．中国农村观察，2000，2：20-25.

侵害①，土地开发权转移制度提供了一个基于市场机制的独特政策工具，有助于耕地保护。②

美欧等发达国家推崇 TDR 的根本原因是尊重社会全体成员的公平性，尊重所有土地在非农建设开发方面的公平性，主张采用市场化的交易，并通过税收和转移支付进一步提高公平性。这些发达国家相对健全的市场机制、低廉的行政成本、良好的纳税环境和英美法系的财产权利结构等都有助于这样做。遵循市场化主线，现有美欧等国的研究目标是兼得公平与效率，在此基础之上才能真正做到保护耕地和生态用地。TDR 理论的上述应用条件在当前的中国大陆并不存在，现有土地制度安排在既定“粮食省长负责制”下具有很强的刚性，在具体政策设计方面很难有所突破，因此现有研究多局限于表面，以呼吁 TDR 的重要性居多，未能深入下去。

二、推进用地指标交易的研究述评

国内已有一些类似于 TDR 的用地指标交易实践，如改革开放初期，山东省济阳县孙耿镇采取过“地滚地”开发权转让模式，香港有“换地权益书”做法，海南省自 1999 年借鉴实行“换地权益书”政策③，温州向衢州购买用地指标，重庆的地票交易④，等等。此外，还有实施主体功能区规划，优先发展区向限制发展区支付生态补偿，如重庆、成都“城乡统筹试验区”和武汉城市圈、长株潭“两型社会试验区”，实施区内土地统筹利用等。

用地指标的分配数额对于城市化进程和经济增长特别关键，各地都在最大限度地抢占土地非农化指标。有鉴于此，国家要求地方

① 黄祖辉，汪晖．非公共利益性质的征地行为与土地发展权补偿．经济研究，2002，5：66-71.

② 丁成日．美国土地开发权转让制度及其对中国耕地保护的启示．中国土地科学，2008，3：74-80.

③ 胡存智，宫玉泉．《换地权益书》的理论与实践初探．中国土地科学，1999，5：19-22.

④ 吴义茂．建设用地挂钩指标交易的困境与规划建设用地流转——以重庆“地票”交易为例．中国土地科学，2010，24（9）：24-28.

政府制定土地利用总体规划，对用地指标进行指令性分配，试图以此来约束地方政府对于土地的强烈占用冲动。此时，用地指标分配科学与否非常重要。用地指标的分配是上下级政府和公众之间的一个信息不对称博弈过程，确定一个合理的用地指标对提高土地利用总体规划编制的科学性、促进经济健康快速发展和保证国家粮食安全具有重要的意义。① 但是，现有用地指标分配的经济绩效受到一些研究文献的质疑，由于在很大程度上从属于社会性与政治性考虑，往往遵循平均主义分配原则，各地平衡利用、均衡发展，无法做到因地制宜。②

考虑到各个地区经济增长的不平衡，现有土地制度在一定程度上允许进行用地指标的交换。如 2004 年的《土地法》（修正）规定，省级政府应当确保本行政区域内耕地总量不减少，实行占用耕地补偿制度，“占多少，垦多少”。但是该法还规定个别省、直辖市确因土地后备资源匮乏，新增建设用地后，新开垦耕地的数量不足以补偿所占用耕地的数量时，报经国务院批准，可以进行易地开垦。上述两项规定分别给用地指标在省内和全国范围内的置换打开了两个可供尝试的窗口。为了确保粮食安全而规避用地指标置换的风险，国务院于 2004 年下发文件，要求严格控制土地的异地占补平衡，未经国务院批准不得跨省进行耕地的占补平衡。一些研究对这一政策表达了相反的意向，提出应允许占地指标形成跨区市场，补地成本高的地区向补地成本低的地区购买占地指标。③ 现有各地实行的省级区域内“易地代保”的政策尝试只是权宜之计，真正的解决办法是在国家和各地进行土地利用总体规划中合理地确定基本农田保护区，应允许实现从省内耕地占补平衡向国内平衡的突破，借鉴发展权制度，在经济发达地区建立基本农田或其他生态脆

① 朱红波．建设用地指标分配的博弈分析．国土资源，2005，5：34-35.

② 欧海若．土地利用规划模式选择与模型应用研究．北京：中国大地出版社，2002.

③ 赵贺．中国城市土地利用机制研究．北京：经济管理出版社，2004.

弱地域的保护基金。①②

在现有制度约束下，如何对非农建设用地指标进行有效的交易是该领域近期研究的热点问题。汪晖、陶然提出了一个土地发展权转移和交易的“浙江模式”，对我国未来耕地保护、土地跨区优化利用乃至区域经济协调发展具有重大意义。③ 靳相木等对新增建设用地的“配额—交易”与排污权交易制度进行了对比研究，提出引入新增建设用地指标的市场交易机制，将最严格的土地管理制度与市场机制有效衔接和协调，可以实现农地非农化配置的帕累托改进。④ 方斌等从江苏的耕地异地代保实践出发，提出耕地的完全经济价值可以从资源、生态效能、经济效能等几个方面考察，对耕地易地补偿价值作了理论测算，苏南一带的耕地价值在每亩6～10万元。⑤

也有学者敏锐地察觉到用地指标交易可能会带来一些负面影响。建设用地挂钩指标交易是解决经济建设与耕地保护矛盾的一个创新，但目前面临指标的“落地困境”与“供给困境”，建议在允许集体所有的规划建设用地流转的基础上，把规划建设用地流转与指标交易结合起来统筹考虑。⑥ 用地指标的置换过度会带来一系列副作用，对于耕地减少的担心、确保基于粮食安全的社会经济稳定主宰了土地制度，城市化与土地制度中现存诸多问题或多或少源自

---

① 谭峻等．浙江省基本农田易地有偿代保制度个案分析．管理世界，2004，3：105-111.

② 宋戈．中国城镇化过程中土地利用问题研究．北京：中国农业出版社，2005.

③ 汪晖，陶然．论土地发展权转移与交易的“浙江模式”——制度起源、操作模式及其重要含义．管理世界，2009，8：39-52.

④ 靳相木，沈子龙．新增建设用地管理的“配额—交易”模型——与排污权交易制度的对比研究．中国人口、资源与环境，2010，7：86-91.

⑤ 方斌等．江阴市和兴化市耕地易地补充经济补偿量．中国土地科学，2010，9：40-46.

⑥ 吴义茂．建设用地挂钩指标交易的困境与规划建设用地流转——以重庆“地票”交易为例．中国土地科学，2010，9：24-28.

于此，尤其是在缺乏明确的政策依据时。① 因此，农地非农化指标的转移等类似政策制定应充分考虑制度成本和交易成本。②

三、具体思路

在城市化加快的背景下，国内土地利用形势如此严峻，而旧有的制度安排，主要是“粮食省长负责制”下的用地指标分配因政治上的固化而无法形成理论突破，迫切需要引入一个崭新的理论框架来指导实践。假设用地指标可以像土地开发权那样在全国范围内自由交易。经济动力强劲的地区因地价较高，可以购买用地指标，把本地区的农业用地较多地转为建设用地，缓解土地供给瓶颈的束缚。缺乏经济动力的区域，因为地价较低，如果自己开发建设所得收益不多，可以选择出售用地指标而非开发土地。这样，各地区根据各自的成本—收益状况进行交易，最终会出现一个用地指标交易市场和均衡价格，该价格将成为一个重要的经济指示器。在该价格引导下，各地区充分利用边际原则达成利益最大化。有些地区自动减少农地的非农化，防止了土地资源的浪费，保护了耕地资源。有些地区因获得足够多的土地平台，城市化进程加快，经济增长迅速。通过用地指标交易，经济动力强的地区把经济增长的一部分收益，以用地指标交易价格的形式支付给经济动力弱的地区，用以激励其保护耕地和提高耕地产出效率，这样可以在全国范围内实现耕地总面积的动态平衡，进而有效实现土地政策在全国范围内的多重目标和社会经济的帕累托改进。

具体的政策思路如图 5-1 所示。

---

① 刘忠庆等．建设用地指标置换的问题与对策．中国土地，2005，4：25-26.

② 陈竹，张安录．中国东、中、西部之间耕地保护协调——土地效率理论存在的问题．中国土地科学，2010，4：13-18.

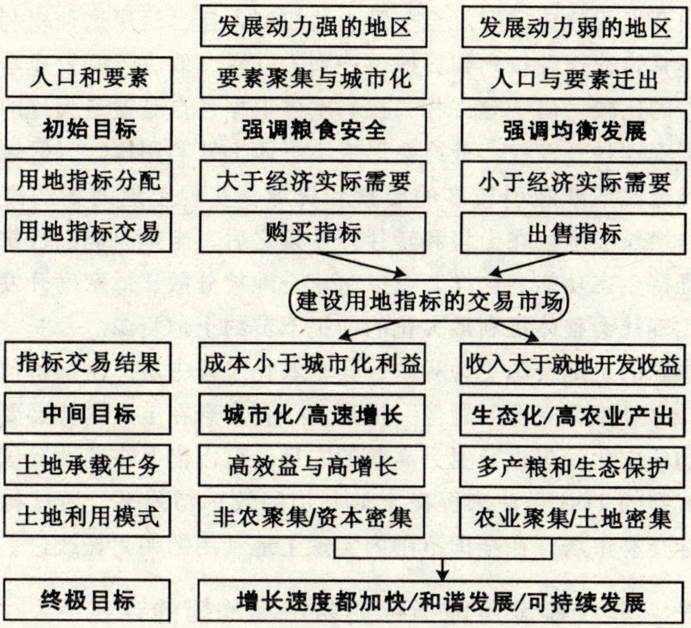

图 5-1　建设用地指标交易的思路

第三节　用地指标交易

鉴于土地资源的日益稀缺，世界各国都对土地利用实施形式不一的管制政策。美欧等国即使人均土地较多，土地资源相对丰富，也都早已普遍实行了土地分区规划制度。土地分区属于一种人为的经济干预，其目的是在适当的地区增加产业和人口聚集，最初只是考虑到经济效率，完全以产出和经济利益最大化为基本着眼点，这存在三个与生俱来的缺陷：一是不当管制会损害市场机制，从而降低本应达到的经济效率；二是效率优先原则容易导致社会分配的不公平；三是人为过多介入资源配置容易引发寻租和腐败行为。为此，美欧等发达国家在土地分区规划的制度框架下，普遍实施了土地开发权交易。土地开发权指土地具有非农开发的权利，但这并不是100%的开发权利，而是指任何土地都可以有一定比例的面积用于非农开发或建造房屋。至于是土地权利人自己运用这种权利就地开发还是转让这种权利到异地、让别人开发，取决于开发成本和预期收益的比较。由于允许相关权利主体根据各自利益最大化的具体情况买卖这种开发权，最终会形成不平衡土地利用模式。区域内的增长极地区不断吸引较多的要素和资源，实现土地的集约高效利用。非增长极地区在出售和转让开发权之后，土地只能进行耕作种植或维持生态功能。这样，可以防止土地被分散、低密度开发，从而在实现社会整体福利最大化的前提下节约土地资源。

中国的土地资源更为稀缺，其非农化过程中所产生的价值日渐高涨，并且粮食安全问题像一把利剑一直高悬在上。这势必要求对土地的非农化过程进行更为高效的安排，可以借鉴在美欧等国已经非常成熟的TDR做法来提高土地利用的效率与公平，通过构建用地指标交易市场，在全国范围内实现土地利用的帕累托改进。

一、非农建设用地指标交易市场均衡的存在性

在中国，与TDR比较类似的土地权利，可以在非农建设用地指标分配、土地非农利用规划和土地征用等三个方面分别看到一些类似的印记。其中，非农建设用地指标由中央或省级政府分配，决定某个行政区域有权开发多少面积的农地；土地非农利用规划和土地征用则由地方政府负责，决定哪块农地有权被开发。与美欧等发达国家不同，这种开发权是通过行政手段、根据具体需要而特别指定的。只有被指定的农地才能产生这种开发权，并由土地所有者和地方政府分享，其他农地的权利主体则与之毫无关系。当然，法律还特别授予地方政府享有审批农村宅基地、乡镇企业用地、乡村公共设施和公益事业建设用地等权限，这些土地的非农开发权受到集体所有制和地域限制，不能在外部公开市场交易。只有那些经过非农建设用地指标安排的土地，即将集体所有的农地变成国有建设用地之后，才能拥有在全国范围内进行交易的权利。

假设建设用地指标可以像土地开发权那样在全国范围内自由交易，经济动力强劲的地区因地价较高，可以购买用地指标，把本地

区的农业用地较多地转为建设用地，缓解土地瓶颈的束缚。缺乏经济动力的区域，因为地价较低，如果自己开发建设所得收益不多，可以直接出售建设用地指标。这样，各地区根据各自的成本—收益状况进行交易，最终会出现一个用地指标交易市场和均衡价格，该价格将成为一个重要的经济指示器。在该价格引导下，有些地区自动减少农地的非农化，防止了土地资源的浪费，保护了耕地资源。有些地区因获得足够多的土地平台，城市化进程加快，经济增长迅速。通过用地指标交易，经济动力强的地区把经济增长的一部分收益，以用地指标交易价格的形式支付给经济动力弱的地区，用以激励其保护耕地，这样可以在全国范围内实现耕地总面积的动态平衡。

以下对用地指标交易市场的均衡存在性利用边际原则进行证明。

（1）假设有 A、B 两个发展程度不同的地区，上级分配的建设用地指标给其带来的净收益状况（包括就业和政绩等各个方面）如表 5-1 所示。

表 5-1　　建设用地指标所带来的净收益

地区	建设用地指标（亩）	总的净收益	边际净收益
A	I_A	$TR_A(I_A)$	$MR_A(I_A)$
B	I_B	$TR_B(I_B)$	$MR_A(I_B)$

净收益函数 $TR(I)=f(R_1, R_2, \cdots, R_i, C_1, C_2, \cdots, C_j)$，其中，$R_i$ 为建设用地指标 I 所带来的各种可能的收益，C_j 为建设用地指标 I 所带来的各种可能的支出。具体函数表达式可根据统计数据和实证调研所获数据进行分析获得。

（2）某地在某年份获得用地指标给其带来的 $MR(I)$ 遵循边际递减规律。由于土地资源稀缺，$MR(I)>0$，各地会争抢用地指标。

（3）如果开展用地指标的交易，其交易价格 P 成为机会成本的一部分，与 $MR(I)$ 进行比较。假设用地指标的交易手续成本是 0，各地要追求 TR 最大化，通过对 MR 与 P 进行比较，而进行决策。

$MR>P$，买入用地指标；$MR<P$，卖出用地指标；$MR=P$，停止买卖行为。

在产生建设用地指标交易市场的初始，P 的取值可通过路演和试错法获得，并在各地市场竞争中逐步完善。

(4)假设 A 地买入用地指标，B 地卖出；交易量为 x，$x\leqslant I_B$。两地进行交易，产生交易价格 P，形成非农建设用地指标的交易市场。该交易过程最终达到均衡的条件是：

$$MR_A(I_A+x)=P=MR_B(I_B-x)$$

二、构建非农建设用地指标交易市场的可行性

既然美欧等发达国家纷纷看好土地开发权交易，国内也开始有越来越多的学者认识到这一点①②，为什么在国内的土地利用实践中迟迟不能广泛推行呢？其原因是考虑到两大风险。一个是经济风险。如果广泛赋予所有农地以非农开发权，其客观结果是主要给拥有农地集体所有权的农民巨大利益。国家和地方政府在推进其主导的城市建设时，必须以比目前征地成本更高的价格购买这种开发权，届时会付出很高的赎买成本。并且，随着土地开发权不断被赎买，其边际成本越来越高。另外，还存在动摇现有土地制度的政治风险。

城市化是经济社会发展的必由之路，对农地非农化的渴求是市场力量的结果。在所有资源开发领域，市场力量似乎都是贪婪、无序、短视并不计后果的。因此，政府对于土地用途的管制可以修正市场机制，主要措施是农地非农化的计划性指标分配，其成效并非一无是处。但是，由于政府行为存在一些与生俱来的缺陷，比如因信息不完全而导致决策欠科学合理，因利益主体影响而导致决策有

① 郭熙保，王万珺．土地发展权、农地征用及征地补偿制度．河南社会科学，2006，7：18-21.

② 汪晖，陶然．论土地发展权转移与交易的“浙江模式”——制度起源、操作模式及其重要含义．管理世界，2009，8：39-52.

失公允，因对行政计划的路径依赖而导致对市场机制的损害等原因，必须允许市场对政府的修正行为进行再修正。那么，在不改变现有土地公有制度，不改变土地利益分配格局，不改变国家既有的耕地总量平衡政策的前提下，仅仅针对非农建设用地指标进行转让交易，完全可以规避上述两个风险。具体如图 5-2 所示。

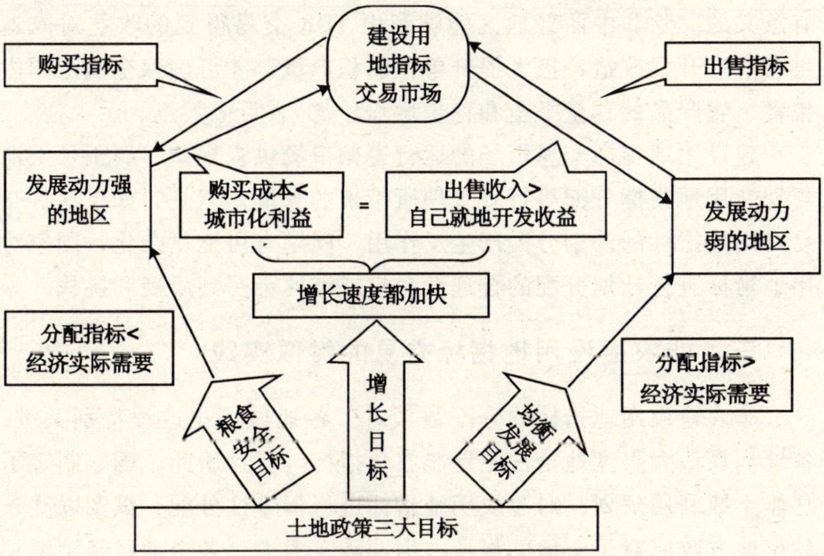

图 5-2 建设用地指标交易的三大政策目标

只要制度允许，各地会自发形成一个全国价格统一的用地指标交易市场。经济动力弱的地区可以不必去大兴土木地促进城市化，只需卖出计划分配的用地指标便可以提高当地经济社会发展水平，并取得相应的政绩。反之，经济动力强的地区可以消除土地瓶颈。这样农地非农化的总体效率得到提高，并由买卖双方分享这一收益，而国家则会同时实现经济增长、区域均衡和粮食安全三大目标。

但是，构建非农建设用地指标交易市场可能存在的问题还有对粮食安全的担忧。农地肥力具有非均衡性，不同区域农地的产出存在巨大差异。东部沿海平原地区的土质肥沃，水资源丰富，气候条件适宜，农地的生产力较高，如江浙不少地方便是历史上著名的鱼米之乡、国之粮仓，目前大量农田却正经受着工业化的蚕食。如果将这些农地用于更大范围的非农开发，而将中西部生产力相对较低的农地在种植面积上实现替代，有可能毁坏粮食安全的基础。一种长期以来便固化在人们头脑中的观念是“食为天”，如果不能解决中西部农地的生产力问题，这种仅仅落脚于农地面积上的替代是没有意义的。除非中西部地区能够利用 TDR 交易得到的收益对农地进行高产开发改造，极大提升单位面积产量，才可确保全国范围内粮食、农产品的总量平衡和稳步增长。

建设用地指标交易市场的运行遵循市场供求规律，纠正了土地规划、用地指标分配等行政管理所带来的弊端。但是，如果这种交易对用地指标的计划分配产生反作用，问题有可能复杂化，国家对用地指标进行计划分配的合理性和权威性便会受到质疑和挑战。

三、非农建设用地指标交易的类似实践

非农建设用地指标的分配数额对于各地城市化进程特别关键。各地都在最大限度地抢占土地非农化指标。有鉴于此，国家制定了总体土地利用规划，对建设用地指标进行指令性分配，试图以此来约束地方政府对于土地的强烈占用冲动。考虑到各个地区经济增长的不平衡，现有土地制度在一定程度上允许进行用地指标的交换。如 2004 年的《土地法》(修正) 规定，省级政府应当确保本行政区域内耕地总量不减少，实行占用耕地补偿制度，“占多少，垦多少”。但是该法还规定个别省、直辖市确因土地后备资源匮乏，新增建设用地后，新开垦耕地的数量不足以补偿所占用耕地的数量时，报经国务院批准，可以进行易地开垦。上述两项规定分别给用地指标在省内和全国范围内的置换打开了两个可供尝试的窗口。

受到经济利益驱使，国内已经有了一些类似开发权交易的实践尝试。早在 1992 年，山东省济阳县孙耿镇便开展了“以地换地、以地滚地”转移农地开发权的尝试。全镇农业人口人均拿出 0.055 亩，从镇最边缘村“接力”逐村逐村地滚到交通干道旁边，集中形成 1700 多亩的工业开发区。通过“滚地”集中的土地，农用地

变为建设用地，属全镇各村集体所有，土地的集体所有制性质不变。镇里成立股份制企业，将各村调出的土地量化成股权，各村以其拥有的股权在公司人股。① 该做法的进步意义有三：其一，防止农民土地权益受到损失，保护了农民和集体利益。其二，按照人人有份的原则，使每个农民的土地集体所有权都可以分享工业化开发的收益。其三，绕过了国家严厉的建设用地政策，以合法的集体用地之名在交通便利区域集中开发。但是，正是由于其土地的集体性质，无法进入土地二级市场进行交易，而且得不到上级部门的支持，故而该创新未被推广。

在香港早有“换地权益书”的做法，又称换地证，是一种以地易地的证明文件；香港特区政府在征地时给业主颁发换地权益书，可以凭权益书在另一地获得土地或者出售该权益书。海南省自1999年开始借鉴实行香港的“换地权益书”政策，政府在收回土地使用权时，核发给权益人以“换地权益书”，可以此换回等价土地。“换地权益书”停留在城市二级市场，是对于土地补偿金的替代，缓解了资金不足的缺陷，但没有形成规模化的开发权交易市场。②③

全国其他地区也尽可能地在法律允许范围内进行了土地开发权转换的尝试。如浙江部分地区曾实施过用地指标的区际交易，沿海发达地区向西部山区购买用地指标，进行耕地在不同地市之间的异地占补平衡。国家层面开始鼓励实施主体功能区规划，通过优先发展区向限制发展区支付生态补偿而获得土地开发权利。重庆、成都“城乡统筹试验区”和武汉城市圈、长株潭“两型社会试验区”，都在实施区内土地统筹利用。这些尝试都收到了一定成效，给现有严厉的土地利用制度进行开发权交易改革尝试增添了希望。

---

① 岩峰．小城镇，大战略——山东省小城镇建设考察报告．发展，1999，7：20-21.

② 伍奕．海南换地权益书价值实现的困境与出路．海南大学学报（人文社会科学版），2009，1：13-19.

③ 胡存智．以换地权益书构建自由流动机制．国土资源导刊，2009，11：48-49.

四、结论

中国人多地少，土地资源的异常稀缺和非农化过程中经济价值的急剧提高，激发了一些利益矛盾。一般而言，非农化用地指标与GDP和财政收入增长成正比，用地指标便成为地方政府的财富之源。尽管各地非农建设用地的需求强度不一、土地利用的经济效益差别很大，但对非农建设用地指标的渴求程度却都一样强烈。为防止对农地的迅速吞噬，每年不得不采取计划分配方式自上而下地逐级下达建设用地指标。在分配过程中，不得不较多地考虑到区际政治平衡和经济发展初始权利上的公正。这一制度安排在一定程度上收悉区域平衡发展与保护耕地之功效，但以牺牲土地利用效率为代价。随着经济发展阶段的演进和市场经济体制的深化，该制度越来越缺乏经济绩效，不但土地利用效率得不到提高，而且保护耕地的功能在弱化。

如果基于土地资源减少会影响粮食安全、涉及民族生死存亡大计这样的判断，由国家出面严控土地非农化过程是必需的。但是，国家保护土地的政策，实际并没有得到整齐划一的执行。小城镇、欠发达地区的土地政策较为宽松，大中城市、发达地区的土地政策较严。既然耕地不断减少是一个无可挽回的事实，现在的关键问题是如何在城市化快速推进的前提下尽最大可能减缓耕地减少势头，让非农建设用地的产出效益更大一些。当前国内试图采取的土地利用模式为占用耕地与开发复垦耕地相平衡，实行非农业建设占用耕地补偿制度，省级政府应当确保本行政区域内耕地总量不减少。大多数省级政府往往按照这一原则层层向下分配建设用地指标，基于政治平衡和横向行政权力公平等原因，用地指标的均衡分配不能满足土地产出率最大化这一原则。那些经济活力旺盛、对土地需求强烈的区域得不到较多的土地指标，经济增长受到制约；那些经济活力较弱的地区，却在以低地价为诱饵，人为促进城市化，极大浪费了稀缺的土地资源，造成经济要素在空间聚集上的不经济。这表现为分散的城市化、工业化和因就业而出现的大规模的人口流动潮，无法高效利用稀缺的土地资源。

借鉴发达国家盛行的TDR理论，构建中国的非农建设用地指标的交易市场是可行的，现有的尝试都表明，各地根据区域利益最大化的需求也表现出极大的兴趣。实际上，鉴于高效利用土地资源和切实保护耕地之考虑，构建这一交易市场是非常迫切的。只要克服了潜在的政治风险，并设计好政策路径，便可实现经济增长、区域均衡发展和保障粮食安全。

第四节 基于土地开发权利的相关探索

一、嘉兴市的“两分两换”探索

2008年，嘉兴市被列为浙江省城乡统筹综改实验区，启动消除城乡差别、实现城乡一体化的土地改革新政。主要内容是区分宅基地和承包地，以承包地换股、换租、换保障，推进土地的集约经营和农业生产方式转换；以宅基地换钱、换房、换地方，推进集中居住和生活方式的转换。通过这种做法，地方政府可以在完成新农村建设目标的同时，获得较多的用地指标；农民在不断向二三产业转移的同时，改善居住环境。但在实施过程中，逐渐暴露出一些问题，主要是资金周转困难，如土地承包权换社会保障的资金来源、宅基地置换住房的资金来源等给地方财政、银行和有关部门造成很大压力。此外，农村土地的涉及面很广，耕地和宅基地的转换不但涉及土地利用规划的变动，还有耕地经营、房地产经营、有关法律冲突等问题。

二、苏州城乡一体化改革的“三置换”

农民将集体资产的所有权、土地承包经营权、宅基地置换成股份合作社的股权、社会保障和城镇住房。农民变成“股民”、市民。2009年，苏州制定城乡一体化改革措施，实施内容包括“三形态”、“三集中”、“三置换”。“三形态”指地处工业和城镇规划区范围内的行政村，实施融入型城市化；那些工业基础较好、人口较多的行政村，实施就地城镇化；那些在农业规划区和保护区内的行政村，推动一次产业与二、三次产业的融合。“三集中”指工业企业集中到规划区内，农业用地集中到专业经营者手中进行规模经营，农民集中到新型社区居住，或通过换房进入城镇，或就地集中居住。“三置换”指将集体的资产所有权、分配权置换为社区股份合作社的股权，将土地承包权、经营权置换为基本的社会保障权、入股置换权，将宅基地使用权置换为城镇住房、货币化置换、二三产业用房、股份合作社股权等。

三、成都农地改革的“三保障、两放弃”

“三保障”指农民变成市民需要的三个保障条件，一是在城市二、三产业就业，二是在城市拥有住宅，三是能够享受城市社会公共服务。“两放弃”指农民自愿放弃土地承包经营权、宅基地使用权之后，可以在城区集中安排居住，并享受与城镇职工同等的社保待遇。三项保障和两项放弃必须互为条件，这一过程是农民变市民的一种身份转换，农民以承包地来换城市就业和社会保障，以宅基地来换城市住宅。

四、重庆统筹城乡改革

重庆统筹城乡改革的内容包括户籍和土地制度改革。户籍改革主要是“千万户改”，指推动1000万农民获得城市户口。土地制度改革主要是推出“地票”交易，地票指城市建设用地指标。通过农村宅基地、农村公共设施用地等农村集体建设用地的复垦，在耕地总面积不减少的情况下，产生新的建设用地指标，这样，农村的土地便可以转移到城市进行非农建设。重庆设立了全国唯一的农村土地交易所，开展实物交易和指标交易。这可以取得多方面的效果，一是农民在闲置宅基地的重新利用中获利，二是地方政府获利，在不触及耕地保护“红线”的前提下，增加了建设用地。

重庆的地票改革得到了经济学界和法学界较多的赞誉和更多的提醒与建议。

重庆社会科学院法学研究所郭振杰认为，地票的正式法律名称是建设用地挂钩指标，其创新价值在于：（1）农民携带土地入市，是农村土地流转方式改革的突破口；（2）城乡指标挂钩，是城乡统筹发展的合理制度选择；（3）城市反哺农村，实现土地收益公平分配。地票作为一个新鲜事物，必须厘定其权利义务关系，否则就会出现地票交易市场的不活跃。①

西南财经大学法学院吴义茂认为，建设用地挂钩指标交易是解决经济建设与耕地保护矛盾的一个创新，但目前面临指标的“落地困境”与“供给困境”。建议在允许集体所有的规划建设用地流转的基础上，把规划建设用地流转与指标交易结合起来统筹考虑。②

南开大学周立群等认为，建设用地指标交易制度改革是土地制度变迁的宏观层面，构建一个高效的土地制度，还需要改造土地宏观调控的微观基础。微观机制和宏观机制的不同组合给效率带来很大差异。地票交易产生之前，地方政府的土地储备要受到国家规划指标的限制。随着地票交易的活跃，地方政府就有了更充裕的建设用地指标，国家征地模式会在更大范围实施，近郊农村集体农地入市转用的土地城市化道路会受到压制。征地制度不解决，指标交易会进一步激化近郊农村征地带来的矛盾。因此，地票交易制度应该配合农地转用的微观交易机制的改革。③

首都师范大学程世勇认为，“地票”交易基于城市土地国有产权的基本制度框架，以稀缺性的建设用地指标为交易对象，将集体资产嵌入国有土地的定价体系，通过“资产性”地权交易在集体资产价值获得实现的同时，实现城乡建设用地实物资产的增减挂钩、要素的优化组合和产业的集聚。“地票”交易在实践运行中的绩效显著，并在不断地进行制度演化，这种土地和产业的要素组合模式，不仅能降低集体建设用地体制外流转的成本和制度风险，还

---

① 郭振杰．“地票”的创新价值及制度突破．重庆社会科学，2009，4：71-75.

② 吴义茂．建设用地挂钩指标交易的困境与规划建设用地流转——以重庆“地票”交易为例．中国土地科学，2010，9：24-28.

③ 周立群，张红星．农村土地制度变迁的经验研究：从“宅基地换房”到“地票”交易所．南京社会科学，2011，8：72-78.

能通过地价升值抑制盲目投资和国际直接投资规模，调节宏观经济贸易和资本项目的双失衡，实现经济的可持续发展。①

① 程世勇．“地票”交易：模式演进和体制内要素组合的优化．学术月刊，2010，5：70-77.

第六章　城市土地利用

第一节　城市土地经营与管理制度

一、城市土地经营

土地是城市最大、最具有增值潜力的国有资产。通过引入各种资本运营模式，建立“投入—产出—扩大再投入”的良性循环机制，走以地生财的路子，可以实现城市的自我增值和快速发展。但是，政府垄断土地一级市场，不断地卖地，一方面，会引起房价的非正常上涨，有损普通居民和企业的利益，加剧房地产泡沫；另一方面，一旦经济发展减速、新地需求减少，问题就会出现。香港是典型的低税收、高地价地区，其政府资金很大的比重来自土地；但遇到经济衰退、土地需求下降时，香港财政就会出现很大的赤字和亏空，不得不采取逆向行为，无法调控经济。深圳已经面临这个问题，土地被卖光后，仅靠税收无法维持日常运转和旧城改造支出。现在温州也在走这样的“以地生财”的路子，房地产总是存在不同程度的泡沫，一旦遭遇经济衰退，政府财力不足，将怎么实施相机抉择的调控政策？

中国的税制借鉴了美国的做法，实行分税制，但在土地经营方面与美国存在巨大差异。这种情况实际造成了当前中国在土地利用方面的一些关键问题。分税制有很多优点，但是其存在的最大价值是在美国这样的联邦制基础之上，可以很好地理顺中央与地方的关系。在中国实行分税制则存在很多问题。比如机构改革使得很多权力收归中央，地方政府调控经济的空间和能力越来越小；财政收入向中央集中过多，地方的税收所得相对比较少，缺乏税收的积极性，而且地方的财力受到约束；地方税立法权依然在中央，地方财政再困难也不得自行开征新税种，但是地方政府财政支出在增加，而收入不能保持同比例增加，地方政府只好想尽其他办法，比如增加各种名目繁多的收费和获得土地收益。中央的意图是要通过增加中央的财力来增强中央权威，以建立全国统一市场。但是，由于诸多原因，各地差别很大，中央的宏观调控能力不足以做到因地制宜，中央和地方在财政收支方面的矛盾越来越突出。所以，各地纷纷避开中央的刚性法律规定，开辟新的财源，进行以土地出让为主要内容的城市经营。

土地由农地变成城市建设用地，这一过程是各地政府以国家的名义进行征用实现的。在这个过程中，为了体现城市土地国有的性质，政府成为土地市场的主导，城市土地的初始供给都是政府直接参与去卖，拍卖、招标和挂牌等在形式上虽然具备了市场化的含义，但由于都是政府主导，政府应该是最大的垄断者，是受益最大的交易方。土地储备中心征用土地时的补偿成本比较低，而招标、拍卖价格可以增长到数倍，政府实际上是在利用国家对于土地一级市场的垄断地位，通过行政权力控制土地这种稀缺资源，进行聚财，这样便可在短期内大幅度增加政府收入。政府的行政权力直接进入商业活动，政府既当运动员又当裁判员，从根本上说是在与民争利，损害大多数居民尤其是青年人和子孙后代的利益。

古今中外，政府总是作为一个代表全民利益的化身而出现。无论是中国的“为人民服务”、“三个代表”重要思想，还是西方的“守夜人”、“管家”，还是“看得见的手”等理论，政府的行为必须符合大多数人的整体利益。虽然政府也有自身利益，但政府不能追求其自身利益的最大化，否则政府就可能要蜕化为独立经济实体，成为社会既得利益者。房地产行业虽然关系国计民生，但是地地道道的自由市场，国家没有必要进行全面控制。而目前实际的情况是，国家把持着土地供给这一关，地方政府把持着规划这一关，实际上仍然在实行双轨制。有人称之为“新双轨制”，认为一方面是用地制度扭曲的市场化，另一方面则是征地制度明显的权力寻租化。征地方面，政府仍沿用计划经济的办法低价强行征地；供地方面，则通过市场化的出让手段收取高额土地出让金。根据专家测算，土地出让金、房地产营业税、契税以及管理费等，已经成为各地地税的主要收入来源之一，有些地区甚至能占到30%以上。因此，各地对于房地产无不依赖严重。

土地储备制度实施后，政府是土地收益最大化的直接受益者，对于保障城市建设用地，获得足够的城市建设资金，发挥了很大的作用，在短期内不失为一个缓解财政资金紧张的好方法。但地方政府是房价上涨的直接受益者，往往不能冷静地对待房价的迅猛上涨，容易推波助澜。这样会造成当届政府受益但下届政府困难的短期行为，从而损害经济发展的长期利益。政府要慎重对待以土地增值为核心的城市开发行为，至于城市建设资金的来源问题，可以通过精简机构来解决。中国的市场化程度在加深，有些地区的市场化已经不亚于西方发达国家，但政府机构越来越臃肿，形成吃饭财政，挤压了建设资金。

地价的本质是地租，土地使用权的一次性出让，抬高了企业投资的门槛。地租是超额利润，企业还没生产，居民还没有居住，就先交几十年租金，是一种“透支”；土地出让的越多对本届政府越有利，但对下届政府却非常不利，企业、居民和以后的地方财政都将不堪重负。城市建设也不能过分“贪大求洋”，如果政府公共设施过度超前投入，不但会抬高城建成本，还会提高土地价格，提高农民和产业进城的门槛，这与城市化的目的背道而驰。可以试行土地年租制，或改“土地买断性出让”为征收财产税，以降低土地价格。

二、城市土地储备制度

土地储备制度在20世纪90年代末开始出现，并建立土地储备中心之类的管理机构。凡是需要盘活的城市存量土地都统一由储备中心收购，然后再以公开拍卖方式推向市场，使政府绝对控制了土地一级市场。自从实行土地储备制度以来，地价开始一路飙升，达到令人吃惊的地步。每年都有大笔的土地拍卖款流进政府财政，地价和房价的飞涨，都伴随着政府财政收入的迅猛增加。政府本来想通过土地储备来达到对土地一级市场的垄断，限制土地的投机，平稳楼价，防止房地产过热。但是，事与愿违，土地招标、拍卖实行上不封顶的政策，给地价的迅速攀升创造了操作平台。土地的出让采取招拍挂等形式，与协议出让相比，这显然是符合效率优先原则的。但是，这种市场化的形式目前却并不符合市场经济规律，因为政府垄断了土地一级市场，政府作为城市建设用地供给的垄断者，人为造成了土地成本的长期居高不下。土地储备制度实施得越彻底，房价就越上涨。市政工程建设经费筹措主要来源是土地出让金。随着城市化进程的加快，市区范围内国有土地越来越少，但需求量却在加大。控制国有土地的政府部门无法大量抛售土地，使土地市场一直处于饥渴状态。

当前所遵循的土地供应政策实际采取的是一种香港模式。所谓香港模式，就是政府垄断，对土地供给进行绝对控制，每次拿出低于市场需求的一部分土地进行招标、拍卖，出价高者得之。这样一来，土地便被控制在少数有实力的大开发商手中，商品房的供给也相对低于其市场需求，致使房价呈现越来越高的趋势。在一般情况下，相对于土地需求，土地供给呈现一种“不饱和状态”。只要还有土地储备，政府就可以源源不断地获得高额资金。但是，如果土地储备吃紧，则会严重影响到政府行为。土地价格往往是一次性出让，政府相当于是在寅吃卯粮，不利于社会稳定和长期可持续发展。香港模式有其深刻的历史背景，香港回归之前，港英政府急于获得和支配大量资金，是不会管以后事态如何的。

为了防止土地利用上的“断炊”现象，应尽最大可能保护土地的自然资源特性。如果在当前全部开发完毕，以后怎么办？土地具有资源与资产双重属性，对土地资源的开发力度越大，可以形成越多的土地资产。作为资源，土地是经济社会发展的载体，数量有限，不可再生，具有无法估量的经济价值和社会效益。作为资产，能够保值增值，具有现实的财富价值。但如果作为资源，其保值增值幅度会更大，因为其未来的利用途径更多。城市化进程中，保留的土地后备资源越多，这些后备资源的社会效益越高，而现有土地资产的财富价值也越高。所以，对土地不能过度开发，应尽量保护较多的土地资源。

三、城市土地出让制度

一些官员认为，是房地产开发商数量的大量增加导致了土地竞争的加剧，由于出让土地每次都划分成小块，影响了土地转让的价格，影响了精品楼盘的建设。这是一种非常错误的和有害的认识。在这种错误认识的基础上，不少地方已经出台了一系列政策。如停止100亩以下的小规模土地的出让和单体开发，这对于实力相对比较弱小的中小房地产开发商而言，简直就是出局的红牌，今后的生计变得举步维艰。中小地产商由于实力有限，只能出局，所以很多中小开发商干脆转向房地产的需求一方，成为高房价的推手，或者向其他地区、其他行业拓展。对于中小房地产开发商，不断遭遇银根紧缩、土地贷款叫停、开发贷款受阻、预售条件严格、项目自有资金率提高等问题。如央行发布的《关于进一步加强房地产信贷业务管理的通知》，规定房地产开发企业申请银行贷款，其自有资金（指所有者权益）应不低于开发项目总投资的30%，银行才能发放贷款，这无疑断了众多中小开发商的资金链。面对越来越高的地价和越来越大的开发规模，很多地产商望而生畏，有的甚至宁可被罚款而悔标、退标。在房地产市场上，剔除和兼并了中小企业后，大开发商会更加强大，对地方政府形成有利于它们的影响。这样一来，必然会加快房地产业的重新洗牌，使得利益格局进行有利于暗箱操作的重新分配。

在经济学上，最有效率的市场模式是完全竞争，其基本前提是市场上必须存在无数个生产供给商和消费需求者。供给商越多，市场越有效率。除了完全竞争市场之外，一般还有垄断竞争市场、寡头垄断市场和完全垄断市场等三种类型。在上述四类市场中，随着供给者越来越少，越接近于完全垄断。随着垄断程度的加剧，越来越丧失了经济效率。因为，供给者越少，垄断程度越高，市场上供给的产品会越少，而价格将越来越高。这对于消费者是非常不利的，是以提高垄断者的收益为代价，降低了全社会经济效率，创造的财富总量减少，很显然也缺乏公平性。

我们知道，开发商数量越少，单个开发商的实力会越强；当开发商所剩寥寥无几的时候，就形成一种事实上的寡头垄断，或寡占。这些寡头如果存在相互之间的勾结，就可以通过限制产量来维持一个较高的市场价格；如果不存在勾结，则其竞争就会更加激烈，形成一种你死我活的搏斗局面。所以，如果某地房地产业存在寥寥几家大型开发商，只能有两个后果，要么竞争会更加激烈，从而导致土地出让价格居高不下；要么进行相互勾结，共同抬高房地产的市场价格。开发商越少，有关政府部门就容易对其进行直接控制和行政干预，可以通过各种正式的和非正式的方式实现政府意图。但是，如果过多采用非正式的手段实施政策，则可能出现越来越多的暗箱操作行为。这就好比政府对于出租车市场的干预一样，减少放牌数量，形成一种事实上的出租车牌号垄断，可以维持出租车行业较高的利润率，但对于消费者而言却是不利的——所以，但凡实行出租者牌号管制的城市，出租车牌号本身必然拥有巨大的市场价值，据说，在政府不大规模增加出租车运营数量的承诺下，在温州、上海等地，一部出租车的牌照或运营证的价格已经达到百万元之巨，简直是匪夷所思。而出租者之外的非法的和合法的出租运营行为却屡禁不止，不规范的运营服务破坏了交通行业和市政形象。所以，政府对于市场的直接干预越少越好。相反，政府不但不应该干预，还应该消除市场不完全竞争的各种障碍，比如要公开土地的出让信息、存量土地信息、已出让土地的使用状况等，给社会公众和购房者提供参考。

纵观当前房地产市场，拆迁管理严格，土地贷款困难，通过招标拍卖获取土地，地块规模越来越大，能获得土地的只有那些资金雄厚的大开发商。一些规模较大的开发商与政府共同垄断市场，使大企业从地产商退化为“倒地商”或“地主”，倒卖给中小企业进行开发建设。按照土地拍卖市场的做法，拍得土地的房地产开发企业，土地款必须在一定时间内到位，有的是在一个月内，有的是在半年内到位。如果没有到位，多达上百万元的保证金将会被土地部门罚没。有地却没有开发实力的“地主”与一些正处于“无米之炊”的中小企业不谋而合，在土地和资金方面交换合作，进行共谋或联合招标。

第二节　提高城市土地利用效率

一、强化土地利用规划

对于城市土地的高效利用，学术界比较重视，提出了不少真知灼见。如南京农业大学土地管理学院边学芳、吴群等人认为，随着城市化水平的提高，城市用地中居住用地随之增加，工业用地、仓储用地及对外交通用地则随之减少，公共设施用地随同居住生活用地不断增加。我国目前城市化处在中期发展水平，以后必须向着集约利用城市土地的方向发展，从扩大城市规模向提高城市综合质量转变，盘活城市存量土地，加快土地市场化步伐，合理调整城市用地结构，优化土地配置，改善城市综合环境，挖掘城市用地潜力，适当提高城市土地容积率，积极利用多维空间。①

受到城乡一体化的行政体制影响，城市面积扩张的随意性很大，征用郊区农地较之城内拆迁的费用低廉了很多，城市建设都首选外延式扩张，使大量的肥沃农田被侵占。同时，城市土地的利用效率不够高，城市形象也得不到及时改善。一个解决办法是科学规划，并加强规划约束。进一步完善和细化城市规划，着力提高小城镇的规划水平。在宏观研究层面，进行跨行政界限的区域规划设计，及时调整有碍经济社会发展的现有行政区划。规划的关键在于严格遵守，规划不如计划快，或者常作规划，或者长官意志，说明根本没有规划。

要实施土地规划，必须加强土地法制管理，主要管制对象应该是政府部门，针对那些有权处置土地资源的单位和个人，而非房地产开发商。对于土地“黑市”和权钱交易，各种涉及土地的腐败

① 边学芳，吴群，刘玮娜．城市化与中国城市土地利用结构的相关分析．资源科学，2005，5：73-78.

行为、干群矛盾和土地纠纷等，必须由监察和司法反贪部门给予有力配合。

在土地利用方面，不能唯利是图，片面追求经济效益的最大化，不能追求土地价格的最大化和城市容积率的最大化，而应该是经济效益、生态效益和社会效益的有机统一，坚持可持续发展原则，在人地和谐基础上促进经济社会持续全面增长。只有保持一个良好的生活环境，才能够长期持久地集聚城市人气。

把土地作为宏观调控的工具，源自土地的重要经济作用；因为没有土地平台，其他一切经济活动都将无法进行。所以，利用土地调控经济，实际是启用了一道要么打开、要么关闭的大门。建立市场经济，应该向市场敞开大门，利用宏观调控工具设置一道门槛，可以根据经济状况或提高或降低。

重视城地闲置现象，把那些容积率比较低、形象较差的郊区房、城中村进行彻底的改造。这里涉及拆迁问题，要在规划中予以明确，但具体的拆迁改造工作要满足居民的合理要求，给予足够的货币补偿，或实物反馈。

还可以在规划中提出，大力开发地下空间。城市人口密度增加，一般是往高空发展，较少关注到地下空间，其中一个原因是地下空间开发成本较高。只有当房价上涨到一定程度，即当地下空间的市场价值高于其建设和维护成本后，地下空间的开发才会得到市场的重视。所以，高房价地区应把开发地下空间纳入一个常态进行管理；其他潜在的高房价地区要超前预测和规划，留下建设的空间。

二、土地总体规划的设想

为强化土地利用规划，保护土地后备资源，可以建立土地利用的等级制度。比如，把全部未建设用地划分为5个等级，根据用途的重要程度进行分门别类的保护和有限的开发利用。

（一）一级保护

一级保护是最高级别的保护，包括两个方面的内容：保障粮食安全的耕地和保障生态安全的禁止开发土地。

确保粮食安全的基本农田为一级，进行永久的粮食种植。该面积不能太大，否则就会限制城市化进程，而且会因不切实际而得不到贯彻执行。以年人均口粮 100 公斤、按照人口高峰时期达到 16 亿人计算，需要保留 1.6 亿吨的粮食生产潜力，需要 5 亿亩优质耕地便已经足够。但因为这些耕地属于农民集体所有，凭什么要他们严格保护呢？这就需要出台相应的政策，给予与保障基本粮食安全相关的财政补贴。

承担完全生态功能的土地，包括比较陡峭的山丘沟壑、漫水滩涂、重点防护林、饮用水源等，划为二级，不得进行农业和非农建设开发。这些拥有排涝、抗旱、防止水土流失的重要区域，应划为开发禁区，禁止小商贩、小养殖等一切经济活动进入。

（二）二级保护

二级保护指在维持既定土地功能的前提下，可以进行有限度的开发利用，但这种开发利用不得破坏其原有的功能，包括有限的农业开发和非农开发。

对于除了耕地之外的其他农用土地资源，比如“四荒”，即荒山、荒坡、荒丘、荒滩等，还有各种非水源地的水域，进行种养业开发，以非种植业开发为主，确定一个最高的种植业开发密度。要勘定界限，防止发生权属纠纷，以利于可持续利用。

承担有限生态功能的土地，包括比较平缓的山坡、不影响防汛抗旱施行的滩涂、普通树林、一般集雨和流动功能的水面、荒岛等，如果具有较高的非农利用价值，可以进行有限的开发，这种有限性指严格控制开发密度，保持较低的容积率，禁止损害原有的生态功能，并收取高额的生态维护成本。这类土地可以建设别墅区、高档住宅区、事业单位办公场所等，如果利用得当，将建筑与生态环境完全协调融洽，不但会收取大量财政资金，还能增强原有生态功能，并新增风景功能。

（三）三级保护

除了进行一级保护的耕地之外，其他正在进行种养业利用的耕地、林地为三级保护，可以在农业用途之间进行转换，但不得进行非农开发。这是调整农业生产结构的重点区域，农民可以根据自己的意志，以利润最大化的视角调整种植结构，或者出租转包给别人。进行三级保护的土地，基于这样的一个认识：除了吃饭以外，人还要吃动物蛋白和水果蔬菜。以中国目前的收入和生活水平，大量消费动物蛋白是不现实的，但随着生活水平的提高，动物蛋白和瓜果蔬菜的需求量在大幅度增加。

对于畜牧养殖业，要进行结构调整，增加牛羊兔等草食性牲畜养殖，一来可以充分利用作物秸秆，并有过腹还田的功效；二来能够充分利用草地山林等闲置资源。随着劳动力外出务工人数的增加，农村资源的压力减小，有些地区山林草坡的生态恢复得很快，应加以充分利用。

蔬菜和林果业用地呈现增加趋势，这和中国的国际贸易态势息息相关。中国的农产品进出口状况是，进口粮食等资本密集型产品，出口蔬菜等劳动密集型产品。国内的农产品价格增长幅度，粮食远低于蔬菜瓜果。这说明，随着国内民工荒的加剧，劳动力工资成本上升，对于蔬菜瓜果的种植来说无疑增加了其机会成本，应不断增加这方面的用地，扩大种植规模，从规模里要效益，以缓解劳动力成本的上升压力。

根据人口16亿峰值进行计算，在国际贸易调节下，该方面的农地应安排8亿亩左右，保持在人均半亩以上。

（四）四级保护

对于其他的农地，尤其是临近城市建成区的农地，实施四级保护，指可以在非农和农业用途之间进行权衡利用，但侧重于有序稳步推进土地的非农化。该方面的土地面积大约在5亿亩，这样的一个设计和规划，会突破18亿亩耕地红线的约束。拿出5亿亩土地为城市化做准备，这需要极大的魄力。以每亩10万元计算，将会直接增加50万亿元的GDP，并间接增加500万亿元的财富。这是今后中国经济高速增长，赶超美欧的必经之路。当然，不能一下子把5亿亩土地全部转换为城市用地，而是循序渐进，根据经济发展需要定夺。

（五）五级保护

对于城市中的公益事业用地，供给绿地屏障等实施五级保护。

如果房价过高，应该主动开发这些土地，而不是枉然地改善人居环境。不能因少数既得利益者的关系，而阻止大多数人得到应有的房产。

第三节 合作建房①

集资合作建房的目的是绕过开发商的暴利环节，但是，纷繁复杂的建房手续，处于极度低迷期的社会信任，令人动辄得咎的各种法律和部门法规，极大增加了操作成本。温州个人集资建房成为全国首例拿到土地的破冰尝试，2006—2007年，《经济学消息报》刊载了几篇论文，对于合作建房从多个视角进行了探讨，启发良多，其中包括温州大学胡振华的《合作建房是一种负外部性行为》、②上海大学陈祝平的《合规的合作建房不产生负外部性》、③温州大学国彦兵的《寻租、交易成本和和谐社会》④，都利用当前颇为流行的经济学理论分析了合作建房的必要性及其利弊。

一、基本观点评价

胡振华（2006）的基本观点是反对合作建房，认为合作建房出现负外部性及寻租行为；陈祝平（2007）的基本观点是支持合作建房，认为合规的合作建房不产生负外部性，不会产生寻租行为；国彦兵（2007）支持合作建房，但提出需要进一步探索其路径。笔者以为，对于合作建房不应该是支持不支持的问题，合作建房的背后是一个市场机制能否发挥作用的问题。

在完全竞争市场上，企业没有经济利润（即超额利润）；在垄

① 参见韩纪江．机会成本、权力寻租与政府的边界．经济学消息报，2007-04-27.

② 胡振华．合作建房是一种负外部性行为．经济学消息报，2006-12-19.

③ 陈祝平．合规的合作建房不产生负外部性．经济学消息报，2007-01-26.

④ 国彦兵．寻租、交易成本和和谐社会．经济学消息报，2007-03-09.

断势力存在的市场上，绝大部分企业存在经济利润。中国的房地产市场存在显著的垄断势力，垄断能降低交易成本，但超额利润却会损害社会福利。合作建房就是试图打破这种垄断势力，但能否降低交易成本成为三位学者争论的一个焦点。

与专业化的开发商建房相比，合作建房的生产（建筑）成本一般会更高。在这个问题上，笔者赞成胡振华（2006）的观点，不支持陈祝平（2007）的观点。国彦兵（2007）通过分析农民在农村建房方式的演变过程，得到企业建房行为是一种成本较低的方式，应该说是支持其观点的科学论据，但并没有说明其根本原因。笔者以为，根本原因在于两个方面：一是农民的收入在提高，能够接受较高的企业建房成本；二是农民的就业机会增加，其在擅长行业的收入增加，提高了自己建房的机会成本。合作建房者在组织、交涉、谈判等过程中付出的大量时间与精力，实际是其组织合作建房的机会成本。能够忽视这些机会成本的人，只有少数特定职业的人群，不具有普遍性。所以，笔者以为，是高额的机会成本而不仅仅是交易成本阻碍了合作建房。国彦兵（2007）认为合作建房的低房价来自开发商的利润和国家的税收，笔者不完全赞同。笔者认为，合作建房的低房价，应该主要源自合作建房者所放弃的机会成本。

根据集资合作建房者的测算，其房价比同样商品房低 30% 左右，这一部分肯定是额外的好处，但并非国彦兵（2007）所称的利润。因为其中有很多机会成本没有计算在内，而机会成本是计算经济利润所必需的。陈祝平（2007）认为合作建房可以节约交易成本，实际正是忽视了这一部分机会成本。

国彦兵（2007）认为合作建房者总是有动力去降低合作建房的交易成本，但事实证明，这种交易成本之大，已经严重阻碍了合作建房，致使至今没有几家能够真正成功。即使个别少数合作建房者成功了，与开发商建设商品房相比，几乎微不足道。合作建房者必须面对缺乏市场识别、市场路径与市场前景等方面的不利因素，在获得土地和各项审批的过程中，其交易成本应该不会低于开发商，除非合作建房者拥有更为广泛的社会关系。但是，我们知道，能够参与合作建房的人，必须是具有经济适用房资格但尚未分得经济适用房的人，这些人要么是社会中的弱势群体，要么是处于制度边缘的自由职业人士。因此，其交易成本往往很可能会高于开发商。但是，合作建房的好处显而易见，这就是以高昂房价作为参照物的巨额房地产利润空间。当前的房地产开发商，应该不是一种完全竞争，而具有颇多的垄断势力，尤其是当国家对于房地产开发商的资格进行了更多限制之后。不容易进入的房地产开发行业，短期内应该会存在很高的准租金（指短期内，对供给量暂时固定的要素的支付，即固定要素收益，等于固定成本加经济利润）；鉴于房地产开发行业的朝阳产业特征，长期内也一定存在较多的经济租金（即厂商使用要素，如果要让它们留在该行业，支付的报酬必须超过它们转移到其他行业所能获得的最大报酬，即等于要素收入减机会成本）。由于制度缺失，无法从税收、市场秩序、腐败等多个方面对房地产交易行为实施完全控制，这两种租金非常高，成为房地产开发商获得暴利的源泉。合作建房者的企图就是要分享这些租金，当然其所获得的收益，是以放弃其在其他行业就业所创造的现实财富为前提的。

二、合作建房的福利最大化问题

陈祝平（2007）和国彦兵（2007）探讨了政府官员腐败的寻租行为，都认为合作建房者由于人数较多会使得设租者面临比给房产开发商设租更大的风险。笔者认为，这种较高的设租风险，正是阻碍合作建房事业发展的主要拦路虎。地方权力部门，表面上遵从国家规定支持合作建房，而实际上会阳奉阴违，设置更多的障碍，从而提高合作建房者的交易成本。合作建房的提法曾被一些开发商嗤之以鼻，确实有道理。因为这些开发商深刻地了解，获得土地进行房地产开发，并不仅仅是支付账面成本，大量暗箱操作在里面发挥了至关重要的作用。

至于退出成本，比较一下那些犹豫的合作建房者和与政府部门关系密切的开发商就可以知道，后者的退出成本更高，其所沉淀的权力租金更多。换句话说，开发商几乎没有退路，它们在与政府部门进行权力租金交易的过程中所付出的沉淀成本，必须收回，否则就可能一败涂地。高风险、高收益、高门槛，政府部门不会也不敢回避开发商的要求。更何况，开发商的经营具有持续性和长期性，合作建房者则是短期的、不连贯的。

陈祝平（2007）把企业追求利润最大化看成是危害社会和谐的行为，国彦兵（2007）对这种观点表示反对，笔者以为都有失偏颇。完全竞争行业里追求利润最大化是合理的，而在当前中国不完全竞争的房地产市场中，追求利润最大化，确实极大损害了社会公平与和谐。房地产开发商的唯利是图、哄抬房价的种种行径，已经引起了公愤，成为城市社会矛盾的焦点并为千夫所指。那么，目前的制度框架下，开发商能否获得合理的利润呢？笔者以为，必须修正房地产开发行业的游戏规则，让制度更完善，以没收所有财产、追究责任人的刑事责任等措施严惩房地产开发商的违规操作。

与开发商一样，合作建房的组织者与参与者都面临很多风险，其中最大的应该是房地产价格下跌的市场风险。如果房地产价格下跌，两者都会有灭顶之灾。只要房地产价格日渐高昂，双方都有巨大的获利空间。对于开发商来说，这种获利是生产者剩余，是实实在在的利润和金钱财富；对于合作建房者而言，这种获利却仅仅是一种名义上的消费者剩余，基本无法转化为财富，除非他们卖掉房子。而现有政策限制了合作建房者的资格，他们只有这一套房子，理论上无法通过转售而增加福利。一般对于政府而言，消费者剩余不如生产者剩余更具有吸引力，合作建房者越多，对于当地 GDP 越没有贡献。

换一种思考角度，房地产开发商可否自己合作建房？它们既具有专业知识，也具有熟悉的路径，为什么没有大量出现房地产开发商的这种行为呢？或许这已经足以证明合作建房的局限性了。笔者以为，国家之所以出台合作建房的规定，其初衷是为了促进社会和谐而不是其他目的，但能否实现这一政策目标呢？很显然，没有。因为合作建房者举步维艰，说明了这种政策不具有可行性，实在是一种无用功和政府资源的浪费。

学者们都在探索，试图找到一条社会福利最大化的建房路径。

但是，他们似乎都没有找到正确的解决措施。我国曾经采取的房改政策，应该说是迈向市场化的第一步。住房商品化加大了贫富差距，高房价成为社会运行的沉重负担。有资格分得福利住房的人，在高房价条件下，可以得到巨大的利益；而那些无缘福利住房的人，却要承受愈来愈高的房价折磨。当然，一切问题都不能成为消除住房商品化的借口。商品化、市场化是建立市场经济的必由之路。

三、政府权力的界定

现在，有一种甚嚣尘上的说法：不一定“居者有其屋”，可以通过租赁等方式拥有房屋的使用权，这样也可以达到同样的社会福利。诚然，发达国家也并不都是“居者有其屋”；发达国家以私有制为主体，但也不是所有人都拥有财富。但是，我们学习发达国家，要有所取舍，不能陷入“拿来主义”的误区。西方的“居者不能有其屋”已经出现了严重的社会问题，一旦失业，这些人会立即陷入完全的困顿，需要政府全力救助，我们不能重蹈覆辙。为了解决住房等基本生活问题，西方发达国家的“居者不能有其屋”建立在完善的失业保障体制基础上，而我们并不具备。中国由计划向市场的转轨还远未完成，各项社会保障纷纷丧失，而就业问题愈加突出，绝对不能冒失业者失利、失家的风险！所以，增加住房建设，实现“居者有其屋”的做法，在一个较长时期内（在失业保障、养老保障等制度健全之前）应该成为基本的方针。

有人认为，通过国家而不是个人建设廉租房来租赁给无房者居住，可以更好地解决中国的住房问题。这种做法更为有害，是一种完全违背市场规律、以政府力量取代市场机制的做法，无异于饮鸩止渴。过去的经验告诉我们，政府行为往往不具有经济效率。尽量减少政府对于市场经济、对于个人行为的干预，是市场经济发展的内在要求。

中国要建立市场经济，确定企业、市场与政府的边界至关重要。如果企业不能完全致力于利润最大化的市场竞争，而只能通过收买、贿赂政府才能获得生存权利和超额利润，则说明政府越界太多。如果市场不能发挥价格机制，价格不能有效满足需求和供给双方的利益，则也说明政府越界太多。笔者以为，政府干预太多，是造成房地产价格居高不下的内因，而土地资源稀缺是个并非主要的外因。

“解铃还需系铃人”，政府一方面应增加土地供应，另一方面应杜绝开发商和企业的“圈地”行为，让愈加稀缺的土地资源发挥更多的经济效益、社会效益，才能为经济发展松绑，提高社会福利水平。

第四节　基于供求分析的城市拥堵治理思路

交通用地问题是城市土地利用的一个重要方面。交通用地面积不足会最终形成交通拥堵问题。

交通拥堵是一种严重的城市病，提高了社会成本，城市管理者、规划者想要通过增加交通设施的供给来将其治愈，却似乎难遂心愿。每一次交通条件的改善都是下一轮交通堵塞的前兆，因为交通条件一经改善便会刺激更多的出行量。在对国内文献进行述评的基础上，本书首先分析造成城市交通拥堵的影响因素，然后探讨交通拥堵问题的本质，最后从供求两个视角构建可资利用的治堵思路，并提出通过住房向工作地的置换而减少交通需求的新思路。

一、文献综述

随着城市化进程的迅速推进，城市规模日益膨胀，中国城市交通拥堵问题日渐凸显，激发了学术界的研究兴趣，研究渐趋深入。

有学者总结国外发达国家的经验，认为治理交通拥堵的措施，不外乎就是引导需求、增加供给和加强管理等三个方面。其中，引导需求的重点主要是通过拥挤收费和车牌限制通行来实施交通需求管理，抑制交通产生；增加供给的重点是发展公共交通，扩大服务能力；加强管理的重点是应用智能交通系统，疏导交通流量（戴东昌、蔡建华，2004）。有学者分析了美国的治堵教训，提出美国交通拥堵问题根植于城市物理结构之中，其症结在于公路和汽车发展造成美国城市的低密度蔓延，最根本的解决办法是提高大都市区的密度，但这往往是最困难的（孙群郎，2011）。

国内的研究，目前极少有单独强调增加道路供给的，那些谈论改善道路管理的做法是为了保障道路通畅，可以视为增加道路供给。现有的研究文献多从供求两个方面交叉展开。如有学者提出，一方面要合理规划道路建设，提高管理水平，梳理整合公交线路，挖掘道路潜力；另一方面要加快公车改革步伐，缓解车路矛盾，适当限制汽车使用，规范交通行为等（王中亮，2006）。其中，更加重视需求管理的观点越来越多。如有学者批评传统的修路治堵等畅通工程存在思维误区，认为限制车辆行驶的刚性政策和修路治堵措施都具有不可持续性，应立足于城市规划，对交通需求“疏堵并置”，坚持公交导向型开发的土地政策，提高机动车出行成本（姜洋，2011）。中国是一个人口大国，随着城市化进程加快，城市人均道路资源会越来越匮乏，应引导居民选择绿色环保的交通出行方式，控制并逐步减少机动车的总量，通过立法平衡行路人和驾车者之间的权利冲突（肖秀娟，2010），最终要树立健康、人本化的绿色交通理念，减少出行需求（何玉宏、谢逢春，2011）。

有学者对出行需求进行了经济学行为分析，认为产生交通拥堵的根源是驾车出行的边际个人费用低于边际社会成本，使城市道路的车流量超过最佳车流量。在不影响城市基本功能和居民生活质量前提下，通过降低公车保有量、限制私车使用量、提倡绿色出行等方式可以合理减少交通发生，同时还要优化交通结构、提高交通效率（高明华、张正河，2009）。实际上，汽车使用道路的边际成本为零，从而导致对道路的过度需求，根本方法是增加人均占道面积较大的私人汽车在交通高峰期的使用成本，发展人均占道面积较小的公共交通，同时对城市发展进行合理布局（陈勇，2009）。

城市发展似乎正在陷入一个“路多—车多—要求路更多”的怪圈。增加道路设施的供给需要花费大量成本，这些成本首先由现任政府承担。通过各种方式抑制出行来减少对交通设施的需求，会削减居民福利。总之，要打破这一怪圈，似乎不得不断牺牲一些群体的利益。有文献从城市发展的宏观角度进行了分析，认为解决城市交通问题不能只从交通本身寻求答案，因为许多过度拥堵问题并不是交通本身造成的，而是城市化发展所带来的，需要从城市发育、空间扩展等方面寻求答案（徐东云等，2009）。基于这种思路，在增加交通设施供给、适当抑制出行意愿的同时，还应采取合理措施来消除那些不必要的出行计划。抑制出行意愿会降低人们的福利，但如果从根本上减少那种自愿的出行意愿，则可以做到在不降低福利的前提下，减少交通出行需求。

二、城市交通拥堵的根源分析

（一）道路建设供给方面存在的问题

在城市最初的发展规划上，由于缺乏远见，安排用于交通基础设施的土地往往呈现严重不足。楼房可以通过就地拆建来容纳更多的人口和要素，由一层变成多层，由低层变成高层，由普通楼房变成摩天大厦。但道路改建涉及面广，拆迁补偿、古迹保护等社会经济形势错综复杂，往往非常困难。

之所以出现这种状况，一方面是缺乏前瞻性的规划思想。在进行土地规划时，如果较多地关注近期，便难以做到准确预期。任何规划都应预留充足空地，以备将来不时之需，但因土地资源不足，当前国内很少有这样的做法。即使最聪明的人也无法预测到将来的土地利用态势，如果没有预留足够的空地，就必然会陷入一种盲目性。道路本身的设计也会存在问题。不少道路非通行用途的占地较多，如出于构建交通风景的需要，道路往往会在中间设置绿化隔离带，在两侧设置绿化景观带。其建设成本与道路相比并不低。短期内会改善道路景观，但由于无助于增加交通通行量，而面临拆除和重新进行路面硬化的两难选择。有些道路不合理地区分了人行道、非机动车道和机动车道，造成对土地资源的浪费。

另一方面可能并非由于规划者的无能，而往往是来自既定资源下进行选择的无奈。用于建设道路的土地与地方即期 GDP 成负相关，因为道路占地不能直接增加产业投资。相比而言，如果把土地较多地规划用于二三产业，在短期内会更为合算，其代价是一个较长时期之后所产生的拥堵压力。

政府用于道路建设的资金来自税收，这里涉及税收成本和资金耗散问题。城市道路是典型的公共物品，其投资建设主要依靠政府的公共财政。道路两边的生产经营与居住主体应该能够在经营与消费过程中，通过缴纳税收来支付道路建设的有关成本，以收回道路建设投资。但是，鉴于信息不对称等因素，税收往往低于其理论上的应缴纳数额。其直接结果是用于道路维护、卫生、治安等方面的投资滞后，其远期影响是下一步道路建设的扩大再生产机制失灵，政府难以从已经建成的道路使用者那里获得足够多的现金流，那么下一期道路的建设只有另辟蹊径，从土地出让金等方面获取资金，形成对土地财政的严重依赖。当然，在财政资金使用方向的配置方面，如果轻视交通道路建设，更容易造成这些基础设施的短缺。

政府从事的道路建设等微观事务与私人部门相比往往都是低效的，一方面是因为缺乏一个效率识别和惩罚机制，另一方面是一些办事人员的故意寻租行为，即为了一己私利而不愿意接受高效的道路建设方案。因为普遍存在的建筑业内的寻租、腐败、偷工减料行为，道路建设所投入的物料、人工、工序有减少或使用质次价廉替代品的可能，导致道路的实际质量下降。经常看到的是，新修马路不久便会出现开裂与破损。气候变化、全球变暖、酸雨、尾气的增加，等等因素都在客观上不利于道路使用寿命的延长。如果对于道路的日常维护不及时，则会导致道路破损趋于严重，增加了总体维护成本。此外，那些因缺乏效率而造成的道路建设周期过长，会人为加剧其他道路的拥堵问题。

（二）道路使用需求方面存在的问题

城市规模的不断扩展使得工作与生活地点的距离扩大，增加了日常通勤上下班对道路的使用。在中小城市，上下班距离较近，而且过去很多单位都是在附近自建职工住宅，上下班只需要步行几分钟便可。所以，极少有交通拥堵的概念。但随着城市规模的扩大，禁止单位自建住房，产业园区和生活居民区实行分区布局，生活地和工作地会出现极大的分散性，通勤距离加大成为一个趋势。京沪广等超大城市，每天上下班所费时间，有些人甚至要 3 个小时以上。

随着信息产业和第三产业的大发展，人们的生活状况发生变化也会影响到外出行为。例如，看电视、上网使人外出减少，旅游、购物使人外出增加。但总体来看，人际交往由邻居熟人向同学、同事、同好等朋友圈子扩大，会延长出行距离，扩大出行范围。通行方式在发生改变，由慢速的步行、非机动方式，大量的转变为机动出行，速度加快，对道路的损耗加剧。过去中国被誉为自行车大国，自行车对城市道路的损耗有限。现在开始进入汽车时代，汽车的普及对道路使用寿命的影响极大。随着收入水平的提高和汽车生产规模化所导致的车价下降，汽车进入家庭在经济上有了可能，但激发汽车销量大增的因素不仅仅局限于此。主观上，有汽车消费的从众心理、攀比效应。客观上，行路难、乘车难和治安环境恶化等都逼迫人们过早地做出购车决策。从消费的投入产出比看，购车不及打出租车划算，但打的难、乘车难却促使一些人做出在经济上并不合理的投资理财决策，这对全社会而言是一种极大的福利损失。

交通车辆的变化，趋向于高速度、高载荷，会增加道路损坏程度。此外，更新换代的新增车辆往往是高速度的高档轿车、SUV、大型公交车、重型卡车等，车身重，车速快，负载多。人流和车流的增加，使得道路使用量增加。随着城市化加快，城市人口增加，生活和工作模式改变，人流和车流的增长呈现一个加速度。大量不夜城的出现，对城市道路形成持续的使用压力。

（三）交通管理与服务方面存在的问题

公共交通车辆的利用问题一直困扰着城市管理者。在交通高峰时期，比如早 8 点和晚 6 点的前后各 1 小时，公交车辆供不应求，特别拥挤。但在空闲时段，公交车辆在运行过程中载客有限，收入不多。现实的情况是，为了保障公交车辆利益集团的利益，没有发放足够多的公交运营执照。比如，对公共汽车和出租车都是有限供应，提高其准入门槛。这种人为的限制刺激了私家车的购买量，更加剧了交通拥堵。

拥堵往往出现在上下班、节假日的出行高峰期间。国家大一统的统一节假日时间安排，如所谓的“黄金周”，会人为恶化并集中放大交通拥堵状况。实际上，中国东西横跨5个时区，南北纵越热带、亚热带、温带、亚寒带、高原山地等诸多截然不同的气候区，这种上下班、节假日统一设置的做法欠科学，仅仅是方便管理，却以浪费大量社会财富和福利为代价。

修路、事故、红灯等造成的车辆和人流拥堵，如果不能及时分流和疏解，也会增加对道路的占用时间，从而加剧道路滞留问题。

三、改善交通拥堵问题的努力

（一）道路交通状况变动的实证分析

改革开放以来，城市道路的交通状况在发生着翻天覆地的变化。但给人的印象是，现在的交通拥堵越来越严重，坊间的抱怨声越来越高，似乎大城市的交通状况变得恶化了。

只考察交通基础设施存量的多少无法判断交通状况，因为这具有时序上的不可比性。比较合理的做法是考察人均占道情况、单位产值平均占道情况、交通事故死亡率等多种实质性定量因素的变化。

就公路交通而言，如表6-1所示，2010年的情况与1980年相比，公路里程增加了3.5倍，民用汽车增加了42.8倍。汽车增幅超过公路里程的近10倍，足以说明公路上运行汽车的增加。但在公路级别提高、公路路面拓宽、路况改善、车辆行驶速度提高等因素的反作用下，每平方公里的公路所承载的汽车流量，增加幅度有限。这从一个侧面反映了城市交通堵塞的一个原因。由于城市化进程的加快，城市经济富有活力，富裕人口率先移居城市，城市居民收入增幅较快，民用汽车中的私人轿车，主要购买者是城市居民，行驶地点主要在城市；而城市道路拓宽和改进的幅度相对滞后于公路。这两个方面此消彼长，造成城市交通呈现日益严峻的拥堵现象。

公路客货运量和旅客货物周转量的大幅度增加，真实反映了人们的出行和货物流转情况。从表6-1可以计算出，人均公路里程增加了2倍（4.5/1.4），但人均出行频率、出行距离的增加在一定程度上抵消了这种增长。产均公路里程稍有减少（4.5/5.0），这反映了道路建设的不足，也说明道路的利用率在提高。

表 6-1　　中国的公路交通状况表

	1980 年	2010 年	增长倍数
公路里程（万公里）	88.33	400.82	4.5
民用汽车（万辆）	178.29	7801.83	43.8
公路客运量（万人）	222799	3052738	13.7
公路旅客周转量（亿人公里）	729.5	15020.8	20.6
公路货运量（万吨）	382048	2448052	6.4
公路货物周转量（亿吨公里）	764	43389.7	56.8
人口（万人）	98705	134091	1.4
GDP（亿元）*	4546	22606.3	5.0

注：＊产值折算为 1980 年价格。

资料来源：中国统计年鉴（2011）。

根据道路功能，中国的车行道路一般分为公路与城市道路。城市总体规划区内的车行道路为城市道路，以外的为公路。上述数据仅仅考察了公路的情况，因为其数据容易获得。同时，城市数量及其分布每年都在发生变化，较难进行历史数据的对比分析。不过，有一点可以肯定，城市道路的状况也在好转，表 6-2 说明了这一点，1980—2010 年，人均拥有城市道路面积增加了 3.7 倍，每万人拥有公交车辆增加了 1.8 倍。交通状况的好转却与交通拥堵相伴随。表 6-2 还列出了出租车的情况，在最近 20 年里，出租车的相对拥有状况变化不大，其原因是出租车行业存在严苛的准入限制。从这些情况可以发现，今后在解决城市拥堵问题时，不能一味地纠结于改善路况。

表 6-2 城市道路状况部分数据

	1980 年	1990 年	2000 年	2010 年	2010年/1980年
人均拥有道路面积(平方米)	2.8	3.1	6.1	13.2	4.7
每万人拥有公交车辆(标台)	3.5	2.2	5.3	9.7	2.8
出租汽车数/城市人口密度	—	0.040	0.187	0.045	—

资料来源:《中国统计年鉴》(2011),《中国统计年鉴》(1990)。

交通事故率在一定程度上反映了交通状况，从图 6-1 可以简单推断，在最近 10 年来，交通事故及其所造成的死亡人数均呈现逐年下降趋势。新司机大量出现和车况改善使得车辆行驶速度加快这两个因素都会倾向于增加交通事故，而现实中交通事故的减少，在很大程度上应该得益于交通条件的改善。

通过上述分析，可以看出，城市交通拥堵问题趋于严重的根本原因并非完全来自人们所看到的表象，一味地指责交通道路建设滞后是不客观的。同时，管理部门的一些措施也发挥了缓解交通拥堵的积极作用。但为什么人们印象中的交通拥堵在不断放大呢?

实际上，城市交通拥堵之所以成为一个常态，主要是出现在上

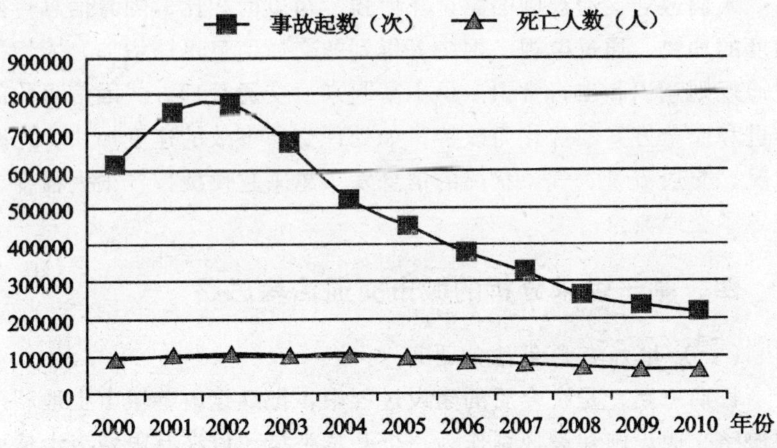

图 6-1 中国历年道路交通事故情况统计

资料来源:《中国统计年鉴》(2001—2011)。

下班高峰时期，此时，出行需求最多，所涉及的人最多，上班迟到影响工作、下班迟回影响家庭团聚等都会形成一系列衍生问题，导致这一社会问题的急剧放大。所以，解决拥堵问题应该聚焦于上下班出行高峰，在增加交通供给、保障良好出行秩序的同时，还应致力于减少上下班高峰期的出行需求。

（二）有利于改善道路利用的因素

治理城市拥堵早已进入决策者的视野，道路建设意识增强，政府用于道路建设的公共投资增加。得益于技术进步，道路建设所用材料、工艺的提高，会提高道路的质量水平，增加其使用寿命。城市规划也在变得相对科学合理起来，城市道路网络化推进，“断头路”、丁字路纷纷得到延展，道路通行的选择增加，会减少通行距离和对道路的占用。狭窄道路纷纷拓宽，并按照城市道路标准的要求，改善了道路形态，人行道、非机动车道、机动车道排列有序，在一定程度上舒缓了交通流量。

立体化的交通会减少等候时间和事故率，减少对道路的占用。随着城市规模的扩大和通行的机动化，立体化的通道大幅度增加，过街天桥、高架桥、交通枢纽、快速路、环线、地铁、轻轨等都方便了出行，在一定程度上化解了拥堵。

人们遵守交通规则的意识在增强，与以前相比，随着信息传播速度的加快，通过电视、网络等得到的交通信息迅速增加，人们的交通规则意识和出行常识变得丰富起来。交通管理方式因信息化的推进和应急方案的优化而改善，如处理交通事故的速度加快，道路状况、交通流量、气象状况的信息发布越来越便捷，在很大程度上疏导了交通流量。

四、基于供求分析的城市交通治堵思路

（一）增加交通供给的思路

长期思路，是在今后的建设过程中，把继续改善城市土地利用和道路交通设施建设规划作为一个基本举措，以在有限城市土地面积上容纳更多的人口和生产力。在新城规划上，预留出将来经济社会发展所需要的足够的交通用地是必需的。应在道路两侧或中间设

置较宽的绿化带，预留作为将来拓宽之需。这些都已经成为共识，此处不再赘述。

迫在眉睫的是改善交通管理，提高现有交通设施的利用效率。完全寄希望于不断增加道路长度和面积并不是一个最好的办法。土地的价值越来越高，在城市道路拓宽过程中，还需付出巨额的拆迁成本，容易引发社会矛盾，形成沉重的财政负担。所以，短期内，从常规技术层面上看，在现有道路面积既定的前提下，解决城市交通拥堵问题，必须提高有关交通管理部门的工作效率。

第一，改善路况，路面应及时清扫、维护和修理，保证路面平坦、整洁，减少通行阻碍。冬天及时清扫积雪和落叶，春夏天经常洒水、降温或除尘。还应根据道路建设情况，及时更新改善道路标志。一方面，城市具有高度的开放性，外来的人口和车辆很多，如果标志不清晰，外来者很容易迷失，多走冤枉路，增加对道路的占用。随着城市化加快，城市规模不断扩大，道路的改建拓宽、新道路的开通频繁，即使本地人员，也往往对道路变得陌生，容易迷失。另一方面，设置前方道路通行状况的电子化标志牌，便于通行者选择最佳路径，降低对道路的占用。

第二，合理设置红绿灯的变换时间，并采取智能化管理。红绿灯不仅作为路口交替通过的指示灯，还应该成为交通流量的调节阀。在交通流量大的方向，加长通过时间。同一条路线的红绿灯可以智能联动，避免道路上的车辆走走停停和占用路面。在经常拥堵路口甚至可以取消红绿灯而完全使用人工指挥，以促使车辆快速通过。

第三，改善事故应急处理方式，遇到车辆碰撞刮擦事故，应及时处理。这需要在最佳地点布置常备警力，使其产生网络化的快速反应能力。在经常出现堵车的地点部署足够的警力协调车辆通行。

第四，安排较多的公共交通车辆，在交通高峰时段全部投放；在交通空闲时段停驶休整一部分，其停运期间的损失可由政府补贴，或停放在商业路段，租赁给小商贩用做经营。或者设计新型的能拖拉的车厢，在交通高峰时段，车速慢，每辆公交车可以在后面拖拉一节、多节车厢。在交通空闲时段，卸掉拖拉车厢。这样不用额外增加司乘人员。杜绝有关部门的营运证寻租行为，大幅度增加出租车数量，降低出租车的准入门槛，改善出租车的营运模式，允许拼车等行为。在一些人流量较大的路段，可以投放小型面包车类型的营运车，增强人员的快速输送能力。切不可以拥堵为代价来满足营运者及其管理者的不当既得利益。

（二）减少交通需求的思路——基于房地产置换视角的新思路

解决城市拥堵问题，可行的措施有很多，应该多管齐下，行政部门各司其职，社会各界共同努力，从最初的科学规划、建设，到日常的高效管理，皆大有可为。学术界呼吁收取拥堵费，其代价是降低出行者的社会福利（庞玉萍、韩纪江，2011）。这些思路都聚焦于改善交通供给。在减少交通需求方面，有的呼声是通过错时上下班来减少交通高峰的拥堵，但因为会影响到业务联系，其执行效果并不好，大多数城市没有实施。大量施行的一个措施是汽车单双号通行，其代价是降低了居民福利，并造成汽车这一高折旧资源的大量闲置。像北京这样的城市，通过控制购买车辆来治堵的措施更是具有多重违法特征（崔冬，2011）。其实，减少交通需求，应致力于减少人们不必要的通勤出行对交通造成的压力，这就需要尽可能促进生活地与工作地距离的拉近。

城市规模的扩大和房地产业的大发展，在形成拥堵的同时，也隐含了解决拥堵的途径。如果居住地和工作地的距离拉近，便可以大幅度减少上下班高峰的出行率，但这条途径被当前房地产交易税费制度所扼杀。现在的房地产交易税费占到住房销售总额的很大比重，因其缺乏识别机制，在抑制炒房的同时也阻碍了自有一套住房的置换。

从图 6-2 可以看到，日常上下班高峰时期经常遭遇到的拥堵，主要来自人们在生活地和工作地之间的移动，即人的移动。

在图 6-2 中，假设初始时刻，居住地距离工作地有一定距离，上下班需要每天通勤。目前的状况是人们每天在生活地和工作地之间移动，需要个人支付通勤成本（有些是单位提供公车，但不过是变相的福利，实际最终也由个人承担）。此时的拥堵存在负外部性，包括由社会承担的交通压力，由个人承担的时间成本和心理负

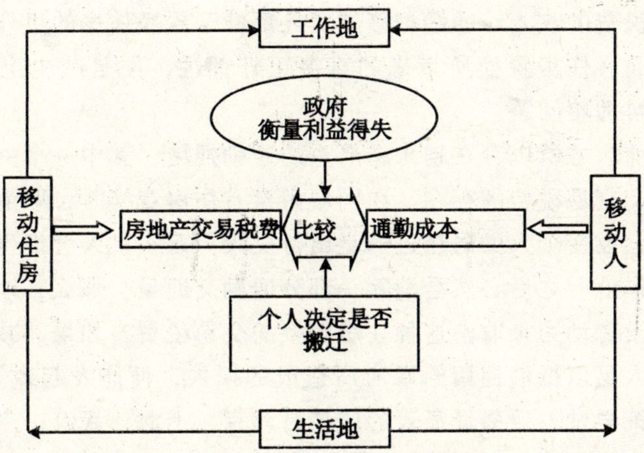

图 6-2　解决城市拥堵的房地产交易思路

担，以及由两者共同承担的环境污染。有学者计算了北京市 2008 年交通拥堵导致的社会外部性损失，包括时间延误损失和油耗增加损失，两项总和约占北京市当年 GDP 的0.5% ~2.5%（谢旭轩等，2011）。

一般而言，工作地较难改变，但可以移动生活地，通过两次住房买卖便可以把住所变换到工作地附近，从而脱离常年上下班拥堵的“苦海”。这对个人和社会都有益无害，对个人的好处是节约每天的通勤成本，对社会的好处是极大缓解交通拥堵。但面临的政策约束是必须缴纳房地产交易税费，由个人承担（有些属于买房者、有些属于卖房者缴纳，但实际都可以作为价格的一部分，由买房者承担）。住房的置换也存在其他负外部性，包括户籍管理、计生管理、学籍管理等由社会承担，学区变动、购物锻炼场所变动、社会关系和治安环境改变、房价差价变化等由个人承担。此外，还有额外的装修成本。

是维持现状，还是改变居住地，取决于个人和政府的福利变化。个人要考虑通勤成本与房地产交易税费、通勤拥堵的负外部性、置换住房的负外部性等几个方面，如果住房交易税费很多，他们宁愿选择承担每天支付通勤成本及其负外部性。政府要考虑房地产交易税费的收入、通勤拥堵的负外部性、置换住房的负外部性等三个方面。住房置换所带来的直接正外部性，便是减少上下班出行，缓解拥堵问题。

当前，之所以存在越来越严重的通勤拥堵，其中一个关键问题是房地产交易税费的存在。在同城内自有住房置换时，取消交易税费，便会改变个人的居住进而是出行决策。有一批人会把生活地迁移向工作地，之后必然会消除一部分通勤交通量。那么，地方城市当局有没有动力来取消这种住房置换的交易税费？如果其减少了的税费收入足以抵消拥堵给政府所造成的损失，便能发起政策议程，进行政策尝试。效果最显著的应该是北京、上海、武汉、广州等拥堵严重的特大城市。

第七章　土地供求案例："十二五"时期土地供求平衡[①]

第一节　WW 市建设用地需求预测

城市建设用地需求预测对于提前安排土地供给和高效利用土地资源具有重要作用。基于区域经济发展的趋势，对于土地的需要几乎是无限的。而谈到需求，主要指在现有价格或将来可能的价格水平下，能够具有的真实需要。准确预测建设用地需求，需要对影响建设用地数量的各种因素进行归纳汇总，从中进行筛选，找出具有高相关性的因素建立预测模型。如图 7-1 所示，影响建设用地需求的因素大致可以分为人口驱动、经济驱动、技术驱动和政府管制等四个方面。这四个方面又会进一步细分为若干方面，尤以经济驱动因素最为复杂。通过分析这些因素与建设用地存量的相关性，建立建设用地需求预测模型，可以获得将来一定时期的建设用地需求量。

一、土地需求预测方法

预测土地需求的方法有人口占地法、产值占地法、多元回归法、时序趋势法、灰色模型法等多种。其中，土地需求所涉及相关因素的分析与预测也可以使用这些预测方法，并较多采取灰色模型法。

① 本节关于 WW 市土地面积的数据，如无特别说明，皆来自 WW 市国土资源局及 WW 市相关统计年鉴。

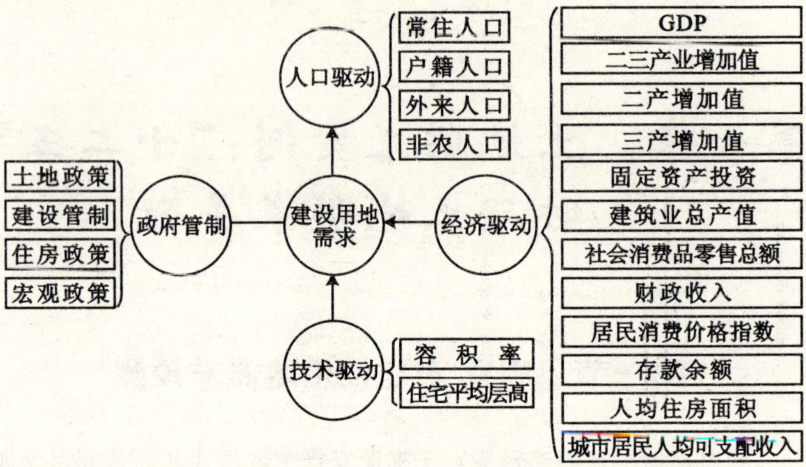

图 7-1　建设用地需求的影响因素

（一）人口占地法

1. 人口占地法的基本思想

驱动建设用地需求的力量是经济发展与城市扩张，即工业化和城市化。生产和生活、人口和就业的增长，都需要土地平台作为载体。利用人均占用土地对土地需求进行预测，简单方便，体现了作为经济与社会主体的人的重要性。

2. 人口占地法的预测步骤

第一，选择合适的人口类型，包括常住人口、户籍人口、外来人口、非农人口等四个方面。第二，根据历史数据和政府规制确定计算区域内人均占地面积，充分体现政府土地管制的意图。第三，预测区域内的人口增长情况，并得到建设用地预测面积。

（二）产值占地法

1. 产值占地法的基本思想

生产对于土地的依赖性非常强，土地是必不可少的载体，不但作为一项重要的生产成本而存在，还可以成为保值增值的最佳工具。随着土地资源越来越稀缺，对于单位产值占地的制度性约束越来越严。

2. 产值占地法的预测步骤

第一，选择合适的产值指标，包括GDP、二三产业增加值、固定资产投资、人均住房面积等。此外，就经济方面的指标而言，还有社会消费品零售总额、财政收入、居民消费价格指数、存款余额、住房面积等收入与生活指标。就一个较大区域来看，还有城市化率、耕地面积、恩格尔系数等指标。第二，根据历史数据和政府要求计算产均或单位占地面积，确定将来的产均或单位占地面积数值。第三，预测这些经济指标的变动趋势，并得到建设用地预测面积。

（三）多元回归法

建设用地面积的变动会受到较多因素的影响，通过多因素回归，建立相关关系模型，推断和预测将来某个时期的建设用地面积。在建模过程中，有两个关键问题。一是选择相关系数较大的因素，舍弃掉相关性不大的因素。二是每个被选因素要确定最为接近的相关关系式。

（四）时序趋势法

不考虑其他任何因素，而是对建设用地面积进行一个时间序列回归，描绘其历史曲线并分析其未来趋势。一般而言，建设用地规模总的趋势是逐年增加，但由于诸多因素的影响，比如宏观经济波动、政策变化等，某些年份可能会有一些波动。构建适当的模型，可以对这些时序数据进行趋势延伸。

（五）灰色模型法

1. 灰色模型法的基本思想

利用灰色系统GM（1，1）模型进行预测，可以充分开发利用已有的较少信息。其基本思想是对原始数据进行累加生成和紧邻均值生成，以抵消大部分随机误差，显示出规律性。然后将离散数据视为连续变量，以利用微分方程处理数据。

2. 灰色模型法的预测步骤

由于灰色系统预测法不仅可以用于建设用地的直接预测，还主要用于相关因素变动趋势的预测，所以此处详细介绍一下预测步骤，其基本程序参考自南京航空航天大学刘思峰的《灰色系统理论及其应用》①，还广泛参考了相关学术论文。② 具体预测过程使用从网络上获得的南京航空航天大学刘斌编写的《灰色系统理论及其应用》第三版配套建模软件 V2.1 版。

已知原始数据为非负序列 $X^{(0)}=\{x^{(0)}(1),x^{(0)}(2),\cdots,x^{(0)}(n)\}$。$x^{(0)}(k)\geqslant 0,k=1,2,\cdots,n$。

(1)进行数据的规律化处理。首先进行累加生成。令 $x^{(1)}(k)=\sum_{i=1}^{k}x^{(0)}(i),k=1,2,\cdots,n$，得到累加生成序列 $X^{(1)}=\{x^{(1)}(1),x^{(1)}(2),\cdots,x^{(1)}(n)\}$。然后进行紧邻均值生成。令 $z^{(1)}(k)=0.5x^{(1)}(k)+0.5x^{(1)}(k-1),k=1,2,\cdots,n$。$Z^{(1)}=\{z^{(1)}(1),z^{(1)}(2),\cdots,z^{(1)}(n)\}$。

(2)建立 GM(1,1)模型。首先，GM(1,1)模型的基本形式为灰微分方程 $x^{(0)}(k)+az^{(1)}(k)=b$，其中 a,b 是需要求解的未知参数。其次，令数列 $\alpha=(a,b)^{\mathrm{T}}$。$\alpha$ 的估计值计算公式为 $\widehat{\alpha}=(B^{\mathrm{T}}B)^{-1}B^{\mathrm{T}}Y$，求解可以得到 α，其中包含了 a,b 的具体数值。灰微分方程 $x^{(0)}(k)+az^{(1)}(k)=b$ 的白化方程 $\frac{\mathrm{d}x^{(1)}}{\mathrm{d}t}+ax^{(1)}=b$。最后，得到 GM(1,1)模型白化方程的解，或称时间响应函数为：$\hat{x}^{(1)}(t)=\left(x^{(1)}(0)-\frac{b}{a}\right)\mathrm{e}^{-at}+\frac{b}{a}$；灰微分方程的时间响应序列为 $\hat{x}^{(1)}(k+1)=\left(x^{(1)}(0)-\frac{b}{a}\right)\mathrm{e}^{-ak}+\frac{b}{a},k=1,2,\cdots,n$；令 $x^{(1)}(0)=x^{(0)}(1)$，则 $\hat{x}^{(1)}(k+1)=\left(x^{(0)}(1)-\frac{b}{a}\right)\mathrm{e}^{-ak}+\frac{b}{a},k=1,2,\cdots,n$。还原值为 $\hat{x}^{(0)}(k+1)=\hat{x}^{(1)}(k+1)-\hat{x}^{(1)}(k),k=1,2,\cdots,n$。

(3)灰色系统模型的检验。包括多种检验方式，最常用的是相对误差检验。

原始序列 $X^{(0)}=\{x^{(0)}(1),x^{(0)}(2),\cdots,x^{(0)}(n)\}$ 与预测模拟序列 $\hat{X}^{(0)}=\{\hat{x}^{(0)}(1),\hat{x}^{(0)}(2),\cdots,\hat{x}^{(0)}(n)\}$ 的残差序列是 $\varepsilon^{(0)}=\{\varepsilon(1),$

① 刘思峰. 灰色系统理论及其应用. 北京：科学出版社，2010.

② 毛广雄，谭峰. 灰色系统分析应用——预测上海房地产市场需求量变化并对其影响因素做关联度分析. 数学的实践与认识，2005，2：32-36.

$\varepsilon(2),\cdots,\varepsilon(n)\} = \{x^{(0)}(1) - \hat{x}^{(0)}(1), x^{(0)}(2) - \hat{x}^{(0)}(2),\cdots, x^{(0)}(n) - \hat{x}^{(0)}(n)\}$。令 $\Delta_k = \left|\frac{\varepsilon(k)}{x^{(0)}(k)}\right|$，相对误差序列 $\Delta = \{\Delta_k\}_1^n$，平均模拟相对误差 $\bar{\Delta} = \frac{1}{n}\sum_{k=1}^{n}\Delta_k$，其可信度水平，一级为低于0.01，二级为0.05。

二、数据选取

（一）选取相关数据

选取的相关数据包括考察年份的建设用地实际数值，经济、人口和收入生活状况。具体见表7-1、表7-2。

表7-1　　　　WW市建设用地面积及相关数据（一）

年度	建设用地面积（亩）	总人口（户籍）（万人）	GDP（万元）	工业总产值（万元）	二三产业GDP（万元）	人均GDP（万元）	非农人口（万人）	外来人口（万人）
2000	1040007	736	8220172	18066171	7688102	11276	131	78
2001	1042645	739	9243037	20054687	8681143	12532	134	153
2002	1074261	739	10523525	22736628	9978612	14241	138	177
2003	1102857	742	12124850	26769536	11568131	16369	143	210
2004	1120507	746	13889115	30005243	13262860	18662	148	251
2005	1216065	750	15963530	35451236	15314663	21335	153	270
2006	1245890	756	18375038	41361277	17719954	24390	157	296
2007	1289317	765	21589094	49512151	20908232	28387	161	316
2008	1339261	772	24242923	53193471	23476080	31555	164	340

表7-2　　WW市建设用地面积及相关数据（二）

年度	固定资产投资（万元）	房地产开发完成额（万元）	社会消费品零售总额（万元）	财政收入（万元）	城市居民CPI	存款余额（万元）	人均住房面积 m^2	城市居民人均可支配收入（元）
2000	2652477	553690	3979082	738727	1.00	9277239	25.6	12051
2001	3286608	878739	4384500	961088	0.99	11290221	26.9	13200
2002	3877486	1127433	4910886	1262601	0.98	14142489	27.7	14591
2003	4486012	1349297	5225366	1517719	0.98	17563283	28.7	16035
2004	5073204	1416203	5892709	1824359	1.01	19350865	29.2	17727
2005	5421089	1539701	6808606	2049213	1.03	22681340	31.3	19805
2006	6455524	1687595	7791500	2410894	1.04	28188137	31.5	21716
2007	7370316	1924933	9064578	2932606	1.08	33761684	33.5	24002
2008	7584436	2193919	10829453	3397842	1.13	41217855	30.2	26172

（二）数据的初值化处理

对表7-1、表7-2的实际数值进行初值化处理，以消除量纲的影响，即统一把2000年的数值作为初始值1，其他各年份分别除以2000年的数值，结果见表7-3、表7-4。

表7-3　　WW市建设用地面积及相关数据：初值化（一）

年度	建设用地面积	总人口（户籍）	GDP	工业总产值	二三产业GDP	人均GDP	非农人口	外来人口
2000	1	1	1	1	1	1	1	1
2001	1.003	1.003	1.124	1.110	1.129	1.111	1.024	1.962
2002	1.033	1.004	1.280	1.259	1.298	1.263	1.056	2.267
2003	1.060	1.008	1.475	1.482	1.505	1.452	1.092	2.688
2004	1.077	1.013	1.690	1.661	1.725	1.655	1.132	3.218
2005	1.169	1.019	1.942	1.962	1.992	1.892	1.166	3.462
2006	1.198	1.027	2.235	2.289	2.305	2.163	1.199	3.794
2007	1.240	1.038	2.626	2.741	2.720	2.517	1.230	4.056
2008	1.288	1.048	2.949	2.944	3.054	2.798	1.256	4.354

表 7-4 **WW 市建设用地面积及相关数据：初值化（二）**

年度	固定资产投资	房地产开发完成额	社会消费品零售总额	财政收入	城市居民CPI	存款余额	人均住房面积	城市居民人均可支配收入
2000	1	1	1	1	1	1	1	1
2001	1.239	1.587	1.102	1.301	0.989	1.217	1.051	1.095
2002	1.462	2.036	1.234	1.709	0.981	1.524	1.082	1.211
2003	1.691	2.437	1.313	2.055	0.982	1.893	1.121	1.331
2004	1.913	2.558	1.481	2.470	1.007	2.086	1.141	1.471
2005	2.044	2.781	1.711	2.774	1.032	2.445	1.223	1.643
2006	2.434	3.048	1.958	3.264	1.042	3.038	1.230	1.802
2007	2.779	3.477	2.278	3.970	1.079	3.639	1.309	1.992
2008	2.859	3.962	2.722	4.600	1.129	4.443	1.180	2.172

三、预测过程及其结果

（一）人口占地法

（1）选择合适的人口类型，从户籍人口、外来人口、非农人口中选择与建设用地关系最密切的，利用 SPSS 进行筛选。从表 7-5 可以看到，三类人口数据与建设用地面积都显著相关，其中总人口的相关性最强，可以选择总人口作为人口占地法的预测基准。

表 7-5 **WW 市建设用地面积与人口因素的相关性**

		总人口（户籍）（万人）	非农人口（万人）	外来人口（万人）
建设用地面积（亩）	Pearson Correlation	0.981**	0.979**	0.931**
	Sig.（2-tailed）	0.000	0.000	0.000

** Correlation is significant at the 0.01 level（2-tailed）

（2）根据历史数据计算区域内人均占地面积。从表 7-1 可以计算出人均占地面积从 94.2 平方米增加到 115.7 平方米，呈现逐年增加趋势。但是，WW 市所在省下达给 WW 市的人均占地面积指标是 2020 年限制在 90 平方米以内。在这种情况下，要增加人均占地几乎没有可能，但要减少人均占地也面临着很大的困难。可以将人均 115.7 平方米作为将来一段时间的人均占地标准。

（3）预测区域内的人口增长情况。利用灰色模型预测未来一段时间的人口总量，分别乘以 115.7 平方米的人均占地，得到预测期内的建设用地面积，见表 7-6。

表 7-6　**根据人均占地法预测的 WW 市建设用地面积**

年度	总人口（户籍）（万人）预测值	建设用地面积（万亩）预测值
2009	772.96	134.08
2010	777.93	134.94
2011	782.94	135.81
2012	787.98	136.69
2013	793.05	137.57
2014	798.16	138.45
2015	803.29	139.34

（二）产值占地法

（1）选择合适的产值指标，从 GDP、二三产业增加值、固定资产投资、人均住房面积、社会消费品零售总额、财政收入、居民消费价格指数、存款余额、住房面积、城镇居民人均可支配收入等指标中选择与建设用地关系最密切的，利用 SPSS 进行筛选。从表 7-7、表 7-8 中可以看到，工业总产值的相关系数最高，可以选择作为产值占地法的预测基准。

表 7-7 WW 市建设用地面积与产值、收入和生活指标的相关性（一）

		GDP（万元）	工业总产值（万元）	二三产业 GDP（万元）	人均 GDP（万元）	固定资产投资（万元）	房地产开发完成额（万元）
建设用地面积（亩）	Pearson Correlation	0.989822**	0.990853**	0.989843**	0.990512**	0.974496**	0.947857**
	Sig. (2-tailed)	3.47E-07	2.39E-07	3.44E-07	2.71E-07	8.51E-06	0.000101
	** Correlation is significant at the 0.01 level（2-tailed） * Correlation is significant at the 0.05 level（2-tailed）						

表 7-8 WW 市建设用地面积与产值、收入和生活指标的相关性（二）

		社会消费品零售总额（万元）	财政收入（万元）	城市居民消费价格指数	存款余额（万元）	人均住房面积 m^2	城市恩格尔系数
建设用地面积（亩）	Pearson Correlation	0.98214**	0.982398**	0.930676**	0.981674**	0.856171**	-0.69737*
	Sig. (2-tailed)	2.46E-06	2.34E-06	0.00027	2.69E-06	0.003219	0.036775
	** Correlation is significant at the 0.01 level（2-tailed） * Correlation is significant at the 0.05 level（2-tailed）						

（2）根据历史数据和政府要求确定单位产值的占地面积。从表 7-1 可以计算出产均占地面积，每万元工业总产值的占地从 2000 年的 0.058 亩下降到 2008 年的 0.025 亩，呈现逐年递减趋势。根据 WW 市土地利用总体目标，万元二三产业 GDP 用地量，2010 年控制在 39.9 平方米，2020 年控制在 22.44 平方米以内。二三产业 GDP 折算成工业总产值的折算系数最近几年来一直维持在 2.3 左

右，可以计算出，2010—2020 年每万元工业总产值的占地应限制在 0.015 ~ 0.026 亩。随着技术进步和物价上涨，取一个最低值进行计算，即每万元工业总产值占地 0.015 亩进行预测。

（3）预测工业总产值的变动趋势。利用灰色模型对工业总产值进行预测，然后把工业总产值的预测值乘以将来的产均占地面积，得到建设用地预测值，见表 7-9。

表 7-9　根据产均占地法预测的 WW 市建设用地面积

年度	工业总产值（万元）预测值	建设用地面积（万亩）预测值
2009	63018544	94.53
2010	72759860	109.14
2011	84006991	126.01
2012	96992665	145.49
2013	111985654	167.98
2014	129296244	193.94
2015	149282686	223.92

（三）多元回归法

根据上述分析，在人口和经济因素中，建设用地与总人口和工业总产值的相关性分别是最高的，故选择这两个因素，利用 EXCEL 进行多元回归。回归结果见表 7-10，可信度见表 7-11。

表 7-10　根据多元回归法预测的 WW 市建设用地面积及其拟合程度

年度	建设用地面积（亩）观测值	建设用地面积（亩）预测值	残差	标准残差
2000	1040007	1031501	8506	0.57
2001	1042645	1047731	-5086	-0.34
2002	1074261	1075125	-864	-0.06
2003	1102857	1111454	-8597	-0.58

续表

年度	建设用地面积（亩）观测值	建设用地面积（亩）预测值	残差	标准残差
2004	1120507	1138120	-17613	-1.19
2005	1216065	1187498	28567	1.93
2006	1245890	1237903	7987	0.54
2007	1289317	1308252	-18935	-1.28
2008	1339261	1333226	6035	0.41

表 7-11　　多元回归法的回归可信度

回归统计			
Multiple *R*			0.991137523
R Square			0.98235359
Adjusted *R* Square			0.976471454
标准误差			17116.84271
观测值			9
	df	*F*	Significance *F*
回归分析	2	167.0062532	0.000005

从上述回归结果中，得到预测模型：

$$S=2172532.2-1805.4P+0.0104Y$$

其中，S 代表建设用地面积，P 代表总人口，Y 代表工业总产值。

根据前面预测的总人口和工业总产值数据，代入该模型，预测建设用地面积，结果见表 7-12。

表 7-12　　多元回归法预测的建设用地面积

年度	总人口（万人）	工业总产值（万元）	建设用地面积预测值（万亩）
2009	772.96	63018544	143.24
2010	777.93	72759860	152.48
2011	782.94	84006991	163.27
2012	787.98	96992665	175.86
2013	793.05	111985654	190.54
2014	798.16	129296244	207.62
2015	803.29	149282686	227.48

（四）时序趋势法

利用 SPSS 软件对 WW 市历年来建设用地数据进行曲线回归估计，发现 Compound、Growth、Exponential、Logistic 等具有同等的可信度，具体情况见表 7-13，预测拟合情况见图 7-2。此处选用 Logistic 模型。

表 7-13　　有关估计情况

Dependent Variable：WW 市建设用地　　Independent Variable：年度

Equation	Model Summary					Parameter Estimates			
	R^2	F	df_1	df_2	Sig.	Constant	b_1	b_2	b_3
Compound	0.965	191.794	1	7	0.000	2.71E−024	1.035		
Growth	0.965	191.794	1	7	0.000	−54.266	0.034		
Exponential	0.965	191.794	1	7	0.000	2.71E−024	0.034		
Logistic	0.965	191.794	1	7	0.000	4E+023	0.967		

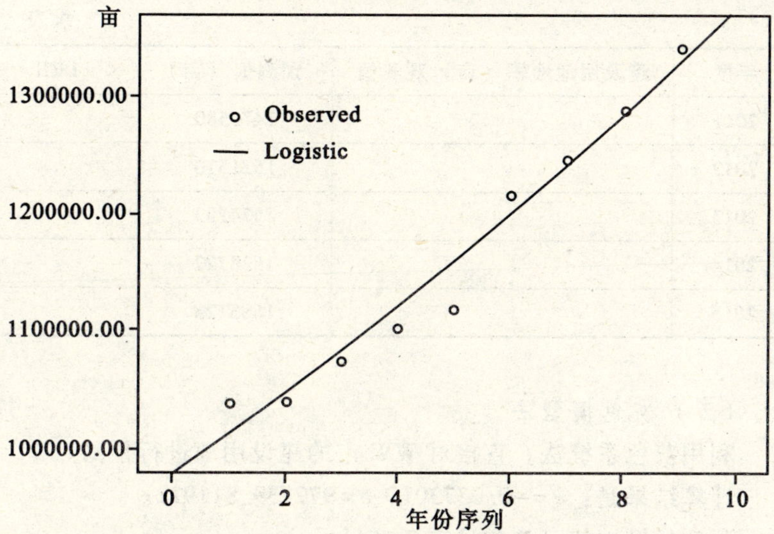

图 7-2 WW 市建设用地的回归拟合情况

所得建设用地面积预测值见表 7-14。

表 7-14 **根据时序趋势法预测的 WW 市建设用地面积及其拟合程度**

年度	建设用地面积（亩）观测值	预测值（亩）	ERR
2000	1040007	1011212	28795
2001	1042645	1046233	-3588
2002	1074261	1082466	-8205.13
2003	1102857	1119954	-17097.47
2004	1120507	1158741	-38234.11
2005	1216065	1198871	17193.98
2006	1245890	1240391	5499.27
2007	1289317	1283348	5968.63
2008	1339261	1327794	11467.28
2009		1373778	
2010		1421355	

续表

年度	建设用地面积（亩）观测值	预测值（亩）	ERR
2011		1470580	
2012		1521510	
2013		1574203	
2014		1628722	
2015		1685128	

（五）灰色模型法

利用灰色系统法，直接对 WW 市的建设用地进行预测。

计算结果是：$a=-0.037301$，$b=972739.811922$。

预测的模拟值可信度见表 7-15。

表 7-15　　灰色模型法测算的数值模拟情况

年度	序号	建设用地面积（亩）	模拟值（亩）	残差	相对误差
2000	1	1040007			
2001	2	1042645	1030635.1	-12009.929	-1.151871
2002	3	1074261	1069804.5	-4456.4963	-0.414843
2003	4	1102857	1110462.6	7605.5759	0.689625
2004	5	1120507	1152665.9	32158.864	2.870028
2005	6	1216065	1196473.1	-19591.906	-1.61109
2006	7	1245890	1241945.2	-3944.7759	-0.316623
2007	8	1289317	1289145.5	-171.47111	-0.013299
2008	9	1339261	1338139.7	-1121.312	-0.083726

平均相对误差是 0.893888%，预测可信。

时间响应函数为：

$$x(k+1)=27118305.906739\exp(0.037301k)-26078298.906739$$

预测结果见表 7-16。

表 7-16　　灰色模型法预测的建设用地面积

年度	序号	建设用地面积预测值（万亩）
2009	10	133.57
2010	11	138.65
2011	12	143.92
2012	13	149.39
2013	14	155.07
2014	15	160.96
2015	16	167.08

四、预测结果的比较

将5种预测方法的预测结果汇总在表7-17中进行比较，发现人口占地法预测的数值最小，多元回归法与产值预测法预测的数值都较大，而根据建设用地的历史数据，通过时序趋势法和灰色模型法所预测的数值居中。

表 7-17　　WW 市建设用地面积预测值比较

（单位：万亩）

年度	人口占地法	产值占地法	多元回归法	时序趋势法	灰色模型法
2009	134.08	94.53	143.24	137.38	133.57
2010	134.94	109.14	152.48	142.14	138.65
2011	135.81	126.01	163.27	147.06	143.92
2012	136.69	145.49	175.86	152.15	149.39
2013	137.57	167.98	190.54	157.42	155.07
2014	138.45	193.94	207.62	162.87	160.96
2015	139.34	223.92	227.48	168.51	167.08

人口占地法预测的数值较小，有以下三个方面的原因：一是受流动人口统计数不完全等因素的影响，人口的预测数值较小。二是确定的人均占地指标数值较小。三是不少外来农民工，其实际占地要远低于本地原住居民。

产值预测法和多元回归法预测的数值较大，是因为其预测主要涉及工业产值。WW 市的不少工业企业存在圈地的现象，占用土地远大于近期内生产的真正需求。可以看到，不少厂区内碧绿的草地占据了很大面积，这存在好坏两个方面的后果。好的一面，可以为将来企业扩大再生产迅速提供土地平台，有利于企业的长远发展。坏的一面，是提前圈占了大量土地，在使之空闲的同时，加剧了土地资源的稀缺性，抬高了地价，影响到其他后来企业的发展。

根据《WW 市土地利用总体规划大纲（2006—2020 年）》的预期性指标，2010 年建设用地总规模为 132.31 万亩，2020 年控制在 175 万亩以内。而实际上 2008 年的建设用地面积已经突破了 134 万亩。今后，如果经济增长速度不变，在做大做强工业产值的需要下，建设用地面积突破规划约束的概率较高。

根据对于 WW 市当地经济发展的认识，对 5 种预测结果进行加权平均，得到未来一段时间的建设用地需求数值。权重分布见表 7-18。

表 7-18　　5 种预测结果进行加权平均的权重赋值

	人口占地法	产值占地法	多元回归法	时序趋势法	灰色模型法
赋值	0.3	0.15	0.15	0.2	0.2
解释	生活水平提高的需要	控制企业的圈占土地行为，提高厂房容积率	控制圈占土地行为提高容积率	取平均值	取平均值

最终预测结果见表 7-19。

表 7-19　　　　WW 市建设用地面积预测值

（单位：万亩）

年度	建设用地面积预测值
2009	130.12
2010	135.93
2011	142.39
2012	149.59
2013	157.63
2014	166.63
2015	176.74

第二节　WW 市下属县级区域建设用地需求预测

一、数据整理

表 7-20 为 WW 市下辖各县市区的建设用地面积历史数据。由于 2001 年 8 月 21 日进行了 WW 市区行政区划大调整，故选取的数据从 2001 年开始。

表 7-20　　WW 市下辖各县市区的建设用地面积历史数据

（单位：亩）

	2001 年	2002 年	2003 年	2004 年	2005 年	2006 年	2007 年	2008 年
Z1 区	82063.5	83233.2	84430.3	85120.2	98934.3	101125.9	103602.4	105056.9
Z2 区	65827.8	74063.9	81706.7	85917.3	91399.4	98231.1	104521.7	109684.5
Z3 区	73422.6	75180.8	76543.8	77253.7	104133.7	105886.5	112195.9	114672.1
W1 市	162688.4	164410.9	169451.7	170764.5	203340.4	211256.7	220123.6	226323.8
W2 市	145669.8	148264.3	153044.6	157222.4	159352.5	156073.9	161198.1	174901
W3 县	120863.6	122657.8	125996.6	126824.9	127431.8	134947.1	139546.4	152913
W4 县	93757.6	96513.3	98804.1	100207.7	112825.1	114698.8	116689.1	120272.8
W5 县	142978.3	150769.9	152700.3	154869.2	155477.8	155625.3	159426	160885.3

续表

	2001 年	2002 年	2003 年	2004 年	2005 年	2006 年	2007 年	2008 年
W6 县	72304.2	72549.1	72872.7	73808.7	73837.1	74976.2	77231.7	77630.4
W7 县	81607.8*	68787.8	69374.2	70366.2	70595.0	69893.9	70785.8	71614
W8 县	17625.2	17830.3	17931.9	18152.6	18733.1	23174.4	23995.8	25307.3
WW 市合计	1058809	1074261	1102857	1120507	1216060	1245890	1289317	1339261

注：* W7 县 2001 年的数据为异常值，舍弃不用。W7 县 2001 年的数据偏大，后面的数据偏小，是因为国土部门对后来的数据进行了调整。

二、进行时序回归预测

利用 SPSS 的曲线回归检验程序对各个县市区的建设用地历史数据进行回归预测，见表 7-21。

考虑到建设用地的递增性，在比较各个预测模型的时候，排除了具有递减因素的模型，选取递增性模型中相关性最高的一个。

表 7-21　　WW 市下辖各县市区的建设用地面积预测

（单位：亩）

	最适合回归模型	2010 年建设用地预测数值	2015 年建设用地预测数值	R^2
Z1 区	Linear 线型	114336.9548	133783.4250	0.895
Z2 区	Linear 线型	122596.1524	153211.7000	0.995
Z3 区	Linear 线型	130958.9417	166002.4000	0.880
W1 市	Linear 线型	248795.1440	301295.2750	0.919
W2 市	Logistic	176013.4617	195576.7171	0.843
W3 县	Logistic	154363.3924	179153.6591	0.868
W4 县	Logistic	131549.9881	159708.7912	0.941
W5 县	S 型	158481.1127	159114.1193	0.921
W6 县	Logistic	78870.75524	83191.51178	0.908
W7 县	Power 模型	71558.20843	72269.18418	0.804
W8 县	Logistic	27597.19367	36763.55141	0.839
WW 市合计		1415121	1640070	

三、数据比较与修正

将WW市各个县市区的预测值加总，发现非常接近于刚刚得到的WW市的预测数值。微小的差别在于各县市区预测值汇总小于WW市预测值。

为了让预测数据得到平衡，这里选择以WW市预测值为基准，对各个县市区的预测数值进行调整。调整系数为“WW市预测值/各县市区预测值汇总”。具体结果见表7-22。

2010年调整系数=135.93万亩/141.5121万亩=0.9605539

2015年调整系数=176.74万亩/164.0070万亩=1.0776369

表7-22 **WW市下辖各县市区的建设用地面积修正**

（单位：亩）

	2010年建设用地			2015年建设用地		
	初值	调整系数	修正数值	初值	调整系数	修正数值
Z1区	114336.9548	0.9605539	109826.81	133783.4250	1.0776369	144169.96
Z2区	122596.1524		117760.21	153211.7000		165106.58
Z3区	130958.9417		125793.12	166002.4000		178890.31
W1市	248795.1440		238981.15	301295.2750		324686.91
W2市	176013.4617		169070.42	195576.7171		210760.69
W3县	154363.3924		148274.36	179153.6591		193062.59
W4县	131549.9881		126360.85	159708.7912		172108.09
W5县	158481.1127		152229.65	159114.1193		171467.25
W6县	78870.75524		75759.61	83191.51178		89650.24
W7县	71558.20843		68735.52	72269.18418		77879.94
W8县	27597.19367		26508.59	36763.55141		39617.76
WW市合计	1415121		1359300.00	1640070		1767399.95

四、WW 市各地的建设用地需求预测结果

将预测期数据汇总在表 7-23 中，得到 2010 年和 2015 年 WW 市及其各个下辖县市区的建设用地预测面积。

表 7-23　　WW 市建设用地面积现状及需求预测

（单位：亩）

	2005 年	2008 年	2010 年	2015 年
Z1 区	98934	105057	109826.81	144169.96
Z2 区	91399	109685	117760.21	165106.58
Z3 区	104134	114672	125793.12	178890.31
W1 市	203340	226324	238981.15	324686.91
W2 市	159353	174901	169070.42	210760.69
W3 县	127432	152913	148274.36	193062.59
W4 县	112825	120273	126360.85	172108.09
W5 县	155478	160885	152229.65	171467.25
W6 县	73837	77630	75759.61	89650.24
W7 县	70595	71614	68735.52	77879.94
W8 县	18733	25307	26508.59	39617.76
WW 市合计	1216060	1339261	1359300.00	1767399.95

第三节　WW 市建设用地供给现状及其预测

一、WW 市建设用地供给情况

建设用地的供给主要来自农用地转用。表 7-24 列举了 WW 市建设用地审批面积。在建设用地中，大量农业用地通过审批和征用环节由农民集体所有转变为国家所有，主要包括城镇用地、交通和

基础设施用地、工矿和盐田等。此外，还有农村居民点、农村乡镇企业用地，这些虽然也需要经过审批，但没有改变其农村集体所有的性质。

表 7-24　　　　WW 市建设用地审批面积

（单位：亩）

	2005 年		2006 年		2007 年		2008 年	
	审批建设用地	其中：农地转用	审批建设用地	其中：农地转用	审批建设用地	其中：农地转用	审批建设用地	其中：农地转用
市辖区	567	563	3152	3024	187	117	266	259
Z1 区	53	53	2188	1876	2055	1206	743	640
Z2 区	383	381	2237	2226	4255	4110	4462	4166
Z3 区	771	756	3452	3352	4328	4160	2334	2141
W1 市	623	621	4614	4437	2864	2519	2476	2343
W2 市	369	271	2684	1973	2466	1978	2663	2435
W3 县	254	254	2081	1864	1821	1658	2139	1793
W4 县	742	742	2286	2244	1708	1469	1689	1619
W5 县	806	722	1602	1183	1466	1273	1735	1602
W6 县	6	6	663	432	1430	782	469	451
W7 县	210	210	991	935	1139	1056	907	872
W8 县	30	0	455	395	619	468	658	349
WW 市	4814	4579	26405	23942	24339	20796	20540	18671

二、WW 市建设用地供给预测

（一）建设用地审批供给预测

合法的建设用地的供给都要首先经过审批这个环节。从上文所列举的最近几年 WW 市建设用地审批面积可以简单推算出今后审批供给状况。通过检视现有数据，由于必须经过政府审批，我们发现其排列不具有时间轴线上的规律性，所以对其进行简单平均，得到每年审批面积的平均数，见表 7-25。

表 7-25　　WW 市建设用地审批供给预测

（单位：亩）

	历史数据				年平均数	预测数据			
	2005年	2006年	2007年	2008年		2009—2010 年新增	2010 年总面积*	2010—2015 年新增	2015 年总面积
市辖区	567	3152	187	266	1043	2086	—	5215	—
Z1 区	53	2188	2055	743	1259. 75	2519. 5	107576	6299	118503
Z2 区	383	2237	4255	4462	2834. 25	5668. 5	115353	14171	134512
Z3 区	771	3452	4328	2334	2721. 25	5442. 5	120115	13606	245373
W1 市	623	4614	2864	2476	2644. 25	5288. 5	231612	13221	193411
W2 市	369	2684	2466	2663	2045. 5	4091	178992	10228	167232
W3 县	254	2081	1821	2139	1573. 75	3147. 5	156061	7869	131289
W4 县	742	2286	1708	1689	1606. 25	3212. 5	123485	8031	172129
W5 县	806	1602	1466	1735	1402. 25	2804. 5	163690	7011	87446
W6 县	6	663	1430	469	642	1284	78914	3210	90656
W7 县	210	991	1139	907	811. 75	1623. 5	73238	4059	30990
W8 县	30	455	619	658	440. 5	881	26188	2203	33193
WW 市	4814	26405	24339	20540	19024. 5	38049	1377310	95123	153712

注：＊2010 年总面积＝2008 年现有面积+2009 年和 2010 年的新增审批面积；2015 年总面积＝2008 年现有面积+之后每年的新增审批面积。

（二）其他供给增加因素——海洋围垦

正在进行的滩涂围垦可以贡献一些土地资源。在土地利用方面，WW 市的情况与荷兰非常相似。为了增加土地存量，荷兰进行了大规模的海洋围垦。围垦可以制造大量新土地用于城市建设和农业经营。根据估计，全市的围垦工程建设在 20 万亩以上，其中重点围垦工程有 21.4822 万亩将在“十二五”期间完成投资建设，成为建设用地的重要供给来源。

（三）其他供给增加因素——土地整理

土地整理曾经是土地可利用面积增加的一个有效手段。表 7-26 为 WW 市 2007 年通过土地整理、复垦、开发等手段完成的土地供给增加现状。从中可以看到，通过土地整理等措施，WW 全市总计增加土地面积 335651 亩，其中可用于建设用地面积 = 335651 - 38382 = 297269（亩）。但是，鉴于目前 WW 市城市化进程的需要和保护生态环境的根本要求，农地和耕地面积只减不增，今后通过土地整理、复垦等途径增加面积的可能性将变小。

表 7-26　WW 市 2007 年完成的土地整理、复垦、开发项目完成情况

（单位：亩）

	总面积	其中农地	土地整理			土地复垦			土地开发		
			面积	其中		面积	其中		面积	其中	
				增加农用地	其中耕地		增加农用地	其中耕地		增加农用地	其中耕地
Z1 区	3614	419	3614	419	419						
Z2 区	6532	959	6532	959	959						
Z3 区	12862	478	12862	478	1580						
W1 市	97659	4831	97122	4295	4295				536	536	536
W2 市	67293	6067	63925	4953	4953	2736	482	482	632	632	632
W3 县	42632	4460	42632	4460	4460						
W4 县	55742	7481	48624	2785	2785	340	194	194	6777	4502	4502
W5 县	19191	5721	15743	2272	2272				3449	3449	3449
W6 县	25022	6601	22262	3841	3841	94	94	94	2666	2666	2666
W7 县	5106	1367	4466	727	727				640	640	640
W8 县	0	0									
WW 市	335651	38382	317781	25187	26289	3170	770	770	14700	12425	12425

（四）其他供给增加因素——旧城改造

旧城改造有望增加一点可利用土地资源。加快旧城改造和拆迁力度，可提高旧城区的容积率，盘活和增加可利用的土地面积。旧城改造，包括市区重建、“城中村”改造、处置闲置土地等方面，容积率一般可提高数倍，能把土地的巨大价值充分挖掘出来。但是，在具体增加建设用地供给面积方面可以忽略不计。

（五）影响供给的制度因素

WW 市所在省下达给其两大约束性指标：2010 年人均占地 80 平方米以内和每万元二三产业产值占地 39.9 平方米以内；2020 年人均占地 90 平方米以内和每万元二三产业产值占地 22.44 平方米以内。其中，根据简单平均计算，人均占用土地面积在 2015 年控制在 85 平方米以内。

以人均占地为例，WW 市所在省允许的 WW 市建设用地总供给如下：

2010 年：80 平方米/人×778.0116 万人＝93.3147（万亩）

2015 年：85 平方米/人×802.1953 万人＝102.2288（万亩）

第四节　WW 市建设用地供求态势分析

表 7-27 估算出了 WW 市审批建设用地供给与土地需求的缺口，即预测的建设用地供给审批面积较少而不能满足需求的缺口。这些缺口的出现是在现有土地转用审批程序下所遇到的。2010 年建设用地的缺口是 75552 亩，2015 年建设用地的缺口是 1625042 亩。只有弥补这些缺口，才能确保 WW 市城市化进程的需要，确保 WW 市经济的持续健康增长。

根据省人民政府土地审批文件，下达新一轮土地利用总体规划主要控制指标，WW 市城乡建设用地规模 81600 公顷（合 122.4 万亩），显然已经不能满足其经济社会发展需要。因 2008 年 WW 市建设用地便已经达到 133.9261 亩。过去下达给 WW 市全市的建设用地审批指标每年在 2 万亩左右，难以满足将来 10 年左右的建设用地需求。如果仅仅靠农用地向非农建设用地的审批，至 2015 年还将存在16.14万亩的用地缺口。看来，这将主要依赖沿海滩涂的围垦工程，应从20多万亩的围垦面积中获得。当然，为了促进经济快速持续发展，应该向上级争取尽可能多的用地指标，或者通过从外部购买用地指标，来实现更多土地的用途转换。

表7-27 WW市审批建设用地供给与土地需求预测数据的比较

（单位：亩）

	2010年			2015年		
	需求	供给	缺口	需求	供给	缺口
Z1区	109826.81	107576	-2250.81	144169.96	118503	-25666.96
Z2区	117760.21	115353	-2407.21	165106.58	134512	-30594.58
Z3区	125793.12	120115	-5678.12	178890.31	245373	66482.69
W1市	238981.15	231612	-7369.15	324686.91	193411	-131275.91
W2市	169070.42	178992	9921.58	210760.69	167232	-43528.69
W3县	148274.36	156061	7786.64	193062.59	131289	-61773.59
W4县	126360.85	123485	-2875.85	172108.09	172129	20.91
W5县	152229.65	163690	11460.35	171467.25	87446	-84021.25
W6县	75759.61	78914	3154.39	89650.24	90656	1005.76
W7县	68735.52	73238	4502.48	77879.94	30990	-46889.94
W8县	26508.59	26188	-320.59	39617.76	33193	-6424.76
WW市	1359300.00	1377310	18010	1767399.95	153712	-1613687.95

第八章　房价问题分析

第一节　房价变动的市场分析[①]

一、住房需求细分

在现代社会中，除了用以居住的本意之外，住房还承载着保值增值、投资置业等多种重要功用。根据购买住房目的的不同，可以把住房需求划分为三类不同性质：居住性需求、投资需求和投机需求。

（一）住房的居住性需求

住房的存续和使用年限很长，在经济学上，建造和购买住房不属于消费，而是归入投资类别。但是，供人居住是住房的基本功能，人们购房的初始目的毕竟是居住，其他类型的需求都是从此衍生出来的。本书把那些自住的购房行为，称为居住性需求，这实际是一种消费需求。

从个人家庭效用最大化的角度来看，中国人安居乐业的传统思维使得购房偏好特别强烈。没有自己的住房，就没有稳定的家的感觉，就是漂泊不定。很多家庭数十年节衣缩食就是为了攒钱购买住房，在很多城市居民的眼中，儿女结婚后都应有自己的住房。这种传统思维具有深刻的经济学含义，拥有一套住房可以给婚姻和家庭增加保险系数。当前社会处于改革深化过程之中，未来变幻不定，

① 参见韩纪江．住房需求细分及其市场均衡问题研究．价格月刊，2010，12：80-85.

社会保障不健全，只有购买了自有住房才可以提供最为安全的保障，哪怕通过按揭方式拥有的是受限制产权。一方面，在通货膨胀长期预期下，按揭购房的负担逐年下降；另一方面，房价不断上涨增加了居住者的消费者福利。两相比较，较高首付款的按揭购房模式被人们广泛地认同。

从经济社会的整体现状看，中国城市社会与人口流动性很强的发达国家存在显著不同。中国农民工的被动性流动与发达国家居民的主动性流动存在本质上的天壤之别。发达国家的社会保障制度都比较健全，很多人把买车和旅游度假作为先于购房的首选消费项目。发达国家没有户籍制度约束，人口因追逐利益而流动频繁，为了方便迁居，租房居住的现象蔚然成风。不同于发达国家，中国的社会保障制度处于不断改革和变动之中。比如，退休金、养老金被挪用的报道屡见不鲜，其增值和保值渠道缺乏绩效，社会信任度不高。那些在城市没有住房的人，其社会保障往往也是支离破碎。对城市居民来说，衣食住行的消费顺序是不容更改的，解决了温饱之后，要先买房后买车。在满足居住需求之前，其他消费需求显然会出现经常性的不足。有鉴于此，与发达国家相比，中国的城市住房自有率应该要高很多才算合理。因此，那些一味照搬照抄西方经验、号召穷人租房的说法是非常荒谬的。更何况，实际上，就连美国这样人口流动非常频繁的国家也在提倡并实施“居者有其屋”政策。

从经济社会的发展趋势看，中国城市化进程方兴未艾，虽然原住城市居民流动性较弱，但多达 1.5 亿农民工的流动性却非常强，他们年复一年地在城乡之间往返，形成民工潮、春运潮等现象。这些人是城市化进程的中坚力量，其中的优秀者一旦赚得足够多的收入，便成为城市住房的刚性需求者。但现有制度框架下，因收入水平低下，大多数农民工被城市拒之门外——只准贡献劳动力，而难以彻底分享城市化成果。农民工买不起住房，就无法融入当地城市社会，被迫无限期地处于流动之中。

（二）住房的投资需求

住房本身具有消费和投资的双重功能。一般消费品，其使用价值不断消损，一经使用，价格便会下降。而作为一种主要的不动产，住房占据稀缺性日益凸显的土地资源，其使用年限越长，价格增值的可能性越大。基于这一特性，住房可以通过按揭贷款来购买，也可以充当抵押品申请信贷资金从事其他投资。

住房的投资需求主要指购房后用于出租获利。大量农民涌入城市寻找就业机会，享受城市文明，需要一定的居住设施，他们是住房租赁市场的主要需求者。此外，还有那些离开家庭开始独立生活的城市青年人和大学毕业生。仅就农民工而言，按照每人一张床、3平方米的最低住房需求量计算，每年的城市房屋租赁需求便可达4.5亿平方米，几乎相当于目前全国每年的商品房竣工面积。不过，农民工租赁的住房大多是旧房、城中村、城郊农民房，是对过去存量住房的使用。农民工以自己较为恶劣的居住条件为代价，承接了城市原住居民的旧房，盘活了这些旧资产，支撑城市原住居民改善居住条件并获得城市化收益。

购买住房进行投资能否获利，要对房价和房租还原值进行成本—收益比较。房租还原值指房租与利率（或平均利润率）的比值。投资购房后用于出租，至少应该得到社会平均利润率的回报。假定住房拥有环节的税费成本和修缮成本为0，当房价小于等于房租还原值时，住房就具备了投资的可操作性；当房价高于其还原值时，购房投资就会出现亏损，但如果预期将来房价上涨幅度能够弥补这种损失，也会存在投资价值。

当前的房价普遍比房租的还原值要高很多，所以有人意识到如果仅仅就居住而言，买房不如租房合算。那么到底是买房出租合算还是租房居住合算？当出现房地产泡沫时，房价高于房租还原值，购买住房进行投资会出现账面亏损，除非得到房价上涨的弥补。在这种情况下，当房价进入下降通道时，住房投资将失败。从这一方面看，住房投资存在一定的风险，并可能转嫁为住房抵押贷款的信用风险。此时，支撑住房投资的就只剩下一个预期因素。作为最大的发展中国家，在较长的考察期内往往存在通货膨胀。较高通货膨胀导致实际利率降低后，房价还原值增加，使得住房投资的账面收益达成平衡或出现盈余。

从经济学的机会成本角度考察，也可以假定购房者在租赁自己的住房，此时住房的投资性和消费性并存。比如，通过抵押贷款按揭买房，月供可看作是每个月的储蓄。这种储蓄直接转化为投资，并以负利率为代价实现居住方面的超前消费。这种超前消费既是提升生活质量的生活必需，也可以通过出租、转售而获利和保值增值。住房由此成为进退自如的家庭投资首选。

从微观主体投资理财的角度看，购房投资是介于生产性投资经营和金融投资之间的一种投资方式。住房投资，除了住房本身的不动产特性外，还往往受到生产性和资本性两个投资市场的影响。如果生产性实业投资的渠道不畅、社会交易成本太高，会导致大量资金被排除在正常的增值领域之外。如果资本市场不发达，资本工具不能满足投资的需要，将不得不采取交易成本较高的实物住房投资方式。

（三）住房的投机需求

投机行为曾经被视为一种极其恶劣的经济犯罪，冠其名曰投机倒把罪。随着市场经济体系的建立，投机与投资的界限逐渐模糊，人们对投机行为的认识发生了根本转变，刑法中的投机倒把罪已被删除。

投机主要指低价买进、闲置、等待涨价后卖出的行为。投机与投资的界限在于是否囤积居奇、待价而沽，有时候两者由于兼而有之而使界限模糊、难以有效区分。投资更看重投资品的使用价值，主要是出租，也包括自用。投机则主要看其价格的波动，往往不涉及具体的使用环节。

投机作为一种高风险、高收益的资本运作而存在，有助于改善资源配置效率，投机活动对于价格变化的敏感性可以引导稀缺资源投向更为需要的地方。如果投机者认为房价将要上涨，便买进现房，从而提高了现期房价。现期高房价诱使开发商增加住房供给，可以缓解将来的住房紧张状况。从这个角度看，投机有助于经济增长，甚至是经济增长所不可或缺的。原有城市居民的生活正由小康型向富裕型转变，需要改善居住条件；进城的农民工最终要在城市定居，也需要购置或租赁住房。预期到这些因素，在强有力的居住性需求和投资需求的基础上，投机需求才异常活跃。正是住房投机需求的存在，催生了房地产业的异常繁荣。

但是，如果投机对象受到诸多行政制约，或者某些资源不具有自由流动性，投机行为则可能引发严重问题。发达国家的投机者参与金融投机，要冒很大的市场风险，需要极强的专业性操作。但在中国，住房投机被形象地称为炒房，似乎是一件稳赚不赔的轻松事情，而不论有没有技术和经营能力，这让房地产管理者“大跌眼镜”。当前国内房地产业已经成为投机者的乐园，不以居住和出租为目的的购房行为，风靡各大中城市，其后果是导致住房空置率提高。梦幻般的短期暴利，一度使得人们发狂似地购买住房，温州“炒房团”目前还在延续着这一致富神话。2009 年春夏，温州房价在金融危机期间的短暂下跌之后出现爆发性上涨，短短半年，一些炒房客的利润率甚至超过 100%。

先把稀缺资源占据，然后待价而沽，是投机者惯用的伎俩。之所以敢于待价而沽，是因为投机者有着屡屡准确的预期。如预见到土地供给日渐稀缺、建设用地严格审批、金融和财税政策反应滞后等，这些都在不断强化地价、房价上涨的预期。住房占用的资源是受国家严控的土地，土地一级市场被国家控制，但土地二级市场却在逐步走向市场化。计划与市场的双轨制，使得市场化的投机与非市场化的寻租行为结合在一起，共同牟取暴利。房价提高后的利益由房地产开发商、地方政府和投机者所分享，而其福利损失则由相对弱势、具有刚性的居住性需求者承担。

二、住房市场供求弹性及其均衡分析

三类性质截然不同的住房需求，其需求主体在市场上所处的形势不同，导致各自的价格弹性存在很大的差异，由此使得住房市场的均衡变得复杂起来。

（一）三类住房需求和供给的价格弹性比较

住房市场的需求与供给弹性指交易双方对于价格变动的反应程度，其大小反映了当市场行情不利于自己时减少市场参与甚至退出市场的能力。弹性大的，可以在价格变化时选择有利于自己的方案。弹性小的，可选方案少，在价格变动时必须出让较多的利益给对方。

住房市场的三类需求中，居住性需求的弹性最小，具有刚性。在一个市场中，处于刚性的一方往往不得不忍受对自己不利的交易条件，在房价上涨过程中处于最为不利的地位。各种房地产政策的目标指向也多旨在保护这种居住性需求。住房的投资和投机性需求的弹性很大，尤其是投机性需求对于房价变动异常敏感。住房市场的供给弹性受其生产经营特征的影响：土地供给有限，导致住房缺乏供给弹性，尤其是在短期内。

比较而言，供给弹性大于居住性需求弹性，其原因在于：第一，开发商有退出市场的相对自由，可以在某一建设项目完成之后选择其他行业的投资项目，而购房者却没有这样的自由。第二，开发商的投资行为较为灵活，而且经常违规操作，突破国家土地开发政策限制。第三，与购房居住时间动辄几十年相比，住房的建造时间较短，可以调整建设速度和面积，如推迟开发、拖延建造工程、推迟发售等。不过，与投资、投机需求相比，住房的供给弹件要相对小一些，因为开发商需要支付较多的固定成本而迟滞了其规模调整时间；与建设住房的投资供给相比，购买住房的投资和投机需求更容易迅速改变。四种供求弹性的大小汇总见表 8-1。

表 8-1　　住房供求弹性的比较

	需求弹性			供给弹性 E_s
	居住性需求 E_{d1}	投资需求 E_{d2}	投机需求 E_{d3}	
价格弹性	小	较大	最大	大
弹性比较	$E_{d3}>E_{d2}>E_s>E_{d1}$			

注：弹性值皆取绝对值。

一旦出现对自己不利的条件时，会快速做出反应的首先是弹性最大的投机炒房客，其次是投资购房者，再次是开发商，最后才是拥有刚性居住性需求的普通购房者。投机者非常敏感，如果其所购买的住房数量占住房总量的比重不大，其快速反应会给市场带来警示作用，有利于资源的高效配置；但如果其所购买住房数量占住房总量的比重较大，则会造成住房市场的剧烈震荡，对其他居住性需求、投资需求和开发商都会产生程度不同的损害。比如，2010年4月以后，住房市场突然出现全国性的交易停滞现象，在这种情况下，最先遭到沉重打击的是那些刚性购房者的正常居住性需求，其次是加大了开发商的投资风险。

（二）不同收入群体的住房需求差异

就居住性需求而言，收入状况不同的居住性购房者对于房价的反应存在着差异。在工业化和城市化初期，食品、教育、卫生等基本生活必需品的价格呈现上涨趋势，使低收入阶层的收入相对下降，会削弱其购房能力。相反，家电、汽车等高档奢侈品的价格不断降低，使高收入阶层的收入相对提高，会增强其购房能力。而且，高收入者往往已经拥有了第一套住房，在一定程度上受益于高房价，其所拥有的多套住房属于投资或投机性质。由于投资和投机需求的弹性较高，高收入者面对房价的变化，可选择的余地较多，没有低收入者才能体会到的那种社会焦虑感。

越来越多的社会舆论关注于住房和房价，因为住房无论是对于居民还是生产者来说都是不可或缺的。当房价超出大多数人的承受能力时，社会怨言大量出现，并集中来自城市低收入群体。各种关于住房难的抱怨直指政府和开发商，认为政府政策没有照顾弱势群体。相对于自行车和摩托车而言，汽车的价格也很高，但几乎听不到社会舆论的谴责，因为它们基本实现了市场化，人们都在遵循市场规律，没有什么可抱怨的。在完全竞争市场上，供求双方的地位相等，根据各自利益最大化而展开公平竞争，其中的弱势群体被淘汰出局，他们对社会不会有太多的抱怨，例如买不起汽车的家庭往往会泰然处之。此时，政府按照固有职能针对弱势群体展开救助。但是，在房地产这样的不完全竞争市场上，弱势群体的处境更加不利，各方利益受损者会把问题的焦点集中到垄断者身上，并最终归咎于政府失职。

一个新兴产业在其发展初期的收入弹性往往高于后期，主要的顾客群体往往是富人。这至少说明，目前的国内房地产业尚不成熟。引发这种不成熟的原因不是其发展时间短、发展经验不足，而是在于政策的过度干预。一方面，从计划经济向市场经济转轨的过程中，国家首先放开的都是那些市场竞争比较激烈的亏损、薄利和夕阳产业，如农产品和轻工业市场。国家对暴利、高盈利和朝阳产业实施了程度不同的垄断或管制。另一方面，房地产业占用日渐稀缺的土地资源，而国家把土地尤其是耕地保护作为基本国策。对房地产业过度干预的后果是导致房地产业形成不同程度的垄断，因妨碍竞争而缺乏效率。

（三）基于三类需求的住房市场均衡分析

假设三类住房需求皆为线性，因弹性不同，各自需求曲线的斜率不同。如图 8-1 所示，居住性需求、投资需求和投机需求的需求曲线分别为 D_1、D_2和 D_3，按照逆时针方向，斜率依次变小，弹性依次变大。

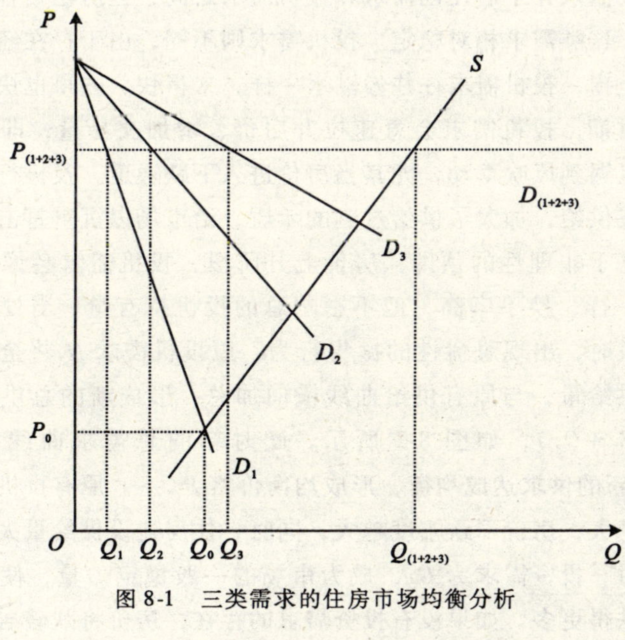

图 8-1　三类需求的住房市场均衡分析

这里进行静态分析，假设在短期内住房供给曲线不变。三类需求组成住房市场中的需求一方，总的需求曲线是三类需求曲线的横向加总，为 $D_{(1+2+3)}$。该总需求曲线与供给曲线形成住房市场的均衡价格 $P_{(1+2+3)}$ 和均衡数量 $Q_{(1+2+3)}$。如果只有居住性需求，市场均衡价格位于 P_0，住房购销量为 Q_0。很显然，P_0 这样的房价水平非常低，住房购销量也不多。有了投资和投机因素之后，房价飙升，住房购销量放大，但导致居住性购房量减少为 Q_1。显然，因为投机和投资行为的出现，很多人买不起住房，买房难的原因就在于此。居住性需求萎缩，投资、投机性需求膨胀，使得房地产业购销两旺，在高价位达成市场均衡。此时，投资和投机需求的弹性越大，$D_{(1+2+3)}$ 越平坦，房价越高；投资和投机购房所占比例越大，买房难的呼声越高。如果采取措施打击投机需求、规范投资需求，降低它们的需求弹性，会有效缓解买房难。

（四）投机需求的两面性

投资需求介于居住性需求和投机需求之间，住房租赁合同的期限较长，这类需求相对稳定。投机需求则不同，由于存在经常性的止赢或止损，投机需求往往像潮水一样，来得快，去得也快。在房价上升时期，投机需求会急速拉升房价、增加交易量，即价量齐升。一旦遇到风吹草动，尤其当房价进入下跌通道，投机行为便由需求转成供给，加大了供给过剩的矛盾，给市场以沉重打击。一般而言，基于非理性的预期，房价上升阶段，投机需求会像“击鼓传花”一样，换手率高，但不影响总的投机持有量。当处于房价下跌阶段时，出现恐慌性的抛售行为，原投机需求 Q_3 将全部转成现实的供给量，与原有供给曲线横向加总，形成新的总供给曲线 S_2（即 S_1+Q_3），如图 8-2 所示。此时新的总需求曲线变成了 $D_{(1+2)}$。新的供求达成均衡，形成均衡价格 $P_{(1+2)}$。原有投机需求的持有量越大，房价下跌幅度越大；同时，住房建设供给量大幅度下滑。此时，投资需求为 Q_5，成为市场的一股稳定力量，使房价不至于下跌得更多。如果没有投资需求的存在，房价将跌破居住性需求的初始均衡价格 P_0，并有可能彻底摧毁房地产市场。

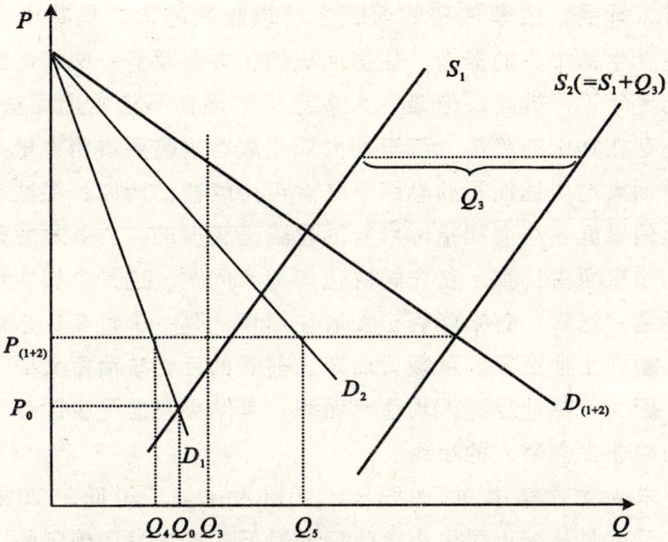

图 8-2　投机由需求转成供给的住房市场均衡分析

三、促进房地产市场健康发展的对策

住房是房地产市场中现有矛盾聚集的焦点，促进房地产市场的健康稳定发展，与促进住房市场的健康稳定发展是一个同义语。考虑到三类不同弹性的住房需求对于市场均衡的影响，可以采取下列三个方面的政策。

（一）市场供给以满足居住性需求为主

“居者有其屋”，让居民住上属于自有的住房是经济社会发展的基本目标。住房这样关系国计民生的稀缺商品应该是用来住的，而不是拿来炒的。以满足居住性需求为主，在现有土地供给总量不变的前提下有三个增加供给的办法：一是杜绝企业“圈地”，适当提高生产性用地的容积率，以减少生产性用地，转而增加住房建设用地。二是识别居住性需求购房者，给予其购房优先权和优惠信贷政策。三是增加住房套数，降低单套住房面积。

大多数人所痛恨的高房价应该有两层意思，除了指单位面积房价很高外，还表现在每套住房面积很大、总价款很高，使得低收入居民难以承受。成套住房的面积之所以越来越大，是基于一个判断：随着生活水平的提高，住房面积的扩大要超前一些，可以持续居住几十年不用拆建。但是，人多地少的国情不但永远无法改变，而且还存在加剧的趋势，汽车的大众化战略也需要占用大量土地资源，增加人均居住面积的思路不具有可持续性。所以，在城市规划中，提倡家庭住房面积指标增长的思路是错误的。当务之急是增加小面积住房所占比重，首先解决住房拥有问题，这是个根本性的质变，是雪中送炭。将来能否扩大居住面积，是一个量变，是锦上添花，必须视土地资源的承载力而定。前者的社会政治意义要远大于后者，因为一味地提高人均住房面积，其结果只能是少部分人的小康，而绝非大多数人的小康。

要求新增住房中 90 平方米以下所占比例不得低于 70% 的政策，实际就是从城市居民小康生活的最低标准出发而确定的。从目前购房难的呼声中可以发现，这个标准依然偏高。尤其是在大中城市，刚刚成家的年轻人和处于空巢阶段的老年人，居住 60 平方米左右的两居室，基本能够满足生活需要。如果购买 90 平方米住房，其负担增加 50% 以上，需要节衣缩食并依靠亲友帮助，并影响到其他消费或投资。所以，在房价较高的大中城市，应进一步降低人均住房指标、减少成套住房面积，以增加可供住房套数。

（二）引导投资需求在供求之间进行转换

在销售领域增加投资是一种非生产性投资，只能增加需求并推高房价，属于社会成果的再分配，对财富积累的作用有限。在建设领域增加投资却会增加住房供给，从而降低房价，这是一种真实的投资和财富创造过程。由于大量中小投资者难以进入房地产业的初期开发，只好集中投资于后期住房的销售环节，助推了房价的攀升。如果想方设法把销售领域的住房投资引导至住房的建设领域，可以收到一石二鸟的效果：减少购房需求、增加住房供给。

住房销售领域的投资需求是非常必要的，其重要作用不容否认。但是，在资金、资源非常有限的约束条件下，应该首先满足那些更为迫切的投资项目，新增的投资应有助于缓解住房供求的失衡状态。当住房市场供大于求时，将投资引导至销售市场，提高房价来拯救开发商；当住房市场供不应求时，房价上涨，将投资引导至建设供给领域，降低房价使拥有居住性需求的购房者受益。

按照这一设想，应该促进房地产业的市场化，降低房地产业的从业门槛，或者采取其他措施增加房地产业投资的进入渠道。“做大做强房地产业”这样的口号应该慎言。当与国外对手竞争时，强调做大做强、提高竞争力是可以的；而在国内，必须致力于构建公平竞争的氛围，尽可能杜绝垄断行为。国内的房地产业是一个纯粹的内部市场，要鼓励竞争，在土地、信贷和财税政策上都应该向中小房地产开发商倾斜，而不是相反。

（三）提高投机成本以抑制过度投机需求

住房投机不可能也不会完全消除，但可以采取一些措施降低其需求弹性。炒房者所依仗的是房价上涨预期，其获利机会在于现实中房价的不断上涨。各种有助于增加供给和减少需求的做法，如前述两个举措皆可消解一部分房价上涨预期。但考虑到人口增加和城市化进程加快、可利用土地资源减少等因素，房价上涨预期在今后一段较长时期内还会经常性地存在。过去儿年里，房价的每一次下调都会激发下一轮的房价高涨，其中一个原因便是投机者熟谙这种预期。

任何市场都不喜欢过度投机，尤其是在占用稀缺土地资源的住房市场。如果不能降低房价上涨预期，则应致力丁降低投机收益率。投机者的利润函数为预期价格涨幅减去投机成本，投机能否获利，必须将价格变动所带来的收益与投机成本进行比较。投机成本越低，投机需求的弹性越大，投机活动越活跃。打击过度投机行为，除了降低房价上涨预期外，更重要的是提高投机成本。在既有制度框架下，识别第二套住房、提高第二套以上住房的交易和持有成本是一个办法，如提高信贷条件和交易税费。

基于对市场的保护，必须减少各种干预和约束。如果第二套以上住房的识别成本太高，则无法采取有针对性的税收和信贷政策。为此，发达国家多采取非歧视性的单一政策，对所有住房一视同仁，在交易环节少征税，在持有环节多征税。交易环节的轻税负可以减轻居住性购房者的经济负担，持有环节的重税负则不但能提高待价而沽的投机成本，还有助于缩小贫富差距。鉴于中国住房交易环节的高税费现状，可以将这些税费全部转移、分摊到住房保有环节，既降低了居住性需求的购房成本，又可减少投机需求的持有时间，从而将一些住房需求量转换为供给量。

第二节　房价调控政策分析①

一、引言

中国房地产业有一句常说的话，叫做“关键在土地、冷热在金融”，这反映了政策在中国房地产业发展中的重要性。首先，国家垄断土地一级市场，非农建设用地的供给规模、结构和时机皆由政府决定。其次，房地产的建设规划和项目实施由政府审批，建设用途、容积率等关键技术指标由政府审批确定。最后，房地产市场中，供给和需求双方的决策行为都受到财税和金融政策的决定性影响。

作为一个新兴的主导产业，房地产市场的发育尚不健全，受到国家较多的管制，这充分体现出中国当前处于经济发展转轨阶段的国情。是由于市场发育不健全而强化管制，还是由于不当的管制而阻碍了市场发育呢？问题聚焦于房价，一路飙升的高房价成为社会热议话题，房地产政策往往为千夫所指。面对汹涌的城市化浪潮，房地产业必须快速跟进，以满足不断膨胀的城市人口的基本居住或改善生活条件的需要，满足新增生产和经营能力的企事业单位的需要。但是，在不容忽视的粮食安全“紧箍咒”下，对于房地产的占地速度要尽量控制的基本意识，形成房地产发展的最根本制约因素。处于这两个相互矛盾的宏观经济管理体系之中，致使房地产调控政策极易出现进退维谷之势。有些调控政策虽取得了一定成效，

① 参见韩纪江．我国房地产宏观调控的得失探究．湖北经济学院学报，2012，1：48-53.

但房价上涨势头并没有得到有效遏止，政策实施效果与预期目标尚有较大偏差，许多事实表明，房地产调控政策仍存在短期性、相机性、非均衡性等问题。房地产调控政策的失效，有着深层次、多方面的原因，如政策初衷违背供求规律，政策条文有失严谨、缺乏科学性，政策手段背弃市场经济的基本立场，政策目标对需求进行非理性迎合等。

有鉴于这些情况，在市场机制尚未完全确立之前，促进房地产业的稳定健康发展必须重视房地产政策的优化和改善。当前的房地产政策主要可以归类为土地、财税、金融和行政等四个方面，这些政策的主体大多源自某些部门的某些文件，而非固定性较强的法律条文，从而出现政策贯彻实施的复杂性和反复性甚至不同政策之间的对抗性。效果好的政策应该固化为法律，效果差的政策应该果断取消，整个房地产政策体系的目标应该是通过维持良好的房地产业竞争秩序，来高效利用稀缺的土地资源，最终满足城市化进程快速发展的需要。

二、土地政策分析

土地是房地产的载体和经营对象，调控其供给量可以影响房价的变动。国家土地利用政策的总体基调是保护和节约农业用地，从而限定了未来一定时期内城市非农建设用地的供给总量。地方政府制定和实施区域土地规划，具有法律效力，限制了某一特定区域土地利用的范围。在既定的土地利用框架下，土地非农利用的审批和取得途径非常复杂。开发商要得到土地使用权，必须通过审批关，要支付通过“招拍挂”等竞争所形成的较高地价款。之后的土地征用、拆迁也存在很多问题，矛盾纠纷不断，增加征地成本，拖延用地时间。土地的利用性质、建筑规模、容积率等一般都存在严格的规定。因鼓励生产经营和增加 GDP，商业性、生产性用地相对偏多，居住性用地相对不足。很多开发商将上述因素所造成的“地荒”，即土地供给尤其是用于住房建设用地供给的短缺，归结为房价居高不下的根本原因。有关政府部门则会利用大量数据提出相反的观点，认为不是“地荒”，而是开发商故意惜售、待价而沽。鉴于应有的职责，土地管理部门还会做一些增加土地供给的尝试。但实际结果是，要么杯水车薪，要么半途而废，地方政府增加土地供给的任何举措都只能是土地利用时间上的前移，总量增加有限。

其实，土地供给不足的原因是多方面的，既有真实供给总量的短缺，也有市场主体理性预期的推波助澜所造成的假象。企业生产和居民生活对土地的需求是刚性的，在土地的稀缺性供给制约下，地价、房价呈现越来越高的趋势，由此诱发房地产的囤积居奇和投机行为，使得土地调控手段脱离其目标。减少土地投放，会助长高地价和高房价，加重生产和生活成本，诱发通货膨胀。增加土地投放，理论上会降低或减缓房地产价格的上涨幅度，但在房地产投资和投机行为的驱使下，房地产价格即使短期内会有所下降，其最终结果也是猛烈反弹，这已经被大量事实所证明。

土地调控意图要最终传导至房地产供给量的变化，存在一个较长的时滞，因为土地从投放到认购、从审批到投资都需要一个烦琐的冗长过程。在变幻莫测的市场经济环境下，这种滞后性有可能产生适得其反的结果。土地规划应该具有法律效力，不能随意更改。当土地作为调控工具的时候，土地规划变得模糊起来，很可能经常出现违法的政策。往往是地方政府凭借对土地市场的"事实垄断"来托高房地产价格，从中可以谋取大量短期行政利益。

综上所述，应遵循中性的土地政策，每年公开、有序地推出土地利用指标，给房地产市场的各方利益群体一个稳定的合理预期。这种中性政策的主旨是高效利用土地资源，防止稀缺土地资源的圈占和浪费，尤其要杜绝那些长期垄断性的"圈而不用"现象。

三、财税政策分析

调控房地产的财税政策主要是税收及各种收费，包括营业税、契税、所得税、土地增值税，以及当前热议的房产物业税等。税收根据其能否顺利转嫁分为直接税和间接税。一般来说，营业税、增值税等间接税较易转嫁给买方，所得税、财产税等直接税较难转嫁给他人。但是，在中国的实际操作中，凡是在交易环节征收的税收都是可以转嫁的。如明文规定房地产交易时的营业税、所得税由卖方缴纳，但实际操作中，买卖双方却可以进行私下协商。经常见诸房产中介的房价是“净拿价”，该价格之外的其他一切费用均由买家支付。买方不得不替卖方并以卖方的名义缴纳各种税费。这是一种市场自由意志行为，目前尚无法律能够禁止。征税的初衷是增加交易环节的成本，抑制投机炒作行为，从而降低房价。但是，如果增税政策不能有效吓退投机者，在经过一个短暂间隔后，增加的税费会转嫁、添加至房价，从而使增税政策失效，并产生适得其反的效果：不但不能达到通过增税降低房价的目的，而且还会助长房价的上涨势头。

房地产交易过程中的税费会不会转嫁给下一个买家，关键是看买卖或供求双方的价格弹性。供给与需求的价格弹性指价格变动对于供给量与需求量的影响程度，是价格变动一个百分点时供给量或需求量变化的百分点。弹性大小反映买卖双方的心态，衡量在市场条件不利于自己时退出市场的意愿。富有弹性的市场交易者能够自如地进入或者退出市场，缺乏弹性的一方则在市场中处于被动地位。对于大量居住性购房者而言，房地产属于必需品，与开发商、炒房者等相比，严重缺乏弹性，也即缺乏讨价还价的地位，房价下跌会增加购买，但房价上涨后也不得不购买。此时，税费很容易转嫁给这些居住性购房者，对高房价抱怨最多的也正是这一群体。另一方面，短缺商品的交易成本一般都具有良好的转嫁特性。房地产供应不足，属于卖方市场，具有优势的卖方将税费等所有交易成本转嫁给缺乏弹性的买方是顺理成章的事。综上所述，绝大多数提高开发商和炒房者交易成本的政策，都将助长房价而非降低房价。同时，房地产为生产和生活所必需，对于这样的必需品增税不利于生产发展和生活改善，房价的每一次反弹，都证明了这样一个事实：所谓的调节性税收已经沦为加重购房者生活负担的苛捐杂税。

综上所述，应遵循交易环节的减税思路，提高住房的交易频率，才能更有效地配置稀缺的商品房资源。同时，可以增设房地产保有环节的房产物业税，以防止对房地产这种稀缺资源的囤积居奇式投机炒作。加大保有环节的税收比重，还可以充分体现房地产的市场价值，这是由房地产作为不动产的特殊商品属性所决定。2011年初，上海、重庆等地试点征收房产物业税，确实在一定程度上吓退了投机者，但由于这些试点措施主要对增量的房地产征税，未能从根本上解决存量房地产的空置问题。

四、金融政策分析

调控房地产的金融政策主要是住房信贷，包括利率、准备金率、按揭首付款比例、贷款条件等。房地产的存续和使用时间长，总价款高，如果没有信贷支持，购房者将难以为继。比如，一套房子要等到一个家庭的收入积累到能够全价购买，往往需要十到数十年的时间，而一个家庭是每时每刻都需要住房的。金融信贷的初始作用便是让社会中人能够互相支持，经济宽裕者获得利息收入，拮据者支付利息来获得资金使用权，以改善当期生产或生活条件。

通过按揭贷款购房还贷与租房居住有相似之处，但又存在本质差异。住房按揭贷款的月供要高于房租，而且还要支付数额不菲的首付款，增加了当前的生活压力，其收益是未来的房产所有权。在房价稳定时，租房居住只需要支付房租即可，没有前期支付首付款的经济压力。此时，对于缺乏实力的家庭或个人来说，租房居住或许是一个最佳选择。但是，中国正处于城市化迅猛发展时期，大量人口由农村迁移到城市工作和生活，城市房价上涨是一个长期的必然趋势。由于租房居住者无法享受房价上涨带来的利益，受理性预期驱使，购房置业在中国会成为一个首选。在已经完成城市化的西方发达国家，城市房价相对稳定。这就是为什么在美欧等国可以租房居住以满足人口流动性的需要、而在中国必须购房居住才能实现安居乐业的一个重要区别。

受制于金融抑制型的宏观经济背景，住房信贷的利率变化对房地产供求的调控作用有限，而且，利率变动会波及其他所有投融资领域。所以，起重要作用的是按揭首付款比例，其在证明了借贷者经济能力的同时，给房贷提供了更多的抵押物。就像是一道门槛，按揭首付款比例的高低对于信贷风险和购房能力都发挥着决定性作用。该比例越高，门槛越高，信贷风险小，但有能力购房者少。该比例越低，门槛越低，信贷风险高，但有能力购房者多。引发美国金融风暴的“次贷”危机主要源自首付款比例大幅度降低而放大了银行的经营风险。按揭首付款比例在国内一般是20%～30%，因此而存在一个杠杆系数，购房资金可以放大3～5倍，这一政策在给居住性购房者便利的同时，也给了投机炒作者可乘之机，能以较少资金掌控较多房源。与之同理，支付少量预付资金便可以拿号和定位的商品房预售制度，本意是方便开发商筹集和回收建设资金，但诱发了炒楼花现象，购房者频繁换手，每过一手，房价都会有所上涨，但根本原因是房源太少和投机需求过旺，而非这种以加快回笼资金为目的的预售制度的错。比如，在温州本地，由于每年的新增商品房数量极少（2010年，全国年新增商品房面积为城市人口平均2平方米，温州则只有0.5平方米左右），不论有没有预售制度，自住型需求者都很难买到一手商品房。

房地产业对银行信贷的依赖性，不仅表现在购房者一方，而且还表现在开发商方面。房地产建设的初期投资规模大，如果靠开发商的自我积累，其发展会非常缓慢。国内开发商的项目自有资金比例一般在20%～35%，其余的资金投入需要信贷支持。当然，这种信贷支持也存在一定的负面作用，主要是刺激了开发商对土地的购买囤积，当前各地频繁出现的“地王”背后都可以看到信贷资金的影子。

房地产具有不动产的良好抵押特性，使商业银行对其“情有独钟”，商业银行基于自身利益最大化的需要积极开拓房地产金融业务。在房价上涨期间，房贷几乎没有风险，商业银行都想方设法推销房贷按揭业务，即使在国家收紧银根时，商业银行也倾向于尽可能多地发放房贷。可以说，正是商业银行的推波助澜使得房地产投机者能够源源不断地获得信贷资金，正面作用是推动了房地产业的迅猛发展，但副作用是带来了房价的上涨。鉴于这种现象，商业银行与房地产业的关系越来越密切，任何金融政策都会影响到房地产，任何房地产政策也会影响到商业银行，两者已经捆绑在一起，一荣俱荣、一损俱损。房价上涨时两者皆会从中获利，房价下跌时两者则同时面临巨大的财务风险。尤其当房价下跌时，房地产信贷的违约风险，可能引发房地产金融危机。美国金融危机发生后，房地产业“绑架”商业银行的舆论日渐高涨就缘于此。

综上所述，应遵循差异性信贷发放思路。减少第一套住房的按揭首付款比例，降低住房贷款门槛和利率，只有这样才能从根本上满足低收入群体的居住性住房需求。与美国发生的“次贷”危机不同，中国经济发展处于起步阶段，房地产具有良好的增值和抵押性能；在打压投机需求、挤出价格泡沫后，甚至可以将住房按揭首付款比例降低至一成以下。与之相反，根据房价高低和调控目标，大幅度增加第二套以上住房的按揭首付款比例和房贷利率。

五、行政政策分析

目前具有威慑力的房地产行政管制措施层出不穷，名目繁多，比如：

(1) 新审批、新开工商品住房建设，套型建筑面积 90 平方米以下住房（含经济适用住房）所占比重必须达到开发建设总面积的 70% 以上。

(2) 实名制购房制度，预售购房合同、登记与最后产权证必须是同一个人。这是期房限转政策的深化。

(3) 新建商品房实行网上销售，通过提高房源信息的透明度，来保障一手房交易的公开性和公平性。

(4) 经济适用房制度，给予政府公务人员和低收入贫困家庭廉价住房。

(5) 廉租房政策，为无力购买商品房、又不具备经济适用房资格的家庭提供居住。

(6) 限价商品房制度，在土地招投标时就已经设定最终的销售限价，针对未享受过实物分配且无自有住房或人均居住面积较低的家庭。

(7) 商品房限售制度，以家庭购买的住房套数或户籍关系等作为标准，限制有关家庭的购房行为。

(8) 商品房明码标价制度，必须以套为单位，分别公开住房价格。

行政政策往往与土地、金融和财税等政策一起组合出击。如2005年新旧两个“国八条”出台，国家开始加强房地产市场调控。2006年“国六条”出台，进一步细化了各项调控措施。2007年上半年房价出现报复性反弹，幅度之大超出决策者意料之外，故而加大调控力度，如建设部规范房地产经纪行业，国税总局清算土地增值税，缩短土地开发周期，限制外商投资房地产业，等等。2008年上半年的房地产政策本来也有强化之势，但受到美国金融危机的影响，下半年开始逐渐转变风向，由紧变松。及至2009年底房价疯涨之后，于2010年国家出台了房地产新政“国十一条”以及进一步的地方性实施细则，开始打压房价。至2011年初，更严厉的措施是要求各地出台房地产调控细则，很多城市开始实施限购政策。

各种行政政策林林总总不可谓不全面，但由于涉及部门多，政策之间协调困难，政策出台缺乏细致的论证和明确的表述等问题，许多政策的效力转瞬即逝。如“70%以上90平方米以下”政策，由于可以在地区范围内协调，从而被经济适用房等政策所稀释；大面积商品房的建设有增无减，无非是迫使开发商多支付一笔公关费而已。虽然有期房限转等行政约束，但加价出售一手房的现象比比皆是。实名购房制度只不过是将一手房变成二手房，不但无助于降低房价，反而抬高了房价。由于在信息透明化、公开化、公平竞争等方面存在问题，网上销售引致颇多争议。限价商品房、经济适用房、廉租房等政策因其对购房对象的识别特别困难，操作成本极高而丧失了经济效率。

行政政策在中国具有广泛的应用，往往被视为解决疑难问题的杀手锏。纵观当前的各个行业，凡是政府仍在管制的，多供不应求，价格趋高；凡是政府不加控制的，多供大于求，价格趋降。是因管制而价高，还是因价高而管制呢？新中国成立初期，国家似乎更多地使用行政权力。30年的计划体制把重要产品置于国家控制之下，但事与愿违，控制越严格的产品越是短缺。物资匮乏、产品短缺被视为实行计划经济的一个基本前提，计划经济虽然暂时解决了产品分配问题，却毫无限期地延长了产品短缺现象，正如东欧经济学家科尔内所描述的短缺经济现象那样。改革开放以后，在万般无奈之下逐步放开市场，才最终解决了主要产品的供给不足，并转而进入供给相对过剩的买方市场阶段。

综上所述，应遵循弱化的行政政策思路，减少各种行政性的审批和收费，增强住房市场的流动性。集合所有的行政力量，对家庭住房套数进行科学合理的识别，与其他相关政策配合使用。

六、结语与建议

多种因素决定了我国房地产调控的难度似乎比其他任何国家都要大，房地产调控应加强部门之间、中央与地方之间的协同，对包括土地、财税、金融、行政等各种调控政策“工具包”进行组合使用，并根据各地情况有针对性地灵活运用。诚然，在房地产业完全市场化之前，政策对房地产的影响是决定性的。政策制定是否科学合理、是否针对房地产市场供求的变化而及时跟进至关重要。政府应有限介入并尽早退出以避免获得独立利益。中国正处于转轨时期，传统的计划思维还颇为浓厚，这突出表现为政府、政策对市场机制的替代上。比如，提倡经济适用房、廉租房等的建设，都是政府对市场的替代，其试图追求公平的做法不但缺乏效率，而且在其布局、建设和分配等诸多方面存在诸多显著的弊端。像房地产业这样公认的腐败温床，政府部门应竭力避免介入。正如城市经营中财政对土地出让的依赖性一样，政府陷入太深，最可能的一个结果是获得独立利益而不能自拔。这种独立利益，微观上会诱使相关权力部门索贿受贿，宏观上会助长地方保护主义和部门利益主义。

人类社会发展的历史早已表明，只要存在丰厚的权力租金，任何类型的政府都无法实现社会公正目标。政府机构及其职员在工作过程中首先寻求的是自身利益的最大化，如果其手中自由裁量权过大，必然会损害社会公共福利最大化的初衷。所以，发达国家都无不致力于约束政府的权力，即所谓法治的含义是要求政府守法，才可导致全民守法的法制。既有的政府权限应致力于促进市场机制的完善，而绝非替代市场行事。中国 30 多年的改革开放的实质是放权，即把过去政府掌握的过多行政权力交给市场。

基于上述分析，确定以下两个房地产调控政策的根本任务：

一是完善交易环节的市场机制以节约房地产交易的成本。调控房地产市场的初衷是完善市场机制，而不是消灭这个市场。政府应该精简房地产业的管理机构，清理繁杂的房地产政策，简化各种办事程序和手续，减少对市场交易环节的干预，防止扭曲市场价格。但是政府在促进市场发展的同时也不是没有作为的，其职责应该是确保市场的公平竞争和良好的市场秩序。房价高之所以成为问题，是因为很多人买不起、住不上自有住房。如果在利率和按揭首付款比例提高之后房价降低，但普通家庭依然买不起住房，这样的政策仍然是无效的。因此，要让普通家庭买得起住房，必须降低这些交易成本而不是提高。更进一步，可以取消土地一次性出让金，将其分摊到以后，每年收取土地租金，或并入物业税，以降低普通购房者的初始支付负担。

二是抑制保有环节的投机性需求以防止稀缺房地产资源的浪费。房地产政策要在交易环节区分普通需求者和投机炒作者，存在较高的识别成本，甚至会出现一些负面效应。但在持有环节，识别和消除过度投机行为则相对容易，主要措施是增加家庭第二套以上住房的持有成本。令各界瞩目的房产物业税，属于财产税税种，是一种不容易被转嫁的直接税，对市场价格的扭曲较少。如果把房地产交易环节的税费和土地出让金分摊到房地产的存续和使用环节，开征房产物业税，现实房价就会出现大幅度下降。一方面，现有空置的存量住房会进入市场，增加供给；另一方面，未来的不合理投机需求锐减，减少需求。其结果必定能够遏制房价的过快上涨。此时，房产物业税的税基和税率设置应合理有效：（1）对过去已经缴纳了交易税费和土地出让金的存量住房而言，家庭第一套住房必须免除房产物业税，第二套以上住房可以减免房产物业税。（2）对今后免除交易环节税费和土地出让金的新建增量住房而言，第一套住房可以减免房产物业税，第二套以上住房收取较高房产物业税。

上述两项任务，是建立市场机制、政府干预逐步退出房地产市场的根本要求。减少交易环节的干预是一种直接的退出，让位于市场机制；保有环节有选择性地征收房产物业税，却并非政府行政权力的进入，因为房产物业税应看作是政府作为土地所有者和基础设施提供者而收取租金的一种替代形式，或者可以视同“土地资源税+城市基础设施投资回收”组合，体现了政府作为一个市场主体参与市场而非替代市场的过程。

第三节 房价调控目标①

一、房地产政策为何鲜有降低房价的提法

房地产新政频出，房价走势却似乎越来越远离舆论所指向的房价暴跌。各级政府制定的政策往往包含稳定房价的措施，但罕有降低房价的提法。究其原因，可以分别从微观、中观和宏观三个视角进行考察。

（一）微观：基于房地产所有权人的考虑

大部分具有本地户籍的城市家庭拥有住房是一个不争的事实，当然在居住面积、住房位置、家居条件、房屋价值等方面可能会千差万别。房价稳中有涨的时候，有房家庭会产生一种拥有者的剩余，有助于提高社会福利。不少人是在住房信贷的支持下购房置业，房价平稳的时候，每月支付月供，家庭净资产账户逐渐增加。房价下跌后，家庭账目上可能会出现负资产，“百万负翁”由此得名，不利于保持其幸福感。

在当前城乡二元结构显著的情况下，城市高房价的既得利益群体在城市居民中占绝大多数。如果按照公共选择理论进行投票的话，这些人不会赞成导致房价下降的政策取向。阿罗不可能性定理说明，依靠简单多数的投票原则，无法在各种个人偏好中选择出一个共同一致的顺序。此时，政策指向有利于在数量上处于绝对优势的既得利益者便顺理成章。更何况，房地产开发商和当前拥有多套

① 参见韩纪江．调控导向仍是“稳定房价”．城市开发，2011，5：80-81.

城市住房的人已经成为社会中的强势利益集团，拥有更多话语权。房价上涨阶段，有人把房地产泡沫称为“坚硬的泡沫”，其实便是由于这些社会强势集团不承认泡沫、不想让泡沫破灭。

现有分配格局下，即使房价再低，农民工就一个群体而言也很难在打工地买得起住房。让农民工在打工地买得起住房应该是一个更为宏观的社会分配问题，而非房价问题。因此，当前抱怨高房价的有效群体往往都是城市人口本身而非农民工。既然大多数城市家庭已经成为房价上涨的既得利益者，为什么还会对房价上涨存在抱怨呢？这与城市家庭较早进入住房高消费阶段有关。城市改善型住房购买者和青年人结婚购房者占有一定比例，这些人的购置对象往往是大面积套房，总价款高。此类人群对于房价上涨存在两面性的看法，购房之前抱怨房价高，购房之后则不愿意看到房价下跌。这种购房需求存在刚性，很容易对房地产政策制定产生影响。与之相反，城市化进程中那些正在进入城市的农村人口对于住房的需求存在很高的弹性，并且对于决策者的政治影响甚微。他们抱怨的呼声很高，但难以产生有效的影响。其他拉美、南亚等发展中国家之所以出现大量的城郊贫民窟，也正是由于这一原因。

（二）中观：基于地方区域发展的考虑

房地产业已经成为很多地方政府所认可的经济增长支柱产业。不断开发的新楼盘，拓展了城市地盘，彰显了政府政绩。房地产拥有主导产业的一些特征，有着广泛的产业关联。其产前是建筑业和建材业，产后有家居家具和装修业，侧向联系有水电暖、信息、交通、物业管理、社区商业等各种配套产业，吸纳大量劳动力就业，组成了GDP中很大的一个份额。地方政府纷纷看到，以房地产作为主要对象的城市经营是增强地区竞争力的关键一环，城市经营的速度快、效率高，可以从其他地区吸引更多的投资和财力物力。

以地生财是地方政府“城市经营”的核心内容，房价越高，政府来自于土地用途转换、房地产交易税费的收入越多。不少地方的财政已经严重依赖房地产业，基础设施建设、社会事业发展甚至公务人员的工资和福利都已经离不开房地产业的供奉。一旦房价下跌、房地产业衰退，必然会牵一发而动全身，财政漏洞凸显出来，影响到政府日常运转。这种路径依赖，使得地方政府不得不想方设法支持房地产业的发展，进而支持高房价，以至于欲罢而不能。所以，总是中央政府主动出面提出调控房价，地方政府往往只是充当被动执行者的角色，而且大多还是消极对待。迄今为止，鲜有地方政府自觉主动提出降低房价的口号并实施相关政策。相反，地方政府还经常通过提高房价上涨预期来吸引投资者。

以稳定房价为基本政策指向的房产新政往往由中央出台，地方政府却是实施者。中央政府出台房产新政可以得到经济、政治上的诸多利益，却把实施成本抛给了地方政府。除非在政绩考察和人事安排上实施一票否决制，否则，这样的政策议程最终皆会沦为"空头支票"，"上有政策、下有对策"已经成为一个普遍现象。地方政府虽然口头上坚决执行上级决定，但在行动上却一如既往地支持房地产业的过热开发，房价稍微有些下跌趋势，便会采取托市措施。如2008年底受到美国金融危机影响、房价下跌之后，地方政府纷纷实施放松信贷、减免税费和购房入户等救市政策。

（三）宏观：基于国民经济全局的考虑

因为都要占用土地而使得房地产与农业发生关联：少建房，可以种地吃饱饭；多建房，可以睡个好觉。既有国策是把粮食安全置于首位，确保18亿亩红线这一既定面积的耕地资源必须阻滞房地产业对耕地的疯狂蚕食。宁可容忍房价上涨，也要确保粮食安全。通俗一点，就是宁可睡大街，也要吃饱饭。饥荒可能带来的社会不稳定要比购房难问题严重得多。不过，研究问题的时间维度不同，可能会得出不同的政策结论。在短期内，粮食短缺可以通过进口解决，住房则不能。短期内的呼声是牺牲一些耕地或其他农地来增加建设用地供给，缓解房价上涨过猛的燃眉之急。从中长期来看，农地被用于房地产建设的后果是不可逆转的。一旦遭遇国际方面的粮食禁运，或国际贸易中粮食的可获得性降低，则可能会酿成灾难性的饥荒。在稳定压倒一切的政治取向下，牺牲眼前利益，谋划长远考虑，是一个必然选择。其结果必然是控制土地入市，形成强烈的房价上涨预期。

信贷是支撑房地产业发展和房价居高不下的一个重要因素，只要房价持续上涨，金融就安全无虞；一旦房价进入下跌通道，抵押物贬值，直接后果是银行以过去较高评估价发放的贷款出现违约风险，国内刚刚起步的脆弱信用体系将面临严重威胁。对于美国发生金融危机原因的共识是房地产业出现“次贷”危机，房价下跌既是“导火索”又是“助燃剂”。因此，国内房价的任何下跌态势都会让金融业惊恐不安。房价下跌，那些只拥有一套住房的正常居住者，在住房贬值之后，仍需根据抵押贷款合同的约定支付房贷本息，违约风险相对较小。但追求利润最大化的投资或投机炒房者却有可能不得不选择违约。投机炒房者所占比例越大，金融系统面临的房贷违约风险越高。正是这些投机者而非普通购房者“绑架”了金融业。确保金融安全，就必须维持房价稳定或上涨，这已经势同骑虎。有人说，中国经济就像是逆水行舟，不进则退；有人说，中国经济就像是骑自行车，要么前进，要么摔倒。对于经济体中积存的沉疴，要么通过加快发展慢慢消化，要么爆发经济危机予以汰劣存优。中央政府更倾向于选择发展消化的路径，尽量避免经济社会发展的剧烈波动。

二、稳定房价政策的内涵解读

房价高涨已经成为一个备受关注和争议的社会话题，房地产开发商和部分学者对于房价必然上涨的预测，经常为千夫所指。北京大学徐滇庆教授所参与的房价打赌事件，若无金融危机突发，徐教授并不会输。当前深圳的高房价也已经证明，徐教授的预测是完全准确的。既然事实如此，那么，留给我们应该做的，不是激愤地要求降低房价、戳破房地产泡沫，而是需要正确解读每一轮房价暴涨之后的稳定房价政策，在此基础上沿着宏观经济发展的大趋势来完善和优化政策。

（一）稳定房价要求供求双方达成均衡

房地产市场的供求双方存在着尖锐的矛盾，但最终又必须调和并达成一致协议。交易过程中供求双方矛盾的焦点在于利益分配是否公平合理，其结果体现为价格变动。房价过高，会给购房者造成沉重负担，并影响社会和谐安定；房价过低，会迫使开发商退出市场，损害房地产业的繁荣。因此，应让房价稳定在某一个合理区域，在这个合理区域，供求双方最终达成交易，否则市场就不存在。

（二）稳定房价指房价逐步的温和上涨

作为最大的发展中国家，中国经济发展存在两个大的趋势。一个是城市化。在城市化进程加速阶段，城市人口越来越多，可用土地资源却越来越少。另一个是通货膨胀。通货膨胀是经济发展的必然趋势，长期看，任何国家的货币都在贬值。尤其是发展中国家，人为促进经济增长的一个常用策略便是利用货币贬值来集中和掌控社会财富，即隐性征收所谓的通货膨胀税。中国改革开放以来的情况大致是平均每年货币贬值 10% 左右。在上述两大趋势作用下，房价上涨在所难免。所以，房价达成均衡的合理区域应该是一个不断上涨的区间。房价稳定的内涵应该是在这个区间内温和上涨，而非稳定不变。

（三）防止房价暴涨的目的是防暴跌

认识到房价的长期上涨特性，必定会有一些投机资金进入，低买贵卖。如果不予以及时阻止，投机资金的涌入将毁坏房价温和稳定上涨的局面。证券、期货等资本市场本来就是投机者的乐园，深幅回调是经常性的，不过是一种财富的数字游戏，财富在进行零和博弈的不同人群之间重新分配。与之不同，房价如果出现连续暴涨之后发生深幅回调，则可能对市场发展造成较长时期的不利影响，而且会对其他关联产业造成连带性损害。频频出台的房地产调控政策在一定程度上阻滞了房价暴涨的势头，其初始激励都来自对房价暴跌的担忧。

三、稳定房价的政策思路

与以前的福利分房制度相比，高房价似乎是房地产市场化的一个结果。如果指责高房价，是不是就应该将其归罪于市场化，从而将房地产业重新纳入国家行政权力的直接掌控之下呢？高房价是房地产供不应求的结果，国家掌控房地产能在表象上稳定房价，但能彻底解决供求失衡问题吗？答案显然是否定的，稳定房价仍应遵循

“完善市场+有限调控”的经济市场化思路。

（一）稳定房价绝不可以走回头路

现在舆论要求国家完全承担起保障性住房的责任，如加强经济适用房、廉价房、廉租房等的建设，对其实施计划分配。这种思路是要重回计划体制，有百害而无一利。伴随高房价的是房地产业的大发展和城市居民人均居住面积的不断增加。计划经济时期，房子不用花钱就可以住上，但那只是某些少数人的特权，而且要等到工作许多年的论资排辈以后才能有机会。现在的房价虽然很高，却给了人们更多的选择。房价越高，对开发商的吸引力越大，房屋建造速度才会加快。所以，房价高并非一无是处。如果借口高房价而让政府接管市场，将是经济社会发展的灾难性倒退。计划经济已被大多数国家所摒弃，发达国家的很多公共物品都试图实施市场化、股份化，就是源自对政府参与微观经济事务的弱点达成共识，而放心地交由市场运作。

（二）政府应参与市场而非替代市场

当前维持房价稳定的政策往往直接作用于市场交易，如增减房地产交易税费、升降按揭信贷条件和利率等，无不造成对于房地产市场机制的扭曲。扭曲市场的任何政策都会无一例外地加剧市场波动，难以实现稳定市场的目标。尊重市场机制的中性调控政策是相机参与到市场供求的某一方，以国家强大财力来增减供求，实现调节市场均衡、稳定市场价格的政策目标。可以变土地储备为住房储备，土地储备减少了土地供给，客观上推高了房价；住房储备则会增加住房供给，有助于更及时地调控房价。将中国国情与经济规律相结合，为稳定房价，可以考虑归并经济适用房、廉价房、廉租房等五花八门、执行成本极高的政策，统一为招标建设储备房政策。这些储备房应规划在稍微偏远的城郊低地价地区，通过集中大规模建设以降低平均成本，通过改善交通条件来降低出行成本。其户型要小、数量要多、配套设施要全，能够达到低收入群体的基本居住要求。房价平稳时出租获利，房价暴涨时高价抛售，既可对投机炒房者形成重压以平抑房价，又可赚取进一步建设的资金，达成实施稳定房价政策的良性循环。

（三）提高真实收入以降低相对房价

任何商品的价格高低都不是孤立的，而是与货币投放数量、收入高低、商品之间的相对价格有关。当有人抱怨房价高时，实际是因为多年来人们的货币收入水平维持不变或上涨幅度偏低。“蒜你狠”、“豆你玩”、“苹什么”等网络流行语言都表明，物价上涨正在突破人们的预期，过去存在的货币幻觉开始消失，很多人感觉到真实收入实际在下降，这提醒我们已经身处通货膨胀加剧时期。如果通货膨胀率进一步提高，高房价问题会自行缓解，被大多数人所容忍和接受。但是，长远来看，促进房地产业发展，使得人们能够居者有其屋，根本途径是改善收入分配格局，提高城市化进程中刚刚进城农村人口的真实收入水平。

第四节　案例：温州与苏州两地房价差异①

最近几年来，随着房地产业的急剧升温，温州与苏州两地房地产价格都大幅度上升，但两地房地产价格上涨的情况存在较大差异，温州房价持续高于苏州，如根据温州和苏州两市统计局的官方统计数据，2005 年初，温州市区商品房平均房价为 9212 元/平方米，苏州则只有 3995 元/平方米，温州是苏州的 2.3 倍。而综合各个方面的资料，到 2007 年 9 月份，温州市区典型区域的商品房房价已达 1.3 万元/平方米，苏州市区商品房平均房价则达到 7800 元/平方米，温州是苏州的 1.7 倍左右。温州和苏州属同一级别城市，都是中国当前最有活力的经济区域之一，有较多可以进行比较的因素。通过分析造成两地房价差异的地域性因素，可以发现一些规范房地产市场、调控房价的政策思路。

一、温州与苏州两地房价存在差异的原因

房价上涨，主要是宏观经济形势使然。如建筑原材料价格上

① 参见韩纪江．抑制温州房价上涨的政策建议．郑州航空工业管理干部学院学报，2008，1：32-35.

涨、土地资源有限等因素导致房地产供给成本增加，供给相对不足；通货膨胀、投资过热、人口婚育高峰、城市化加快等因素导致房地产的需求大幅度增加。两者共同作用，形成了国内房地产的“涨势”。但是，在大的宏观经济背景下，各地房价上涨的幅度有所差异，说明其中必然还存在其他区域性因素。

（一）土地供给

作为经济热点地区，温州与苏州的土地需求都异常旺盛，但土地供给却存在较大差异。土地是温州最重要的稀缺资源，耕地只有240万亩，人均0.32亩，可供城市建设用地非常有限；企业纷纷考虑外迁，导致资本外流，形成所谓的“馒头（经济发展）大于蒸笼（土地）”现象。而苏州的土地供给就好得多，苏州全市耕地面积430万亩，是温州的1.8倍；人均耕地0.77亩，是温州的2.4倍。此外，苏州周边地区还有广阔的平原腹地，而温州面海靠山，缺乏腹地。

温州与苏州两地的土地征用难易程度存在差异。温州的大多数农民已经不把农业作为主要收入来源。随着私营经济的迅猛发展，温州非农产业占GDP的比重已经达到了96.5%。但是，随着土地资源的越来越少，尤其是在现有高昂地价的参照下，农民越来越珍惜自己的承包地。在温州，农民的自主性、法制意识和权利要求比较强，对于土地被征有较高的认识。而且，与当地经济发展水平相比，温州征地补偿标准不够高，一些地方人均补偿标准不足1万元；村干部勾结开发商贪污侵吞土地补偿款的事件时有发生，引发农民对于征地的抵触情绪。在温州，政府主导下的“村改居”步伐缓慢，城市近郊的农村集体建设用地包括农民宅基地，没有纳入统一的国有土地市场，一些郊区村的土地在待价而沽；旧城改造、城中村改造的进度迟缓，大量土地沉淀下来。

与温州不同，苏州政府的力量比较强，为了更快捷地获得土地资源，苏州不断提高征地补偿标准，不再按照征地面积计算补偿标准，而是逐渐过渡到按照失地人数计算补偿标准，最低标准调整为人均2.3万元，并在全市范围内建立被征地农民基本生活保障制度。苏州还开发建设了农民公寓，花巨资加大旧城和城中村改造力度，整合现有农民宅基地资源。

（二）政府行为

与苏州相比，温州政府对于国家政策的争取还不够。温州虽创造了举世闻名的温州模式，但只有一个国家级开发区和6个省级开发区，高级别的开发区太少，导致土地征用指标不足，开发区合计面积不到120平方公里。在温州的开发园区内，规定不能大规模地开发商品房。苏州充分利用国家给予的优惠政策，做大开发区这篇文章。如全市开发区面积达到340平方公里，共有5个国家级开发区和10个省级开发区。有了高级别的开发区就能够合法地大规模征用土地，支持房地产开发建设。如苏州工业园区拥有“不特有特、特中有特”的优惠政策，单设海关和保税仓库；在优惠政策导引下，加上得天独厚的地理位置，世界500强企业已有四五十家到此投资。在强势投资的引导下，园区的房地产开发也得到长足发展，开发园区内建设了大量商品房，对于降低房价起到了良好的效果。

经营用地是用来开办工厂企业的土地，其利用效率与房价具有密切的关系。如果政府的管理力度不足，在高房价的预期下，一些企业便想方设法大量圈地，等待地价上涨而获得好处，这表现为土地投资强度偏低，会在很大程度上加剧土地供求矛盾。温州的投资者多是当地小规模的私营企业主，以劳动密集型的轻工业为主，大多数企业规模较小，投资强度低，对稀缺土地资源的利用率不高，如温州各开发区规定的每亩土地投资强度从100万~180万元不等。苏州的投资者主要来自海外和外地实力雄厚的大企业，经营的多是高新技术产业，投资强度大，对土地的利用率高。而且，苏州政府还加强政府管理和控制，以提高土地的投资强度。如苏州昆山制定了“6543”标准，即每亩土地投资额的最低标准，出口加工区是60万美元，国家级开发区是50万美元，省级开发区是40万美元，乡镇工业项目是30万美元；对投资规模500万元以下的私营企业，采取租赁方式提供土地。平均来看，温州的每亩土地投资强度只有苏州的一半，这在一定程度上加剧了温州土地资源的不足。

温州的市场经济非常发达，民间的力量和市场的力量比较强。而温州政府在市场经济体系中的介入比较少，这充分体现在财政汲取能力方面，市本级财政收入基本上主要用来“吃饭”。2006 年温州地方一般预算收入 128.78 亿元，相比之下，苏州是 400.23 亿元，温州只有苏州的 32%。温州的企业数量多而规模小，经营不规范，组织税收比较困难，温州政府便采取藏富于民、减税简政的策略。但是，搞城市建设缺乏资金，只好通过高价出让土地解决。温州的执法审批环节容易出现一些纰漏，从而给予圈地企业可乘之机，造成土地奇缺和闲置并存的不良现象。土地获得的困难，导致现存可用地的身价骤增，但温州政府并没有完全发挥政府应有的逆向调控职能，在土地储备制度框架内，通过大量抛售土地来平抑地价，致使土地需求方一直处于饥渴状态。政府既有资源缺乏的无奈，也有操纵地价的嫌疑，因为政府是地价飞涨的直接受益者。苏州政府对于经济社会的介入比较多，行政能力强。由于外资较多，企业规模较大，经营比较规范，能够获得大量税收。苏州已经告别了“吃饭财政”时代，可以拿出较大的财力进行城市建设，不再仅仅依靠抬高地价来获得城市建设资金。苏州政府的行政能力比较强，能加强土地规划和土地整理，打破行政建制来配置产业布局，促进开发园区的整合和产业集聚。

（三）购房主体

温州和苏州两地人均收入的持续增长，刺激了房地产需求。不过，与温州相比，苏州居民的可支配收入有限。虽然在 2006 年温州人均 GDP 是 24349 元，只有苏州的 78308 元的 31%，但市区人均可支配收入，温州为 21716 元，苏州为 18532 元，温州比苏州高 17%。并且，温州市在国内外的外出经商人员多达 200 多万，他们都有回乡买房置业的习惯。所以，比较而言，温州市民比苏州市民的住房需求更旺盛。在强劲的需求面前，温州商品房的供给却远低于苏州。如 2006 年苏州竣工房屋面积 4182.97 万平方米，比上年增长 13.8%；而同期温州房屋竣工面积只有 416.87 万平方米，比上年增长 2.2%。在这种情况下，温州房价高于苏州成为一种必然。

温州民间拥有巨大的财力，加上温州人具有务实、敢冒风险、善于经营等特长，对具有保值增值作用的房地产的需求便有增无减，风行各地的“温州炒房团”便是温州人有炒房实力和动机的集中体现。温州的房开企业和房地产中介非常多，给房屋买卖提供了便利。温州市区40%左右的家庭在当地拥有两套住房，凡有房的居民，大多不赞成房价的下跌。换句话说，在几乎是全民炒房的情况下，温州房价的下跌，实际不利于温州区域经济的发展。当居民购买了较多房地产后，便赞同维持高房价。对温州市政府而言，一个最优选择是严防房价继续上涨，在加强房地产市场调控的基础上，维持现有房价基本不变，并引导投机者逐步退出温州本地的房地产市场，最终使居者有其屋。与温州相比，苏州政府较强的财政汲取能力和外资利润的剥离，致使普通苏州居民缺乏炒房实力；苏州市区家庭拥有2套以上住房的不足20%；加上苏州的房地产开发商和中介比较少，苏州居民的炒房行为要远少于温州。

（四）金融环境

在温州，金融业比较发达，几乎所有的国内银行都在温州开设了分支机构，金融业务创新频繁。很多银行对当地居民开放了大多数信贷业务，个人房产抵押贷款的发放比较普遍。在房价持续上升期，房贷按揭首付30%的制度给房地产起到了一个放大器的作用，在很大程度上助长了房地产的需求。可以说，温州的高房价，如果没有银行业的支持是很难长期维持的。最近，在中国人民银行从紧的金融政策下，温州银行业提高了房贷门槛。如提高个人房贷利率，严格执行个人房贷政策审查，停办多套房贷款等。如果这些措施能够吓走接盘者，则现有的短线投资者尤其是那些在较高价格水平吃进较多套房的投机者将难以招架，有可能低价抛售手中的空置房，引起房价下跌。房价一旦下跌，就会降低全社会投资于房地产的热情，现有大量资金被套牢在房地产行业，将加大金融风险。

不过，金融紧缩除了能够抑制需求外，也可能抑制供给，那些缺乏银行支持的中小开发商会面临资金困难，被淘汰出局；有实力的大开发商和财团，则容易形成房地产的垄断，从而使得房价更高。而且，温州的银行业已经深深地介入房地产业中，不少银行和企业已经形成了炒作房地产的利益共同体，要抽身已经很困难。如果房价下跌，除了购房主体会遭受巨大损失外，另外一个损失主体显然便是银行。所以，银行最喜欢房地产业的“涨势”。受到中国人民银行紧缩金融政策的压力和迫在眉睫的潜在风险，温州银行业不得不收缩战线，但能否奏效还尚待时日。

与温州的情况不同，苏州金融业的市场化程度低，对房地产贷款的支持相对不足，通过贷款而大规模炒作房地产的成本较高。面对中国人民银行的紧缩金融政策，官办气息浓厚的苏州金融业会积极贯彻落实，能收到比较显著的效果。

二、抑制房价的政策建议

通过分析温州与苏州两地房价的差异及其原因，我们可以看到，要抑制温州房价的迅猛上涨势头，促进房地产业的健康发展，除了遵循国家各项政策外，还应该从造成当前温州和苏州两地房价差异的原因入手，采取适宜的措施。

（一）增加建设用地、增加住房供给

在温州这样的沿海发达地区，土地资源稀缺，而非农经济比重很高，温州市政府应该积极向国家和浙江省争取政策，加速城市化进程，加大土地征用力度，而把农业产业向内陆优势地区转移。除了想方设法申请国家政策支持、增加建设用地指标外，还要结合当地经济发展水平，提高补偿标准，让农民真正受益而乐于及早配合土地征用。

温州土地资源稀缺和地价高昂造就了市区鳞次栉比的高楼大厦，但在市区随处走走就可以发现，土地闲置、破旧平房连片的现象也能够经常进入人们的视野，城郊村和城中村都大量存在，对于土地的利用效率不高。所以，增加建设用地数量，还要加大旧城改造和城中村改造力度。通过科学规划，把城郊村纳入城市范围，以盘活闲置土地资源。

房价的迅猛上涨，是市场规律所决定的。居民在解决了吃穿温饱问题之后，首要的便是对居住环境的改善。当住房供给小于需求时，必然导致其价格上涨。要抑制房价的迅猛上涨，从长远来看，

应该首先选择增加供给等方面的措施。否则，如果缺乏政策的方向性而不加限制地抑制所有购房需求，采取任何看似合理的措施都将有可能南辕北辙，加剧房价上涨的幅度。达到小康之后，房地产业要重点发展，必须立足长远的经济规划，吸引越来越多的社会资金进入房地产业，加大商品房的建设力度，通过增加供给而降低价格。

（二）摆正政府位置、规范政府行为

地方政府是房价上涨的直接受益者，往往不能冷静地看待房价的迅猛上涨并及时采取逆向调节措施，容易推波助澜。比如，沿海某大城市的市长就曾经坦言房价一定会涨，甚至动员外国投资者来本地投资购置房地产，引起市民的强烈不满。房价上涨的过程中，地价一般也在上涨，当届政府显然受益匪浅，但下届政府会因缺乏城建资金而变得困难，从而损害经济发展的长期利益。所以，从长期来看，在房地产业发展过程中，政府要慎重对待以土地增值为核心的城市开发行为。

政府要处于市场利益纷争的事外，不能沦为房地产行业的既得利益者。最好的办法是搭建市场平台，政府只收取资源税费即可。政府应做管理员和裁判员，而不做运动员，不去与民争利。对于房地产市场，政府要做好管理工作，比如信息要透明、公开。土地供给的数量要提前公示，列入年度计划和长期规划，要能产生足够的抑制不良投机行为的预期。要规范土地招投标和拍卖、挂牌出让行为，进行公平竞争，谁最有实力，谁最有效率，就出让给谁进行开发经营。土地的进出价格，比如征用的补偿费用是多少，出让的价格是多少，中间差价到哪里去了等，都要具有较高透明度，以避免各种营私舞弊行为。如果一旦出现贪污腐败行为，则再好的政策都可能会失效。

对于生产经营用地，要严把投资强度关，防止用地企业趁机圈地。关键是要立足科学规划，集中建设工业园区，引导企业通过产业集聚来获得更高经济效益。住宅用地应该根据地价差异，进行科学规划，争取上级政策，确定较为合理的容积率标准。地价高的，相应的容积率也要高，以高层建筑和多层厂房为主。此外，政府还应该发挥其促进公平性的职能，增加低价的经济适用房供给，为低收入阶层和政府公务人员提供必要的安居之所，以防止引发社会动荡和政治紊乱。

（三）保护正常需求、抑制投机需求

房地产的非正常需求，多来自人们对于未来高回报的预期。如果预期房地产未来的价格将大幅度上涨，必然会出现炒作现象，这是不以任何人的意志为转移的经济规律。市场中总会存在投机行为，没有投机，市场就会成为一潭死水。但是，投机性过旺，则会压制正常的消费性需求。要抑制非正常需求，除了增加供给外，还必须进行引导和抑制。要提高政府能力，积极贯彻既有的国家财税和金融等宏观调控政策，在确保初次购房的消费者利益的前提下，引导和规范房地产投资者通过投资获得正常利益，而不是通过投机获得暴利。

可以考虑借鉴西方大多数国家的做法，凡是可供土地都敞开供应和交易，政府每年征收累进的财产税、交易所得税或高额营业税。这样做，能够起到一石二鸟的效果。一方面，可以降低市场进入的门槛，降低房地产的起步价格，给普通居民一个良好的预期，最终实现居者有其屋；另一方面，可以维持一个稳定而持续的政府税收，同时打击恶性投机分子。

住房既可以作为消费需求，也可以作为投资需求，要在购销环节区分到底是哪种需求比较困难。最为有效的办法，是通过房地产管理部门严格认定购房者的身份，结合新一代居民身份证的换发，建立购房主体的识别体系。对于第一套房产，可以减免征收各种税收；但是，对于第一套之外的其他房产，在当前这种房价迅猛上涨的大环境下，则要征收具有较高累进性质的所得、财产和高额的营业税。

（四）加强金融监管、规范房产信贷

抑制房地产的非正常需求，脱离不了金融机构这一重要环节。金融机构要规范自身行为，防止被开发商和炒房者拉下水。实际上，银行会同有关评估机构对于房价的评估是其发放按揭贷款的基础。房价的每一次大幅度上涨，都要最终得到金融业的认可。如果总是根据所谓的“现行市场价”给予贷款，就会在一定程度上默认了越来越高的价格水平，将助长房价的持续上涨。

现在的问题是，如果房地产投资的利润率高于其他行业，那么必然会吸引趋利性很强的银行信贷的进入。对于市场化程度很高且机制灵活的温州金融业而言，当前的紧缩金融政策和税收政策，恐怕会因提高其利润率，而收到截然相反的政策效果。比如提高了房贷利率，在中国资金相对短缺的背景下，不会降低投资需求，只会增加银行的收益。所以，除了配合财税政策、贯彻央行各项宏观调控措施外，更要加强银行监管部门的行政监管和监督职能，促使温州的金融机构严格自律，对投机炒作者谨慎放贷，可以切断投机者的资金来源。这同时也能有效防止金融风险。

第五节　高房价的根源与借鉴

一、高房价的形成原因

房价的高低之所以受到社会各界的重视，是因为住房作为生活必需品的不可替代性。拥有一套写在自己名下的房产往往是美满婚姻的必需，是幸福一生的开始。有人把住房、汽车、旅游、电脑比喻成当前家庭的“新四大件”，但是其他三大件怎么能有资格与住房并列呢？对于一般家庭，住房是最大的必需品，其他任何消费品都不能与住房相提并论。购房行为往往是一个家庭以往多年的积累或对未来的长期预期形成的，与其他商品的需求截然不同。买房需求增长的原因之一，是拥有房产才拥有安全感。在社会保障尚未健全、缺乏失业保险的国情下，购买一套属于自己的住房才能安心，即先安居后乐业。

根据笔者的愚见，高房价问题源自以下因素：

第一，最基础的因素是中国城市土地的利用结构不合理。工业经营用地比重大，住房用地比重偏小，基础设施占地更少。工商业能够带来持续增长的 GDP 和税收，而房地产的收入对于政府而言是一次性的。这与基础设施建设类似。基础设施建设的投资大、没有直接的经济效益，地方政府便缺乏积极性，从而导致交通拥堵等城市病问题。抛弃单纯的经济考虑，从长远考虑，投资于基础设施建设能带来更多收益，只是对于当届政府来说可能无法立刻获益，因为对于政府努力的长期收益的评估尚未拿出现实可行的标准，无法据此衡量官员的政绩，逼迫政府官员重视近期收益。

第二，高档商品房的供应增长快于中低价商品房，这在很大程度上助涨了房价。拥有更多市场力量的开发商更青睐高档商品房。以大套型住房为例，曾几何时，140 平方米以上的大套型成为市场主推产品，而 100～120 平方米左右的商品房在市场上变成了珍稀品种，虽然其深受购房者青睐。原因有很多，比如：（1）大套型住房的建造和营销可以降低单位面积分摊的费用。（2）受益于分配差距扩大的现实，大套型住房的市场需求量也很大，房源稀缺不怕卖不出去。（3）大套型住房的价格上涨幅度高于小套型。（4）国家当前的城市小康标准助长了大套型住房的开发。为解决上述问题，促进住房套数的增加，国家曾经出台硬性规定，“套型建筑面积 90 平方米以下住房（含经济适用住房）面积所占比重，必须达到开发建设总面积的 70% 以上”，这是一个好政策。但是，确定这些数据的合理性何在？一套住房达到 90 平方米是一条限制线，因为城镇人均住房面积 30 平方米是国家提出的小康生活基本标准之一。但是，为什么偏偏强调“70% 以上”的比例呢？为什么不是 80% 和 90% 呢？这非常值得深入研究和思考。

第三，高房价与扩张性的财政货币政策息息相关。从 1998 年直到 2008 年的 10 年间，全国房价基本呈现大幅度上升态势，其增值幅度远超制造业的利润率。尤其是 2009—2011 年，中国的房价呈现出一种暴涨态势。例如，作为地级市的温州，2006 年其市中心的土地楼面价格接近 8000 元，达历史高位，当时便已经是走在全国前列了。至 2011 年，虽然其间历经金融危机，但房价已经高达 3 万元以上，几乎是翻了两番。究其原因，是中国为了抵御金融危机而投放了 4 万亿元。

第四，高房价背后却是住房空置率高。这是住房投机与炒作的必然结果。房价在短期内便会出现暴涨的预期，增强了投机动机，削弱了投资动机，使得炒房客看不上出租住房赚取租金的丁点收入。但另外一个原因，恐怕还与商品房大多建成毛坯房便出售有关。这种毛坯房较难出租出去，而购房者如果没有长期打算，是不愿装修的。一是装修太耗费精力，在当前装修行业鱼龙混杂、行业内潜规则横行的前提下，装修成本高，装修纠纷多，所需要涉及的精力多，很多人都有“装修剥层皮”的感觉。二是新房往往在比较偏远的区域，交通、购物等基础设施不完善，导致初期的房租较低。三是即使房租较高，但与装修成本相比仍会较低，装修后的出租，其收益恐怕还不能弥补装修成本。四是出租往往涉及一年起租，如果是裸房出租，还会涉及租客简单装修问题，所涉及的租期会延长。此时，如果是短期的投机性购房，出售与出租就会存在时间上的不匹配。

第五，城市化高速推进在客观上推高了房价。有些住房价格高，是合乎情理之中的。著名香港地产大亨李嘉诚的经典理论是：第一是地段，第二是地段，第三还是地段。在中国大陆，地段好坏直接与政府所在地有关。一般而言，政府驻地，治安良好，基础设施完善，教科文卫等事业单位云集，购物便利，生活成本较低而生活质量较高，所以靠近政府机关是好地段的一个特征。当然，反过来考虑，也可以通过迁移政府机关来促进城市开发，促进地价升值。这也是当前绝大多数地方的市、县两级政府纷纷迁移政府大院的重要动机。

第六，控制房地产投资与中国城市化加速阶段的要求恰恰相反。在强劲的城市化进程面前，要达到全面小康，必须扩大居住需求。房地产业之所以成为一个快速发展的产业，正是迎合了这种需求。在这种需求面前，市场过热，我们不应该抱怨市场，不应该抱残守缺，借口粮食安全等问题拖延产业结构调整的步伐，而应该主动地调整产业结构，让土地、资金和劳动力等资源加快转移到房地产业，增加房地产的供给。房地产具有完全的不可替代性，其市场化和产业化进程才刚十年多，还属于成长中的产业，无论在市场的标准化方面，还是在市场秩序等方面，都不太成熟，而且也没有太多的国际经验可资借鉴。

二、论限购令与房价控制

时至今日，十年来千夫所指并未撼动的高房价，终于遭遇到严厉的限购令。住房限购政策的基本内容是通过户口、纳税、社保等手段对购房者进行识别，实施限制购买，从而杜绝住房的投机炒作行为。

限购令的传导机制是：

第一，假定炒房者拥有大量资金，可以同时购买多套住房，在一手商品房市场上，利用提高价格和增加购买套数所形成的规模优势，来挤出捉襟见肘的普通居住性购房者，或者使普通居住性购房者处于不利地位。

第二，实施身份限制，如果不能有效阻挡炒房者，至少可以导致炒房者增加购房成本，因为炒房者要寻找未曾购房的新身份证会越来越困难，但这只是局限于炒房活动频繁的一线城市。所以，限购令造成的房价停滞最初出现于一线城市，而二三线城市因为身份限制较宽松，未曾购房的身份证仍很充足，使其成为炒房者所转向的目标。

第三，中央的限购令措辞强硬，领导人意志坚决，社会舆情激昂，形成强烈的市场预期，极大的不确定性开始让炒房者停步。因为势成骑虎，少数执行政策不力者遭到严厉批评，重点的二三线城市也被迫逐步实行限购令。

第四，与限购令同时施行的限贷政策对炒房者形成持续的杀伤力。正是限贷政策使炒房者失去了最后的机会，但该政策具有一个连带的负面影响，即同时也会阻止刚性自住型需求。那些刚性自住型需求多是最需要房贷的一群人，紧缩货币政策一旦推行，首先影响到的却往往是这些人的切身利益。无论是房地产市场还是信贷市场，弱势群体总是永远的受伤者。

第五，作为货币紧缩政策的另一面，贷款利率提高增加了炒房成本，对炒房者构成了缓慢但却持续的淘汰机制，炒房者时刻要面对紧绷的资金链条，个别炒楼者将成为跳楼者。同时，货币紧缩具有广泛的影响，先是推涨民间融资和高利贷，然后高利贷链条的断裂，形成了中国式的债务危机——形成债务违约却不一定是资不抵债的人，他们习惯了通过跑路而不是通过清算或诉讼解决债务问题。因为，这些跑路者所躲避的一般并非是资不抵债，而是债务清偿，他们跑路的导火索大多是因为资金链条断裂。如果不跑路，则必须立刻对其名下所拥有的房地产进行清偿，但此时房价低迷，房地产变现困难。如果过一段时间，等房价回升之后再回来清算债务，对其则会变成非常有利。

第六，欧债危机的持续，严重影响到中国的资本市场。有些国际投资不得不从中国撤离，中国的不少投资者跃跃欲试，也有人想前往欧洲或美国抄底，中国出口受到不利影响导致国内收入减少，同时国内股市低迷造成一些资金被套牢冻结。这四种情况相互作用，造成国内现金流不足，对炒房者来说不啻是一种釜底抽薪。

通过剖析限购令的传导机制，我们不难看出，长此以往，哪怕只坚持两三年，中国房价的下跌直至暴跌便在所难免。2008 年遭遇国际金融危机时，一些炒房者几乎是死里逃生，那时仅仅持续了半年多的时间，就被国家的 4 万亿元投资救出。在当前后金融危机时期，遭遇到持续恶化的欧债危机，对二次探底的忧虑与通货膨胀治理形成两难选择。为避免陷入滞涨的风险，资金流动性将不会很快得到释放，这将应验“空军司令”谢国忠的预测，一些炒房者将再次经历刻骨铭心的资金断裂潮。

但是，开发商和炒房者都不会坐以待毙，严重依赖房地产税费和土地出让收入的地方政府也不会坐视不管，发放了大量房地产信贷的商业银行也会百般周旋。所以，最近网传有个别地方开始出台所谓的“救市”举措，如公积金贷款额度增加、住房限购松绑等。原因何在？不少网民已经道出了其中的真相，房地产是不少地方的支柱产业，如果房价下跌，势必会减少地方财政收入甚至影响地方政府的正常运转。房价“挺涨派”的力量不可小觑，因房地产业崩盘所造成的潜在风险也确实已经绑架了宏观经济政策。

中央政府从宏观角度考虑，要求稳定房价，坚决遏止房价的大幅度上涨态势。因为高房价已经激发了广泛的社会舆情，形成一股强大的政治诉求。与中央政府不同，地方政府更注重微观和短期的东西，包括本届政府政绩、个人收入和荣辱、GDP与财政收入的短期增长等。其实，历年来的房价政策，都似乎是中央和地方政府之间的博弈，而城乡居民分为两派。有房者在经历高房价之后可以享受到高房价所带来的满足感；尚未购房的青年人、进城农民工，陷入一轮又一轮的失落、指责与诅咒之中。

限购令是一种异常严厉的行政手段，在控制房价巨幅上涨的同时，会损害房地产的市场机制。作为权宜之计是可以的，但要长期施行恐怕会带来其他更为不利的后果。对于控制房价的理解，应该包括两个方面的内涵。

第一，是否需要通过行政控制来降低房价。中国在历史上曾经多次控制过市场价格，计划经济时期就是试图通过控制紧俏和短缺商品来保障供给，结果越是控制的商品，往往越是短缺。计划经济时期，中国对粮油、肉、蛋、奶等食品价格控制了几十年，仍未能解决供给不足的问题，改革开放以后才有了今天的供给基本平衡和相对过剩。可想而知，家电和汽车等商品的价格，如果不放开，至今将仍然只是少数家庭的奢侈品。还有一个最鲜活的例子，在2003年非典疫情肆虐的非常时期，作为应急性的措施来控制相关药品的价格是可以理解的。但是，并未产生既定效果。比如，为了防止消毒液的价格太高，人为制定一个最高限价，结果最终导致社会上销售的消毒液数量锐减，正规商店出现有价无市现象，而高价黑市迅速滋生。这样的教训在现代市场经济中不能不吸取，千万不要一遇到什么事情就想到计划控制上面来。行政控制与市场经济规律相背离，控制价格对于平衡市场是无效的，这已经成为学术界的一个共识。作为一种商品，其生产供给必须得到相应的回报，否则就不会有供给的较大增长；在需求旺盛的情况下，当然也不可能有市场的供求平衡。

调降房价，不宜采取抑制需求的办法，因为发展是硬道理，抑制了消费需求就等于降低了居民福利水平。当然，对非居住性质的投机和投资需求，要加以限制，使其保持在不至于产生危害的程度。市场中总会存在投机行为，没有投机，市场就会成为缺乏效率和生机的一潭死水。但是，投机现象过旺，则会挤占正常的消费性需求。购房者中，既有自住型消费需求，也有购置后出租的投资需求，还有先买后卖的投机需求，要在购销环节区分到底是哪种需求，识别和操作成本较高，而且还会影响到改善型和迁居型等正常的住房需求。所以，在房地产市场比较成熟的发达国家和地区，多在房屋使用和保有环节征税，把土地占用面积和房价等作为征税标准，可以公平、合理、高效地抑制房价上涨。中国可以借鉴这些成功经验，凡是可供土地，都敞开供应和交易，政府每年征收财产税、资源占用税。这样做，一方面会降低市场准入门槛，降低购房的起步价格和初始负担；另一方面可以维持一个稳定的政府税收。应该利用当前便利的网络系统，责成房地产管理部门严格认定购房者身份，全国联网，实现有效资格认证。以家庭为单位，凡是第一套房产，可以减、免征收各种税费；对于第一套之外的其他房产，则要征收累进的财产税、资源占用税。

第二，如何才能真正降低房价。控制房价，可以制定长期计划来引导人们的消费取向。全国各地的经济发展非常不平衡，那种大一统的经济政策，即使理论上很科学，其后果也可能是灾难性的。历来的房地产调控政策都存在千篇一律和刚性规定的特点，有时候是“北上广”(指以北京、上海、广州等为代表的沿海发达城市)得病，却要求全国人民为其吃药买单。少数炒房者招致的问题，却使更多的买不起房的人一起为之受难。收取长达 50 ~ 70 年的土地出让金，本身便是一种存在很大风险的行为。现任政府一次性收取了今后很长一段时期的土地出让金，实际是寅吃卯粮，提前预支了子孙后代的利益，难以做到可持续发展。而且这一制度极易诱发以权力腐败为主的个人寻租行为和以部门利益最大化为主的集体寻租行为，使其忽视政府利益、国家利益和公众利益，而出现强烈的部门化倾向。对于房地产市场，政府要做好管理与服务工作，比如信息要透明、公开，鼓励以价格为主的竞争；土地供给的数量要提前公示，列入年度计划和长期规划之后不再随意更改；通过价格竞争，谁最有效率，就给谁土地进行开发经营。这样，把炒房者的资金吸引过来从事房地产开发，在减少投机需求的同时，增加了房地产建设供给，有利于形成一个良好的市场秩序，房地产业的发展也才能步入正轨。

三、控制房价快速上涨的借鉴

中国房地产及住宅研究会副会长包宗华撰文认为，与发展中国家相比，西方发达国家的住房自有率比较低，多数在40%～60%，超过60%的主要是英国和美国。发展中国家的住房自有率较高，多数在80%以上。其原因主要是发达国家具有以下特点：(1) 经济发达，住房供应充足。(2) 科技进步快，产品和产业结构调整快，需要较多地更换工作。(3) 素质技能高，有条件快速更换工作。(4) 城市化水平高，安土重迁的农民少。(5) 观念问题，大部分人有购房能力而不去购房，因为人口流动性强，一些西方国家的大部分人一生平均要换7次工作和7次住房。(6) 城市居民中20%的低收入者无力购房，而是租住廉租房。发展中国家之所以普遍的自住率高，是因为农民多，很少流动。他认为降低我国自有住房率主要有以下措施：一是加快经济和科技发展，逐步形成加快人才流动的社会条件；二是加快城市化进程，逐步减少农民的比重；三是加快住宅建设，逐步达到住宅富裕；四是大力推行租售并举，积极创造良好的租房环境；五是改变人们的住房观念，使广大居民树立可租可购、梯度消费的观念；六是随着我国经济实力的加强，逐步增大廉租屋的比重。①②

深圳市财政学会韩继东认为，香港住房建设在"市场"与"公益"之间寻求平衡的成功经验堪称全球典范。公屋的切入点是提供市场上短缺的中小户型，一般在40～50平方米，是中低价位的住房，只满足居民家庭的基本需求。目标是每个家庭拥有自己的住房单位，住房独立，水、电、厕、厨齐备。香港的公共房屋制度包括公屋和居屋两种，公屋指廉租房，居屋指以比市场的私人楼宇

---

① 包宗华．西方发达国家自有住房率为何低？．科技经济市场，2003，5：84-89.

② 包宗华．70%居民租房住的论点错在哪里．上海房地，2007，1：16-17.

便宜40% ~50%的售价出售给居民的住房。居屋与公屋相比虽然在居住质量上有很大的改善，但与市场上的商品房相比，仍有很大的差距，当居住者达到中高等收入水平时也不会贪恋居屋拒不搬出，因而在公屋、居屋、商品房之间形成相对独立、互不交叉、进出有序、良性循环的机制。形成中国房地产困局的最主要原因是政策设计失误或房地产市场的结构出了问题，即把全民的住房问题都推到市场去解决是大错特错的，利用房地产业拉动经济、抵御金融危机也是欠考虑的。应借鉴香港经验，调整房地产市场结构，将住房需求分成低收入阶层租房住廉租房、中等收入者购买居屋、高收入者进入房地产市场买商品房等三个层次，并将其概括为，弱势群体和低收入者住房找“市长”，高收入者住房找“市场”。在加强管理的同时，对各地房地产市场不做统一政策规定，由各省借鉴香港经验建立符合自己省情的房地产体系。① 应该说，香港房地产的管制获得了巨大的成功，但其经验能否在中国大陆全面推广，还值得商榷。毕竟，香港只是个弹丸之地，而且，更重要的是香港是一个自由港。

根据香港房屋委员会的数据，在2011年3月底，香港710多万人口中，47.7%的人居住在公营永久房屋中，其中包括租住单位的30.0%和资助出售单位的17.7%。此外，私人永久房屋占51.8%，私人临时房屋占0.5%。平均每户人口2.9人，在公营永久房屋中居住的户均人口是3.0人，公营房屋共有113.7万套。② 据此计算，有341.1万人居住在公屋中。按室内楼面面积列出的房委会公营租住房屋单位百分比（以平方米计）如图8-3所示。从中可以看到，面积高于40平方米的公屋不到20%。

香港房委会公营租住房屋租户的居住面积，人均是12.8平方米。房委会公营租住房屋每平方米室内楼面面积的平均月租为40~50港元/

① 韩继东．香港公屋政策与财政运营——兼谈对当前房地产市场的借鉴意义．财政研究，2010，6：72-74.

② http：//www. housingauthority. gov. hk/hdw/content/document/gb/aboutus/resources/statistics/HIF2011. pdf.

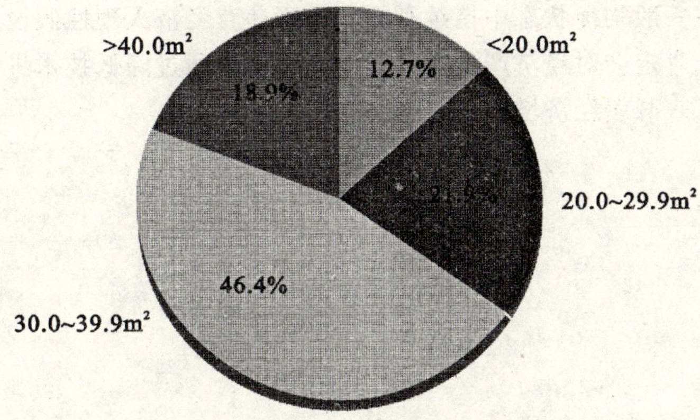

图 8-3　公营租住房屋单位百分比

平方米。而同期私人住宅的租金为 160～300 港元/平方米，为其 5～6 倍。私人永久住宅单位平均楼价（由差饷物业估价署按有关年度经其处理以厘定印花税的楼宇交易的数据为依据，但只包括实用面积为 70 平方米以下的住宅单位）在 7 万港元/平方米上下。

日本房地产泡沫对中国具有很强的借鉴意义。时任国金证券首席经济学家的金岩石认为，1991—1992 年的日本楼市崩盘至今约 20 年，房价累计下跌近 70%，主要原因是地价下跌，地价上涨推高房价是不争的事实。土地是面粉，房产是面包，面粉与面包的互动，背后是人口与货币的流动。人均 GDP 达到 3000 美元、跃升为世界第二大经济体、高铁建设等都是日本城市化加速的表现，人口与货币流动导致财富向都市圈集中，房价迅速上涨，不仅脱离城市原住民的收入水平，而且脱离了地价上涨而特立独行。① 当然，也有不同的看法。上海财经大学金融学院刘宪认为，日本的泡沫经济产生于 20 世纪 80 年代，伴随着房地产价格的快速上涨，属于一种典型的非生产性资产泡沫。对于日本房地产泡沫的产生以及覆灭时间，普遍的看法是从 1985 年开始，在 1992 年破灭，但实际上，在

① 金岩石．从日本楼市崩盘中找到化险为夷之路．大众理财顾问，2010，5：21.

20 世纪 70 年代初就已经形成。日本的地产泡沫是一种理性泡沫，可以在一般均衡状态中持续存在，并不违背经济人理性假设。但地产泡沫肯定会对经济产生深远影响，主要是通过降低技术进步、抑制分工来减缓经济增长。①

① 刘宪．非生产性资产泡沫与日本经济增长——对日本房地产泡沫的重新诠释．日本研究，2010，3：24-28.

第九章　粮价、房价与城市规模

第一节　粮价与房价关系

一、粮价与房价关系的纯理论分析

城市化中，土地要经过非农化这一个环节，如图 9-1 所示。如果城市化加快，农地转为房地产用地增加，粮食生产基础削弱，同时，人口进入城市加快，对粮食需求增加，则粮价将呈现上涨趋势。

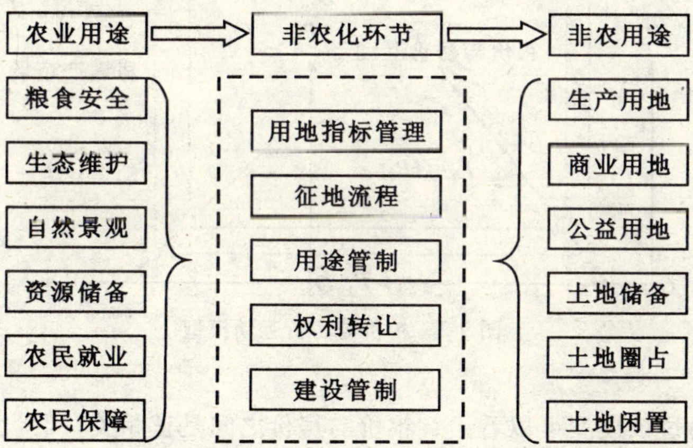

图 9-1　中国土地非农化的全景示意图

城镇人均 30 平方米住房的标准，是造成住房难的罪魁祸首。因为该标准的制定没有考虑到城市化进程中，大量农民工和新生代的居住需求，从而人为地提高了低面积住房的可获得性，大面积住房套型的需求猛增，变得奇货可居，加剧了房地产投机行为。房价上涨，城市化放缓，一方面，对粮食的消费减少；另一方面，阻碍城市化之后，农村人口进城缓慢，在农村致力于农业生产，共同导致粮价下降。

假设市场机制充分发挥作用，土地利用能够无成本地在不同产业间流动，可利用的土地主要用于农业和房地产业两大领域。土地在农业和房地产两大领域的利用上会达成一个均衡，借鉴宏观经济学中的 LM 模型推导模式，构建粮价与房价互动模型，如图 9-2 所示。

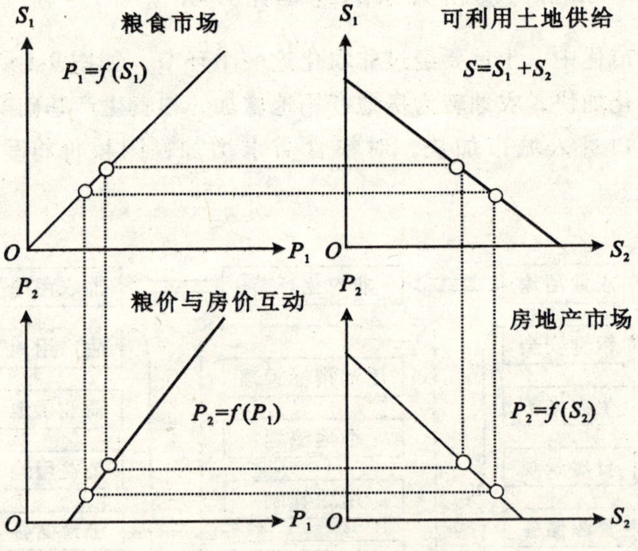

图 9-2 粮价与房价互动模型

通过该模型可以看出，粮价与房价之间是正相关。假设市场机制充分发挥作用，土地利用能够无成本地在不同产业间流动，可利用的土地在种粮食和建住房之间自由配置，任何一方价格的提高都会吸引土地利用更多流动过来，从而推高另外一方的价格。其价格的交叉弹性为正值。

二、附加条件下的粮价与房价互动模型

上述模型是假设土地可以自由流动的，其目的是便于简化分析，然后再追加各种限制条件，由简单到复杂，慢慢接近问题的本质。当土地不能自由流动时，粮价和房价之间的关系变得复杂起来。

比如，当前一个严重的社会问题，是蔬菜价格出现“两头哭”的现象，农民种出来销售的蔬菜价格已经降低了很多，有的甚至低于成本，也没人收购，但城市里市场菜价却依然高昂。其中一个原因是在城市土地利用方面，分配给菜市场的用地太少。农地利用基本上已经实现了市场化，绝大多数农民拥有种菜或不种菜的自主选择。但城市的蔬菜买卖没有能够实行市场化。第一，城市农贸市场越来越规范，但严格限制了卖菜人的行为——只能在菜市场卖菜。第二，城管部门严密配合，打击小商小贩的沿街叫卖。第三，菜农在城市无立足之地，不能实现蔬菜的直销。第四，中间环节复杂，不但没有降低交易成本，反而增加了交易费用。中间、中介、专业化组织存在的根本理由是能够通过分工来降低商品交易成本，但对于交易场所的管制，使之无法实现。

中国利用土地作为宏观调控的一个手段，与银根类似，不少人称之为地根。土地不同于货币，其发挥作用的时限较长，容易扭曲投资结构，对粮价和房价的变动产生不利影响。中国人民大学公共管理学院施昱年和丰雷探讨了我国台湾的城市与农村土地在宏观调控中的角色与功能，提出土地用途管制、房地产交易管制是台湾行政政策的主要手段，利率是货币政策的主要手段。他们发现货币政策逐渐取代土地行政政策。农地用途管制应兼顾所有人的损失，农地变更过程还必须注意变更所造成的外部性。长期内要平稳农产品价格，抑制需求型以及成本型的通货膨胀，理性保护农地，可以提供未来经济增长的发展空间。农产品价格对宏观经济存在长短期两方面的影响。短期内，农地减少对农产品价格的影响不明显，会被国际农产品价格吸收；长期内，农地数量必须确保粮食安全。对农产品价格的控制，需从货币政策着手。城市土地市场政策方面，主

要通过控制容积率、土地税率和空地政策来实行土地利用强度管制。城市土地金融政策，主要通过利率的调控进行。①

在多种制度约束下，土地配置不能根据市场需求自由转换，粮价和房价的关系如图 9-3 所示。

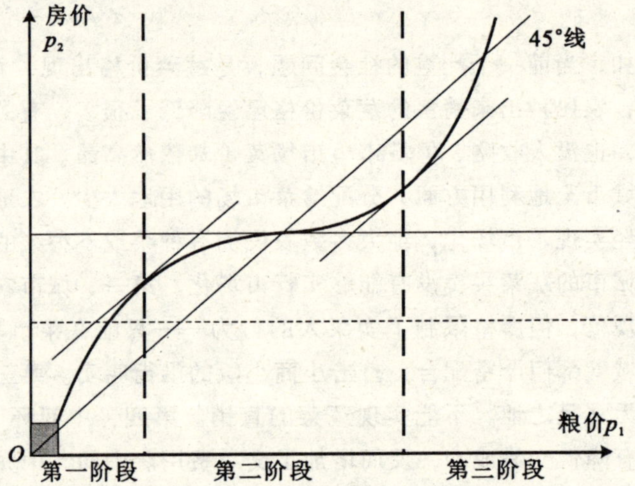

图 9-3　制度约束下的粮价与房价互动模型

第一阶段，土地利用的政策管制比人口迁移政策更为严厉，如果人口进城速度快于土地进城速度，也即农地转为房地产用地的速度赶不上城市化的速度，城市房价就会快速上涨。第二阶段，人口过多流向城市，城市病问题加剧，政策导向开始控制人口流入，同时加快农地的征用。此时房价得到控制，但粮价会上涨。第三阶段，当粮价上涨时，国家会采取严厉的土地政策，减少农地向房地产用地的转变，从而高粮价会传导为高房价。这是城市化中土地利用的一个必然结果，其根源在于人多地少的现状。此时，要么通过经济衰退来降低绝对粮价和房价，要么利用通货膨胀来降低相对粮价和房价，别无他途。

① 施昱年，丰雷．我国台湾城市与农村土地在宏观调控中的角色与功能．城市发展研究，2010，6：75-79.

当前中国正位于第三阶段，现有政策思路必须在控制房价持续上涨的前提下，削减粮价上涨幅度，防止出现粮价和房价的双高困境。

第二节　粮价和房价对城市化的影响

一、粮价对城市化的影响

粮价的很多问题不是因为粮食产量少，而是因为运输成本高。冰山理论（Iceberg Theory）指出，隐藏在事物发展背后的东西比实际显现的往往更为重要。运输货物需要支付成本，这种成本可以看做是多运一些货物，在到达目的地之后，多运的货物会在运输途中像“冰山”一样融化掉。经济学家萨缪尔森用“冰山成本”来形容贸易壁垒造成的损失。有些情况下，运输成本特别重要，而运输成本可以视为所运输产品的损耗或消失。随着运输技术的进步和运输条件的改善，运输成本不断下降，这种冰山成本在减少。改革开放以后，中国的乡镇企业风起云涌，在广泛的农村区域内大量出现，在一定程度上得益于这种冰山成本的降低。但是，随着20世纪90年代分税制的实施，冰山成本开始增加。具体的原因有以下几个方面：

（1）地方政府税费征收积极性高涨，对于商品交易等方面的税费征收力度加大。

（2）在交通道路建设速度加快的同时，“此树是我栽，此路是我开，要从这里走，留下买路财”的思维大行其道，道路收费之风愈演愈烈。2011年后，在中央的严令下，普通公路的收费开始取消，无疑会极大降低短途的运输成本。

（3）对交通车辆、燃料的税费征收增加。

（4）汽油柴油价格上涨，很多时候是因为寡头垄断企业将经营成本的不利变动转嫁给货物运输环节，而稳赚稳得。

（5）储运和分销成本加大，这来自土地资源的稀缺。当有限土地资源分配用于货物储运和分销等有形市场的时候，这些场所的使用租金提高，被转嫁到商品价格上面。

对于这个问题，有不少专家提出自己的看法。如南开大学安虎森等认为，农产品贸易成本是影响最优城市规模的核心变量，同时也说明影响城市化的核心要素是农产品贸易成本。而降低农产品贸易成本的核心问题是解决农业、农村和农民问题。要加快我国城市化进程，必须降低与农产品和农民相关的贸易成本，加强农村地区以道路、通信、通电等为中心的基础设施建设，使广大农村地区和农民从封闭状态中解脱出来，进一步加强与现代城市经济的联系，是降低农产品贸易成本中第一种成本。取缔地方性保护政策，减少市场分割或信息不对称现象，取消城市户口和农村户口等歧视性政策，促进城乡一体化等措施，是降低农产品贸易成本的第二种成本。降低农产品贸易成本，不仅是人们选择最优城市规模的关键，也是加快城市化进程的关键。①

二、房价对城市化的影响

土地供应会通过地价影响到房价。

首都经贸大学张杰认为，城市建设用地的增减会显著影响GDP，存量土地维持简单再生产，增量土地用于扩大再生产。地价变动对于GDP变动具有刚性，低地价会推动投资。土地市场非常重要，需要维持地价的合理上涨和稳定预期，保障信用资产，维持正常的流动性。否则，会放大通胀。② 北京大学刘涛、曹广忠等认为，城市人口和产业的增长显著地增加了对城市土地的需求，中央政府的建设用地指标分配制度很难对城市用地规模扩张产生硬约束，只是为行政等级较高的城市提供了更多的发展机会，限制了县级市的发展；而地方政府通过开发区的设立大幅提高了城市土地供给，却缺乏土地储备的激励，将大量的土地在短时间内投放到土地

① 安虎森，邹璇．最优城市规模选择与农产品贸易成本．财经研究，2008，7：74-86.

② 张杰．土地要素市场影响宏观经济运行的经济学分析——互动机制与实证分析．首都经济贸易大学学报，2010，4：5-11.

市场，造成了城市土地的粗放式利用。宏观经济区位的劣势并没有有效限制中西部地区的城市用地规模，反而更加促进了城市政府低价甚至负地价出让土地，以换取地方的经济增长和税收收入，但效果并不尽如人意，区位的约束使得这些城市并没有吸引到产业和人口的集聚，反而造成了大量土地的闲置和粗放利用。经济发达地区，大城市第三产业的发展对城市用地扩张的影响已经超过第二产业，但欠发达地区的中小城市发展则仍然主要依赖于第二产业增长。不同资本驱动的城镇化模式对中国城市用地规模和城市土地的集约利用并没有显著影响，经济发展水平提高对城市规模和集约利用的影响也并不像很多研究认为的那样显著。中国城市用地的快速扩张总体而言是粗放式的，尤其对于中西部地区，城市人口和非农产业并没有随城市土地扩张而同步集聚。①

随着城市规模的扩大，边际报酬应该是递增的，迄今尚未有研究证实有城市规模报酬的递减。但是，城市的边际成本也在递增，这种递增表现在很多方面，突出表现为各种城市病，主要是基础设施的过度利用和社会事业发展的滞后，如交通拥堵、公共设施的拥挤、住房难、看病难、上学难、治安问题频发，最近几年来，中国甚至出现买菜难等问题。究其根源，是土地有限而导致地价进而是房价过高。

第一，房价过高，导致拆迁成本太高，一些公共设施的建造因而面临非常大的初始成本。城市交通设施便是一个最好的例证。原来的城市旧街道，最初设计是承载自行车为主，但现在进入汽车时代以后，因不适应经济发展，需要拓宽，否则就会面临交通拥堵。拓宽要首先拆迁路边的居民、商业设施或工厂厂房。房价越高，拆迁付出的成本越高，财政压力越大。此时，城市管理者将不得不作出选择：一是付出高额拆迁成本，增加本届政府的财政支出，但无助于立刻改善交通条件，毕竟拆迁、修路需要一个长达数年的过程。这对当届政府的业绩有不利影响。二是淡化该区域的发展，即

① 刘涛，曹广忠．中国城市用地规模的影响因素分析——以2005年县级及以上城市为例．资源科学，2011，8：1570-1577.

另辟蹊径，将生产要素转移到其他地区，如城郊等低房价地区或未开发地区。全国曾经有一段时间抛开旧城而大规模地建设新城，业绩斐然，比较著名的如苏州新城、温州新城都已经颇具规模。

第二，房价过高，导致商业房租较高。商业房租作为生产经营的成本，最终都会反映于销售价格。以超市为例，田间地头的大白菜是 0.1 元/斤的时候，超市的价格仍在 1 元/斤以上，何故？除了包装运输成本、中间人成本之外，还有税费和房租成本。其中，税费是一直以来固定的，之所以到最近一两年才出现菜价高，是因为最近几年房租或摊位费的暴涨。农贸市场的每一次升级之后，都是摊位费的急剧上涨。有些是明涨，有些是暗涨，暗涨一般有缴纳各种费用、摊派，或者直接给管理人员送礼。

第三，房价过高，导致房贷压力较高和房租过高。房价提高，那些以较高价格买房的人需要交纳较多的月供，压力增加，对于工资的要求提高。房租提高，那些租赁住房的人也会要求提高人工工资。这样，房价被逐渐转嫁到产品和劳务的价格上。这表现为，很多产品的单位定价虽没变化，但实际销售数量减少了，如最近人们发现雪碧、可乐等饮品的每瓶重量减少了。医生、教师以及零售业等第三产业的服务价格都应包含房价成本在里面，也即房价成本最终会反映到工资，并传导至其服务价格。如果这些服务价格被政府限制定价，要么会滋生服务难，如看病难；要么会滋生职业寻租行为，如教师收受礼包和医生收受红包。而那些没有被政府限制定价的，如果因忌惮失去市场而不能涨价，则会出现服务质量下降的现象，如装修行业里面存在很多质次价高的潜规则。

因房价高而导致的大城市生活成本提高，必然会对城市化造成不利影响。当前，舆论界逃离北上广的呼声日盛。一些打工者纷纷回乡创业，一大批企业纷纷到内地开办新工厂，产业升级与转移就此展开，其中积极的一面是旧产业的离去，如果以新产业的出现为背景，将非常有利于经济发展。但是，如果旧产业转移到内地，熟练工人也随即返回家乡了，那么沿海的高房价地区将不可避免地面临一段时间的经济衰退，城市化速度放缓，而内陆地区的城市化则会加快。

第三节　城市最优规模

一、最优城市规模研究文献综述

城市化是否存在一个最佳规模，是学术界的一个热议话题。现按照时间顺序进行梳理。

北京大学的周一星早在20世纪80年代就前瞻性地指出，随着城市规模的提高，人均产出和职均产出有逐级提高的趋势，但产出水平和规模之间的关系不是很紧密，人均产出效益是一个非常复杂的问题，城市规模不一定起决定作用。① 北京大学的陈彦光、周一星进一步提出，涉及的空间范围越大，城市规模与产出的相关性可能越弱，因为对于大范围的城市体系而言，影响城市规模和产出的因素复杂多变。城市规模与产出之间具有反馈式相关互动关系，产出效益决定规模，规模反作用于产出。因此，认为“城市越大，产出越高”的论断似乎没有抓住问题的本质，甚至可能颠倒了城市系统演化的因果关系。城市规模不是城市产出能力的决定因素，城市的发展也不一定要向大城市“看齐”，大城市的优越性只有依托中、小城市才能得以体现。所以，应该注重研究一个区域城市体系的合理规模分布，单纯地讨论一个城市的合理规模似乎没有太大的理论意义和实践价值。②

中国经济改革研究基金会国民经济研究所王小鲁与夏小林认为：（1）较大规模的城市有明显的净规模收益，而且明显优于小城市。（2）尽管净收益的大小依分析方法而变，不同方法得到的最佳城市规模大致在50万~400万人，其峰值的位置基本上在100万~200万人。（3）在达到最佳规模之前相对净收益随城市规

① 周一星．中国城市工业产出水平与城市规模的关系．经济研究，1988，5：74-79.

② 陈彦光，周一星．城市规模—产出关系的分形性质与分维特征——对城市规模—产出幂指数模型的验证与发展．经济地理，2003，4：476-481.

模扩大而递增，在超过这一规模之后随城市规模扩大而递减。王小鲁进一步的研究表明，不同规模的城市、镇、农村地区之间，存在一个结构功能关系，都有存在的必要和价值。但研究结果显示了什么样规模的城市净收益最高，以便给这种规模的城市提供更大的发展空间。因此需要把原来那种主要鼓励小城镇发展的政策做一个适当的调整，致力于发展大中型城市。①

山东农业大学杨学成等利用20世纪90年代的数据研究发现，超大城市的经济效率最高，中等城市最低，小城市、大城市和特大城市居于中游且水平接近。从动态上观察，小城市的经济成长力最强，除了在产业结构优化上稍逊一筹外，在经济增长、效率提高、企业规模扩张、利用外资增长等方面，均领先于其他规模的城市。城市发展的重点应放在“两极”，一极是发展若干个国际化的大都市，另一极是大力发展小城市（镇）。② 北京大学陈彦光考察了城市人口—城区面积异速生长模型，认为城市土地规模分布如同城市人口规模分布一样满足三参数 Zipf 模型，其理论基础都是广义 Beckmann-Davis 模型式标度定律，即一对孪生对称的几何级数序列，两条序列之间具有奇对称性质。城市体系的人口—面积总量满足异速生长关系，可以还原为关于人口与面积的几何级数序列，两条序列之间具有偶对称性质。一个城市体系中最大城市异速生长的标度因子与系统总量异速生长的标度因子在理论上应该相等，在实测中从长期趋势和平均水平看来符合理论预期。③ 南开大学金相郁评述了既有的研究成果，提出最佳城市规模并不是单一因素的函数，从不同因素的角度看，最佳规模会不一样，因为城市规模和规模效率的关系实际是最佳城市规模问题，最佳的判断属于价值判断的问题，类似于微观经济理论中的最大化和满足化之间的争论。④

---

① 王小鲁．城市化与经济增长．经济社会体制比较．2002，1：23-32.

② 杨学成，汪冬梅．我国不同规模城市的经济效率和经济成长力的实证研究．管理世界，2002，3：9-12.

③ 陈彦光．城市人口—城区面积异速生长模型的理论基础、推广形式及其实证分析．华中师范大学学报（自然科学版），2002，3：375-380.

④ 金相郁．最佳城市规模理论与实证分析：以中国三大直辖市为例．上海经济研究，2004，7：35-43.

南京大学城市与资源学系赵翠薇和濮励杰认为，随着城市化水平的提高，建成区面积不断扩展，小城市上升幅度最大，特大城市最小，人均建成区面积从小城市到特大城市呈倒三角形分布。经济发展和用地配置机制及20世纪90年代以来兴起的开发区、城市新区建设是城市用地扩展的主要驱动因素。①

徐州师范大学蒋涛和沈正平提出，聚集经济是空间集中的重要原因之一，虽然外部性对经济活动的集中有重要影响，但要解释聚集经济的来源还必须寻求更微观、更基本的经济主体行为上的原因。每个城市都存在着一个最优的规模，即最有效率的规模，是由经济活动空间集中所带来的利益与所引起的成本之间的一个均衡所决定的。因此，城市化过程中必须注重城市功能与效率的充分发挥。在一定条件下，城市人均收入与城市规模之间存在倒U形关系，否则，在城市总生产函数中规模收益递增程度足够强的情况下，最优城市规模取决于通勤成本。② 清华大学高鸿鹰与武康平认为，城市经济的集聚效应和集聚效率是影响城市规模分布变化的重要因素，平均集聚效率指数差异与城市发展的差异相吻合，并伴随着生产要素流动性的加强。研究结论表明，我国100万人口规模以上的城市具有相对较高的城市经济集聚效应，100万人口规模以上城市分布比重的快速增加是经济主体的理性选择，50万～100万人口规模城市的人均资本回报率高于100万人口规模以上的城市，合理引导资本密集型产业向该类城市转移，有利于投资效率的提高。由于集聚效应具有货币外部性，规模较小城市的经济发展具有相对竞争劣势，但为避免我国城市规模分布过于陡峭化，需要适度地保护规模较小城市的发展。③ 中山大学张应武认为，我国城市规模要向理想的位序—规模方向发展，必须提高高位次城市的城市规模。

① 赵翠薇，濮励杰．城市化进程中的土地利用问题研究——以江苏省为例．长江流域资源与环境，2006，2：169-173.

② 蒋涛，沈正平．聚集经济与最优城市规模探讨．人文地理，2007，6：68-71.

③ 高鸿鹰，武康平．集聚效应、集聚效率与城市规模分布变化．统计研究，2007，3：43-47.

所以，我国城市化方向应该是发展大城市，特别是特大型城市。我国目前的城市规模基本满足帕累托分布，但大城市数量不够、规模不大，城市发展的最优规模的拐点应该是500万人，这在东部地区表现得尤为明显。① 中山大学李郇等分析了中国城市用地与城镇人口之间的异速增长关系，认为中国城市增长不仅受到国家发展政策的影响，而且受到住房体制改革、开发区扩展两个张力与人口聚集收缩力之间相互作用的影响。②

南开大学孙浦阳、武力超认为，在考虑最优城市规模的问题上不再仅仅局限于城市人均收入的提高，而是综合市民教育、环境保护、城市交通、就业方式、产业结构以及城市房价等一系列关系城市可持续发展的因素上。城镇人口与我国城市宜居水平之间确实存在着比较复杂的关联。在城市高速发展后，伴随城市规模的持续扩大，会超出城市基础设施的正常载荷，产生诸如城市产业结构发展不平衡、劳动力资源配置不均、城市能源的瓶颈效应、城市环境污染加剧等一系列备受关注的问题，服务水准下降，城市环境恶化，宜居指数降低，拥挤成本和交通费用直线增加，统称为“城市居民的宜居性问题”。拥挤成本上升的直接效应就是土地和房地产价格的飙升，交通费用的增加造成企业交易成本的上升。③ 河北大学刘永亮、王丽民认为，在技术和其他投入要素不变的条件下，只允许城市人口规模变化，一个城市必然存在着最优城市规模。然而，在技术进步日新月异的现实条件下，尤其在国家层面上不同城市的技术水平和发展条件千差万别，对于多数指标和年份，中国不存在统一的最优城市规模；对于部分存在最优城市规模的年份和指标，最优规模是一个变量，笼统地说我国的最优城市规模在某个区间

① 张应武．基于经济增长视角的中国最优城市规模实证研究．上海经济研究，2009，5：31-38.

② 李郇，陈刚强，许学强．中国城市异速增长分析．地理学报，2009，4：399-407.

③ 孙浦阳，武力超．城市的最优发展规模：基于宜居视角的研究．上海经济研究，2010，7：31-40.

（如100万~400万人）的提法是错误的。①② 南京大学千慧雄认为，规模报酬递增是经济在城市集聚的原动力，集聚过程中同时会产生一些外部不经济的因素，住房成本的边际递增就是一个主要代表。城市经济集聚同时存在着路径依赖与先发优势，多种因素可以引起经济在某一城市的集聚，先天的禀赋、后天的政策支持或偶然的冲击等原因使其产生自我强化功能，城市经济的集聚就这样序贯发展。城市所能承载的规模是由其居民的支出结构、贸易自由度以及住房的边际成本等决定的，在现实中，这些参数在各个城市是不同的，城市规模也会是一个从大到小的梯度分布，而不会趋同。增强城市凝聚力、扩大城市规模的有效办法是控制城市住房价格的上涨速度，减少居民住房支出在总支出中的份额，消除国内贸易壁垒，促进经济一体化。③ 北京大学城市与环境学院赵岑、冯长春通过构建异速生长模型，探讨了我国城市人口增长与城市用地扩张的相互关系及其发展变化趋势，认为从1996年到2007年，我国城市用地发展整体上处于较合理的水平，但是土地城市化的相对速度在加快，人地关系正异速生长的趋势在不断加强，不同属性的城市人地关系发展特征各异，中小城市人均建设用地水平最高，但城市用地相对增长速度较慢；大城市、特大城市等级人均建设用地相对较少，但增长速度很快，表示随着人口规模的提升，城市建设用地扩张的幅度远超出城市非农业人口的增长，致使城市建成区人口密度下降。从区域结构上看，东部地区城市化水平高，城市人口与土地正异速生长关系不断加强，大城市土地扩张迅速，快于城市人口增长产生的需求。中西部地区整体城市发展水平与东部发达地区具有比较大的差距，土地城市化进程落后于人口城市化，城市建设相对缓慢。④

---

① 刘永亮，王丽民．中国最优城市规模实证研究．商业时代，2010，16：134-136.

② 刘永亮．置疑中国最优城市规模．城市规划，2011，5：76-96.

③ 千慧雄．城市经济集聚的极限——基于住房成本视角的C-P模型．经济评论，2010，5：16-23.

④ 赵岑，冯长春．我国城市化进程中城市人口与城市用地相互关系研究．城市发展研究，2010，10：113-118.

复旦大学王桂新认为，集聚经济决定了城市化和城市发展的大城市化趋势，而集权体制将使社会资源配置趋于更加垄断和占有，并集中到城市，尤其是大城市的中心地区。我国治理大城市病的根本出路是建立大城市人口迁移增长的自动调节机制，改革集权体制，打破城乡壁垒，实现大城市可持续发展。① 浙江大学肖文等认为城市人口集聚一方面给厂商生产带来了规模经济，另一方面也增加了城市的拥挤程度，城市的规模和福利水平正是在规模经济和拥挤效应的相互权衡下发生着动态变化。通过将外部规模经济和拥挤效应纳入新经济地理学城市模型，分析城市福利、规模和空间结构的动态演进，发现最优城市规模的大小、福利水平的高低和城市空间结构的演变形式都依赖于外部规模经济和拥挤效应的差异。福利水平与城市规模之间表现出稳定的倒 U 形关系，外部规模经济的提高和拥挤效应的减小会扩大最优城市规模，并提高对应的福利水平；在人口数量不断增长的背景下，城市地租和总地租收入会以递增的速度上涨，这提高了通过增加公共品支出来降低拥挤和提高福利的可行性。城市空间结构演变的模拟分析显示，随着人口数量的增长，单中心结构将无法继续维持，但最终会形成何种形式的空间结构则取决于外部规模经济和拥挤效应的大小。拥挤效应小的城市会从单中心转变为三中心，外部规模经济小但拥挤效应大的城市会从单中心转变为块状三中心，外部规模经济和拥挤效应都大的城市会从单中心转变为成片开发。② 正负外部性均对城市增长有重要影响，规模经济和拥挤效应对城市经济增长的影响存在滞后一期的效应，当其他条件不变时，降低城市拥挤程度对经济增长的积极作用比提高城市研发能力还要大，理论上使人均 GDP 达到最大的适度城市规模约为 759 万人。③

---

① 王桂新．我国大城市病及大城市人口规模控制的治本之道——兼谈北京市的人口规模控制．探索与争鸣，2011，7：50-53.

② 肖文，王平．外部规模经济、拥挤效应与城市发展：一个新经济地理学城市模型．浙江大学学报（人文社会科学版），2011，2：94-105.

③ 肖文，王平．外部性、城市规模与城市增长——对长三角地区 16 个城市的分析．浙江学刊，2011，4：167-173.

二、王小鲁—夏小林最优城市规模模型

当前，国内探讨最优城市规模问题的经典文献来自中国经济改革研究基金会国民经济研究所王小鲁与夏小林两位研究员的贡献，其文献迄今为止被引次数达到282次（根据CNKI网络版2011年9月17日的检索）。① 其基本要旨是，对不同规模城市的聚集效应、规模收益和外部成本进行量化分析，来寻找最优化的城市规模。

该文献所构建的最优城市规模模型的基本思想是：假设城市经济具有规模经济递增的特点，规模越大，规模收益越高。但是，随着城市规模的扩大，其外部成本也会上升，包括人口密集导致的居住、交通、生产成本和管理成本增加，生存环境恶化等。为此需要付出公共基础设施投资和环境治理成本。否则，在城市进入完全不受限制而要素市场又未充分发育的情况下，在一定发展阶段上的城市会吸引人口大量涌入，使城市过度膨胀而超过合理规模，造成资源配置恶化，形成发展中国家经常面临的“城市病”现象。通过构建城市规模收益函数和城市外部成本函数，进行求导得到最优的城市规模。

其基本路径具体见图9-4。

图中，Y_U、X_U和U分别代表城市的规模收益（因城市规模效应而增加的产出）、城市外部成本（负外部效应）和城市规模（以城市人口表示）。$Y_U=Y_U$（U）反映城市规模收益与城市规模的关系。城市外部成本函数是：$X_U=X_U$（U）。在通常条件下，规模收益Y_U和外部成本X_U都随城市规模U的增加而增加。前者边际收益递减（$dY/dU>0$，$d^2Y/dU^2<0$），后者边际外部成本递增（$dX/dU>0$，$d^2X/dU^2>0$）。那么，城市的净规模收益是：$Y_N=Y_U-X_U$。优化城市规模的中心目标是使Y_N最大化。净规模收益在两线斜率相同，即$\partial Y_U/\partial U=\partial X_U/\partial U$时达到最大。此时$Y_U=Y_U^*$，$X_U=X_U^*$，$U=U^*$，城市达到最佳规模，$U^{max}$是城市合理规模的最大临界点。

具体的计量模型，可以称为王小鲁—夏小林最优城市规模模

① 王小鲁，夏小林．优化城市规模 推动经济增长．经济研究，1999，9：22-29.

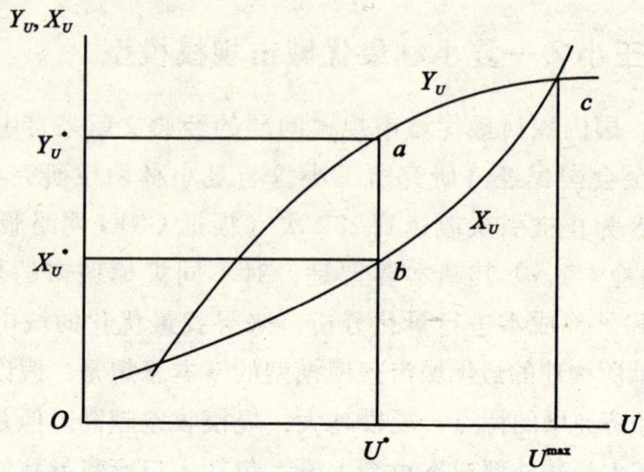

图 9-4　城市规模收益与外部成本

型，包括 3 个函数式：

$$\begin{cases} \ln Y = C + gT + \alpha\ln K + (1-\alpha)\ln L + \gamma_1\ln U + \gamma_2(\ln U)^2 \\ g_U = g - g_c = \exp[\ln g_c + a_1\ln U + a_2(\ln U)^2] - g_c \\ \ln(pS) = c + b_1\ln U + b_2(\ln U)^2 \end{cases}$$

如果能够得到上述 3 个函数各项参数的估计值，就可以对城市的规模收益和外部成本进行比较，从而找到最优城市规模的范围。

对该文献中有关内容的质疑有：

(1) 利用外部成本的概念来衡量城市化中聚集所带来的不利因素，认为从全社会角度看，外部成本多数情况下不能抵消城市带来的收益。但在过去计划经济体制下，过分强调城市的外部成本，采取严格限制城市规模、严格限制农村人口进城的政策，这牺牲了城市的规模收益、发展和优化资源配置的机会，代价非常高昂。

(2) 房价问题越来越重要。房价也会产生外部性，这种外部性对于原住居民是正面的，因为其资产升值可以获得更多的抵押贷款，进而进行投资或分期付款消费。但对于外来人口，尤其是外来农民工的外部性是负值。为此，需要把房价问题充分考虑进去。

三、房价与城市规模

假设没有各种制度约束，人口向城市集中而实现城市化，土地也随之由农业用地转变为建设用地，此时将形成一个均衡。假定一个城市要达到基本的聚集经济效益，才可以实现基本的城市功能。该均衡将满足以下条件：

（1）当尚未达成一定规模的聚集经济效益时，人口聚集度达到均衡，人口聚集所获得的经济效益等于聚集所要经历的成本，主要是高房价成本。

（2）当已经达成既定规模的聚集经济效益时，人口分散度达到均衡，人口分散可以利用低房价所带来的低生产经营成本来获得超额利润，但其代价是交通运输成本，两者要相等。

上述两个过程可以归纳为一个螺旋式上升的循环过程：聚集→高房价→分散→高交通运输成本→基础设施投资→较大范围内的聚集，如图 9-5 所示。

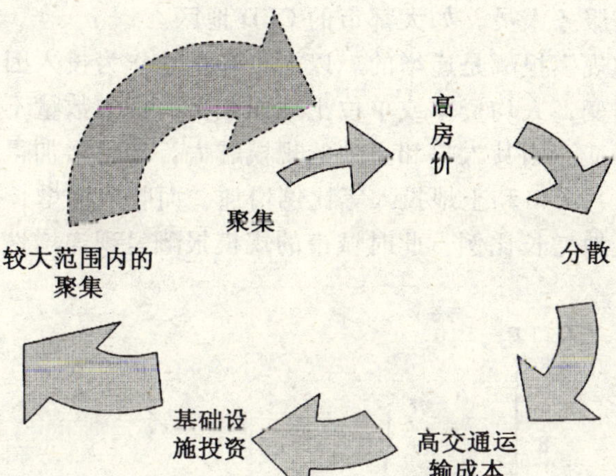

图 9-5 城市化中的聚集与房价的关系

如何评价城市规模的最优化？按不同的标准，所得出的结果会千差万别。

城市规模越大，收入越高，但房价越高；随着规模的扩大，收入与房价要达成一个均衡。城市规模和城市化克服了房价上涨的因素而不断扩大，直至房价上涨足以抵消其规模效益的扩大，该城市区域所承载的人口规模达到最大。房价上涨来自要素聚集对有限土地需求的增加。

（1）达成均衡后，城市化停止。但是，随着技术进步和工资的提高，一旦收入增加，打破这个均衡，城市规模就会继续扩大，直至房价的制约作用使之停止。

（2）当人口过度进入后破坏了原有均衡，达成新的非良性均衡。在房价的影响降低的情况下，比如农民工进城后，居住条件较差，可以在一定程度上影响到这种均衡。作为常住人口，农民工的进入一方面推高了房价，另一方面却促进了城市化。这致使房价与城市规模出现了另外一种均衡：超高房价、超大规模。此时，在不公平的分配制度下，农民工付出的代价多于其获得的收益。

（3）一个因房价超高而出现的例外。第三产业特别发达的时候，因规模或者因权力而获得较多的经济租金，从而使得所在城市的房价急剧上涨。这种房价上涨排挤掉部分人口，留下的是高收入的精英及其服务人员，如大都市的 CBD 地区。

城市的规模报酬是递增的。以人口和土地作为投入因素，假设技术水平不变，人均资本或单位土地面积上的资本数量不变，如果其他条件不变，则其人口和土地的规模越大，产值增加得越快。如图 9-6 所示，人口和土地投入等比例增加，而收入的增长比例要高于人口和土地增长比例，此时城市的规模报酬呈现递增性。

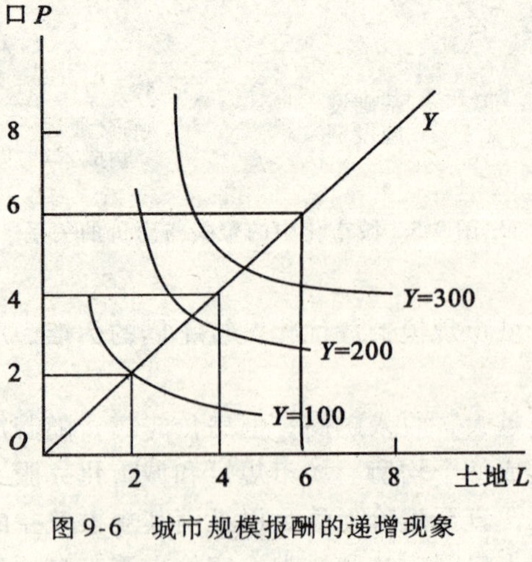

图 9-6 城市规模报酬的递增现象

第十章　城市化门槛

第一节　农村剩余劳动力问题①

中国农村劳动力数量庞大、素质低下、在地区之间的分布不平衡、普遍存在着闲置和剩余，虽然转移流动就业逐年加快，但受到的限制仍很多，劳动力的报酬水平在各地有着巨大差距。农村劳动力不能得到充分利用，给农民增加收入和促进农村经济的快速发展造成很大的障碍，要克服这一障碍，必须首先对农村劳动力的剩余状况有所了解，以期通过加快城市化来减少农民人口总量，减少农村剩余劳动力。

一、农村劳动力剩余的界定

（一）静态考察

如果倾向于增加农村劳动力供给的因素占据上风，农村劳动力的供给大于需求，那么就会产生一个剩余的差额，即农村剩余劳动力。从静态来看，农村剩余劳动力应该是现有的农村劳动力与实际所需劳动力数量之差额。通常，按照一些专家的估计，劳均耕地面积如果能够达到10亩，劳动时间就不会有很大的剩余，既可形成一定的生产经营规模，又能提供一定水平的农业收入。按照这种静态思维模式来计算，2000年全国实有耕地面积19.5亿亩，农业劳动力3.28亿人，劳均耕地面积达到6亩，那么农业领域的劳动力

① 参见韩纪江．中国农村劳动力的剩余分析．中国农村经济，2003，5：18-22.

剩余率是 40%。

农村劳动力具有如下几个方面的特点：

(1) 剩余的普遍性。虽然具体剩余程度在各地有很大差异，但绝大多数农民存在劳动时间的剩余，剩余成为一种很正常的现象，农民对此习以为常，不会引起大范围内失业的恐慌。

(2) 剩余的隐蔽性。现实中并没有真正完全自愿失业的农村剩余劳动力，大多数劳动力处于半充分就业状态，每个农民都有自己的一块承包地，有自己分内的农业劳动去做，这种剩余具有很大的隐蔽性。除非自愿，一般不会像城市的失业工人那样，没有活路，一般这种隐蔽失业不会给社会和政府造成很迫切的压力。

(3) 剩余的相对性。农户认为其家庭的劳动力缺乏，原因在于他们在以低于市场均衡所需要的价格进行劳动，需求量会大于供给量。官员和学者往往认为农村劳动力存在剩余，原因在于按照高于均衡的价格来说，供给量会超过需求量。假定市场均衡的农村劳动力价格是 10 元/人天。农民认为给 6 元/人天就可以干，官员和学者们认定 12 元/人天时的劳动供给弹性则非常大。

(4) 剩余的外生性。多达数以亿计的农村剩余劳动力被禁锢在农村，这不是农村经济发展的必然产物，也不是劳动力市场供求关系变化的结果，而是迫于社会制度压力而形成的无奈的剩余。在现行户籍制度、就业制度等的约束下，一方面，城镇劳动力工资水平不断上涨；另一方面，农村的劳动力剩余率却有增无减，大多数农村劳动力不能充分按照市场价格完成工作时间。

(二) *动态考察*

如果从动态角度出发，考虑到农业生产投入的增加、技术进步和管理更加科学导致劳动生产率提高等诸多因素，中国农村剩余劳动力的数量还要更多。在维持现有耕地面积不变的情况下，农业劳动生产率提高后，劳均能够负担的耕地面积将增加，实际需要的劳动力数量将减少。

如果劳均耕地面积提高 x 个百分点，那么劳动力剩余率将增加 $x/(1+x)$。具体计算如下：

假设耕地面积为 S，原有劳动生产率为 r（在技术水平一定的前提下，以劳均耕地面积代替），所需要的劳动力数量为 L，劳动生产率提高后所需要的劳动力数量是 L'。

$$\frac{S}{r}=L \qquad \frac{S}{(1+x)\ r}=L'$$

两者相除，得到：$$\frac{1}{1+x}=\frac{L'}{L}$$

加以变形，得到农村劳动剩余率的增加率：

$$\frac{L-L'}{L}=\frac{x}{1+x}$$

上述计算公式比较直白，容易理解，但具有很多局限性。在具体的测算过程中，确定现在到底真正需要多少劳动力，比较主观，难以很好地随经济技术发展加以把握。同时，农村剩余劳动力不同于农业剩余劳动力，其范围更加广泛，而且在实践中更具有应用性。劳动力的剩余，本身就是一个区域或单位内的概念，而不是一个行业的概念。

农村剩余劳动力的本质，实际是劳动边际产出大于边际投入的那部分劳动力，可以按照其边际产出与边际投入的关系，区分为两种：

（1）狭义剩余劳动力。指劳动力投入中边际产出为 0 的那部分劳动力，根据零值劳动学说，狭义剩余劳动力的投入对于农业产出毫无任何贡献。国内很多学者从宏观角度进行分析，无不假定那些剩余劳动力的无效性。我国现实中存在的农村劳动力数量要远远大于真正需要量，由此得出所有剩余劳动力的总边际产出为 0 的结论，是合乎逻辑的。在作为一个宏观经济术语时，当把剩余劳动力从农村抽走后，对农村各项生产经营活动和农村 GDP 增长不会带来任何负面影响。

（2）广义剩余劳动力。从微观上看，极少存在边际产出为 0 的劳动投入。比如，农民在田间拔掉一棵杂草、捡出一块石头、捉去一只害虫，都会对增加该块地的农业产出做出贡献。农民的理性告诉他们，有劳动，就会有收获。如果所有微观劳动的边际产出都大于 0，那么总的边际产出肯定不会等于 0。舒尔茨否定了认为农村剩余劳动力边际产出为 0 的观点，他认为，作为理性小农，其要素投入非常合理，即贫穷而有效。因此，为了科学解释农村剩余劳动力现象，很有必要使用一个更加广义和宽泛的本质界定，即指边际产出小于边际投入，或小于潜在社会均衡劳动力价格的那部分劳动力。按照西方经济学的边际理论，追加生产经营投入的临界点是边际投入等于边际产出，如果边际产出小于边际投入，即应考虑停止投入，以维持一个最佳生产规模。但受制于现有制度安排和经济发展水平，农村劳动力用于农业生产的劳动投入往往是有限经济理性，当边际产出小于边际投入时，仍然继续投入劳动。

二、农村劳动力剩余数量的测算

大量农村剩余劳动力的存在已经成为一个重要的经济和社会问题。要解决这个问题，必须对其总量有一个客观的估计。要准确无误地估算剩余劳动力总量并非易事，很多学者在这一方面进行了大量研究，并见仁见智地得出了自己的估算数据，有些也比较具有说服力。本着相互探讨和交流的精神，笔者试图从一个崭新的视角，采用简捷客观的方法，测算全国历年农村剩余劳动力总量。

（一）理论思路

根据当今西方主流经济理论，在完全竞争的纯粹市场经济条件下，市场达到一般均衡后，所有生产要素都必须获得同等市场价格，劳动力作为一种主要的生产要素，也应该具有同等的工资价格。如果忽略一切制度和个人素质的差异，在中国国内统一的劳动力市场内，所有的同质劳动力都应该获得相同水平的工资报酬。

拉尼斯—费景汉模型认为，只有当劳动边际产出等于或大于制度工资，才没有农业剩余劳动力和隐蔽失业。在农业剩余劳动力被全部吸收完之前，城市的工资水平应该先是保持不变，然后缓慢上升，其上升的速度应该低于农业边际产出增加的速度。但在中国各种制度约束下，正好相反。农民收入的增长幅度徘徊不前，城镇制度性工资却在持续增长。如果没有各种制度约束，在国内统一的劳动力市场中，当农村劳动力没有剩余的时候，每个农村劳动力的劳动报酬收入应该与其边际产出、与城镇劳动力的工资报酬收入相等，那么以现时全国劳动力平均收入水平去除农村总收益（可近似以农民总纯收入代替），就是农村经济中实际所需要的劳动力数量，与现有数量进行比较，就可以计算出农村剩余劳动力数量和劳动力的剩余率。

（二）测算模型

首先要假定居民存款利息、资产等非劳动性收入对劳动力个体的报酬没有影响，或者将这些影响忽略不计；假定城乡劳动力都是同质的；假定城乡之间劳动力流动的成本等同，或者将流动成本忽略不计；劳动力的就业不受各种传统习俗观念的影响，所有劳动力都具有同样的追求最大收益的偏好；人口增长等因素忽略不计；农村居民家庭人均纯收入的计算中包括的一部分非农人口忽略不计；城乡差别、劳动力聚集的规模经济效益也都忽略不计。

可以按照以下程序倒推建立测算模型：

（1）现有农村劳动力总量已知为 L，只要求得真正需要的劳动力数量 L' 即可得到全国农村剩余劳动力数量 $\mathrm{LS}=L-L'$，以及农村劳动剩余率 $\mathrm{LSR}=\mathrm{LS}/L$。

（2）真正需要的劳动力数量 L'，是农村总的纯收入 C 与全国平均劳动力收入报酬水平 I 的比值，$L'=C/I$。

（3）农村总的纯收入 C，是农村家庭人均纯收入 A 与农村总人口 B 的乘积，$C=A\times B$。

（4）全国平均劳动力收入报酬水平 I，等于全国总的劳动力报酬收入 G 与劳动力总量 H（以全国从业人口替代，等于农村劳动力总量 L 加城镇劳动力总量 K）的比值，$I=G/H$。

（5）全国总的劳动力报酬水平 G，用农村总的纯收入 C 和城镇居民总收入 F 之和代表，$G=C+F$。其中，城镇居民总收入 F 等于城镇居民人均可支配收入 D 与城镇人口 E 的乘积，$F=D\times E$。因此，全国农村剩余劳动力为：

$$\mathrm{LS}=L-L'=L-\frac{C}{I}=L-\frac{A\times B}{G}=L-\frac{A\times B}{\frac{C+F}{H}}$$

$$=L-\frac{A\times B}{\frac{A\times B+D\times E}{H}}=L-\frac{L+K}{1+\frac{D\times E}{A\times B}}$$

现有农村劳动力总量 L、农村家庭人均纯收入 A、农村总人口 B、劳动力总量 H、农村劳动力总量 L、城镇劳动力总量 K、城镇居民人均可支配收入 D、城镇人口 E 均可通过《中国统计年鉴》获得历年准确的数据。

因此，全国农村劳动力剩余率为：

$$\mathrm{LSR}=\frac{\mathrm{LS}}{L}=1-\frac{\dfrac{L+K}{L}}{1+\dfrac{D\times E}{A\times B}}$$

对这一公式进一步变形，可以得到：

$$\mathrm{LSR}=\frac{1+\dfrac{D\times E}{A\times B}-\dfrac{H}{L}}{1+\dfrac{D\times E}{A\times B}}=\frac{\dfrac{D\times E}{A\times B}-\dfrac{K}{L}}{\dfrac{D\times E}{A\times B}+1}$$

假设城乡之间总收入的比值是 i，城乡之间的劳动力数量比值是 l，那么该模型又可以变形为：

$$\mathrm{LSR}=\frac{i-l}{i+1}\text{或者 }\mathrm{LSR}=1-\frac{1+l}{1+i}$$

该模型的经济含义是，全国农村劳动力剩余率与城乡之间的总收入差距和城乡之间劳动力的比值有关：（1）总收入差距越大，农村劳动力剩余率越大；反之，总收入差距越小，农村劳动力剩余率越小。（2）城乡之间的劳动力数量比值越小，即农村劳动力总量所占比例越大，则农村劳动力剩余率越大；反之，劳动力的比值越大，即城镇劳动力比重增长后，劳动力剩余率下降。

该模型以在国内劳动力可自由流动为前提，其隐含的前提是在国际不能自由流动，因此该模型只能用来解释全国的劳动力剩余状况，而不能测算国内某地区的劳动力剩余状况。

（三）具体测算

第一，计算全国居民总收入水平，见表 10-1，截取了最近 26 年的历史数据。

表 10-1 **全国居民总收入的测算**

年份	农村居民家庭人均纯收入(元) A	农村人口数(万人) B	农村居民总纯收入(万元) $C=A\times B$	城镇居民家庭人均可支配收入(元) D	城镇总人口(万人) E	城镇居民总收入(万元) $F=D\times E$	全国居民总收入(万元) $G=C+F$
1985	397. 6	80757	32108983	739. 1	25094	18546975	50655958
1986	423. 8	81141	34387556	899. 6	26366	23718853	58106408
1987	462. 6	81626	37760188	1002. 2	27674	27734882	65495069
1988	544. 9	82365	44880689	1181. 4	28661	33860105	78740794
1989	601. 5	83164	50023146	1375. 7	29540	40638178	90661324
1990	686. 3	84142	57746655	1510. 2	30191	45594448	103341100
1991	708. 6	85280	60429408	1700. 6	30543	51941425	112370830
1992	784. 0	84799	66482416	2026. 6	32372	65605095	132087510
1993	921. 6	85166	78488986	2577. 4	33351	85958867	164447850
1994	1221. 0	85549	104455329	3496. 2	34301	119923150	224378470
1995	1577. 7	85947	135598582	4283. 0	35174	150650240	286248820
1996	1926. 1	86439	166490158	4838. 9	35950	173958150	340448600
1997	2090. 1	86637	181079994	5160. 3	36989	190874330	371954320
1998	2162. 0	86868	187808616	5425. 1	37942	205839140	393647750
1999	2210. 3	87017	192333675	5854. 0	38892	227673768	420007443
2000	2253. 4	80739	181937262	6280. 0	45844	287900320	469837582
2001	2366. 4	79563	188277883	6859. 6	48064	329699814	517977698
2002	2475. 6	78241	193693420	7702. 8	50212	386772994	580466413
2003	2622. 2	76851	201518692	8472. 2	52376	443739947	645258639
2004	2936. 4	75705	222300162	9421. 6	54283	511432713	733732875
2005	3254. 9	74544	242633266	10493. 0	56212	589832516	832465782
2006	3587. 0	73160	262424920	11759. 5	58288	685437736	947862656
2007	4140. 4	71496	296022038	13785. 8	60633	835874411	1131896450
2008	4760. 6	70399	335142887	15780. 8	62403	984766766	1319909654
2009	5153. 2	68938	355249233	17174. 7	64512	1107971021	1463220254
2010	5919. 0	67113	397242518	19109. 4	66978	1279912072	1677154590

资料来源：《中国统计年鉴》(2001)、《中国统计年鉴》(2011)。

第二，计算农村剩余劳动力总量和劳动力剩余率，见表 10-2，与表 10-1 相同，截取了最近 26 年的历史数据。

表 10-2　　农村剩余劳动力和劳动力剩余率的测算

年份	全国居民总收入（万元）G	全国劳动力总量（万人）H	全国劳均收入（元）I=G/H	农村居民总纯收入（万元）C	农村经济真正需要的劳动力数量（万人）L'=C/I	农村劳动力数量（万）L	农村剩余劳动力（万人）LS=L−L'	农村劳动力剩余率 LSR=LS/L
1985	50655958	49873	1016	32108983	31613	37065	5452	14.71%
1986	58106408	51282	1133	34387556	30349	37990	7641	20.11%
1987	65495069	52783	1241	37760188	30431	39000	8569	21.97%
1988	78740794	54334	1449	44880689	30969	40067	9098	22.71%
1989	90661324	55329	1639	50023146	30528	40939	10411	25.43%
1990	103341100	63909	1617	57746655	35712	47293	11581	24.49%
1991	112370830	64799	1734	60429408	34847	47822	12975	27.13%
1992	132087510	65554	2015	66482416	32995	48313	15318	31.71%
1993	164447850	66373	2478	78488986	31679	48784	17105	35.06%
1994	224378470	67199	3339	104455329	31283	48786	17503	35.88%
1995	286248820	67947	4213	135598582	32187	48854	16667	34.12%
1996	340448600	68850	4945	166490158	33670	49035	15365	31.34%
1997	371954320	69600	5344	181079994	33884	49393	15509	31.40%
1998	393647750	69957	5627	187808616	33376	49279	15903	32.27%
1999	420007443	70586	5950	192333675	32323	49572	17249	34.80%
2000	469837582	71150	6603	181937262	27552	49876	22324	44.76%
2001	517977698	72797	7115	517977698	26461	48674	22213	45.64%
2002	580466413	73280	7921	580466413	24452	48121	23669	49.19%
2003	645258639	73736	8751	645258639	23028	47506	24478	51.53%
2004	733732875	74264	9880	733732875	22500	46971	24471	52.10%
2005	832465782	74647	11152	832465782	21757	46258	24501	52.97%
2006	947862656	74978	12642	947862656	20758	45348	24590	54.22%
2007	1131896450	75321	15028	1131896450	19699	44368	24669	55.60%
2008	1319909654	75564	17467	1319909654	19187	43461	24274	55.85%
2009	1463220254	75828	19297	1463220254	18410	42506	24096	56.69%
2010	1677154590	76105	22037	1677154590	18026	41418	23392	56.48%

资料来源：《中国统计年鉴》(2001)、《中国统计年鉴》(2011)。

第三，作出农村劳动力剩余率变动趋势图，见图 10-1。

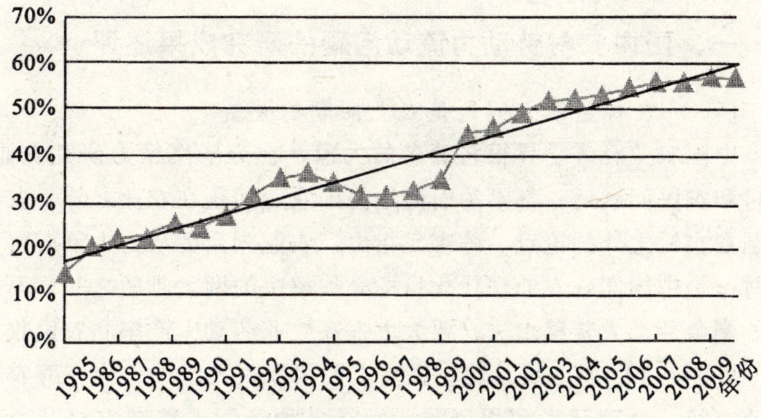

图 10-1　农村劳动力剩余率的变动趋势

从图中可以看到，我国农村劳动力的剩余率呈现逐年提高趋势。这充分说明，随着经济发展和技术进步，农村经济中所需要的劳动力数量逐渐减少，农村劳动力的剩余已经成为一个越来越重要的问题，经济越发展，这一问题越突出。如何有效地消除农村剩余劳动力，提高农村劳动力的边际产出水平，以创造更多的社会财富，将是经济学家们研究的重要课题。

第二节　农村劳动力就业[①]

就业问题是宏观经济调控的主要目标之一，一直受到学术界的青睐。但是随着经济形势的变化，户籍隔离制度下的二元结构越来越不利于经济发展，人们逐渐意识到庞大的农村劳动力群体流动就业的重要意义。国内一些主流农业经济学家们和宏观经济、社会学

① 参见韩纪江，王家传，史建民．农村劳动力就业是农村经济突破的关键．人口与经济，2002，2：62-65.

研究领域的著名学者，对于农村劳动力的流动进行了深入的分析研究，得出了很多有益的结论。以下对这些论述进行介绍和简单述评，并试图从这些研究脉络中寻找下一步研究的突破口。

一、国内农村劳动力流动问题的研究成果述评

（一）农村劳动力问题是农业问题的关键

中国农业经济学界很多著名的大家，在穷毕生精力研究农业、农村和农民问题后，都不约而同地提出农业问题在农业之外、农村问题在农村之外的论点。陈吉元指出，农业剩余劳动力大量滞留在农村，是中国实现农业现代化目标必须解决的两大难题之一，不把农业剩余劳动力转移出去，要大大提高农业劳动生产率和农民收入是不可能的。① 赵冬缓认为，提高农民实际收入水平，应广辟农村就业空间，合理开发利用资源，发展多种经营，推进农村劳力转移，增加劳务收入。② 朱希刚认为，促进农村经济发展，必须调整农村产业结构，不断增强非农产业吸收农村劳动力的就业能力。③被称为农民的代言人的郭书田认为，改革开放以前国家的劳动人事制度都是城市的机构，很少为农民考虑，农村劳动力的出路只有就地消化，到城镇就业则被认为是盲流，是愚昧和肮脏的代表；改革开放后，作为农民进入市场经济的大学校，民工潮成为农民的“黄埔”。④

在中青年经济学家中也大多形成共识：人多地少的客观约束下，农业经济中最重要的范畴——农业劳动生产率的提高，依赖于农村剩余劳动力向外部转移的程度，农业和农村不可能实现自身的

① 陈吉元．中国农业发展面临的问题与对策．调研世界，1998，2：3-5.

② 赵冬缓．扩大国内需求开拓农村市场．农村合作经济经营管理，1999，9：11-12.

③ 朱希刚．农村产业结构调整与农村经济发展．农业技术经济，1999，6：1-4.

④ 郭书田．中国农村：劳动力的分化及社会结构变化．科技导报，1999，1：6-9.

持续增长，必须在外部大环境中做文章。孔祥智等认为，劳动力投入已经对农户收入构成负效果，而对非农业收入的影响为正值，发展农村非农产业，尽快转移农村剩余劳动力，应该是当前提高农民收入的重要着眼点。① 张晓山认为，农民收入增幅的下降与大量剩余劳动力滞留于农业形成一个恶性循环。② 温铁军认为，通过培育城镇积累功能和自我发展机制，使已经非农就业的劳动力和过剩的农村人口进入小城镇，可以减轻有限农地已经超载的农业人口负担。③ 陈锡文等指出，发展小城镇是在我国国情下更大规模地转移农村剩余劳动力、实现农民增收，并解决农村发展中一系列深层次矛盾的根本途径。④

（二）农村劳动力的剩余与去向

很多专家学者对中国农村剩余劳动力进行了估计测算。崔晓黎认为，农产品产出中的工业技术及工业性生产资料含量已大幅度提高，把这一因素考虑进去，农村的全部过剩人口应不低于 3 亿。⑤ 王红玲从生产函数入手，给出一个经济系统生产资源配置优化模型，以及能使该经济系统收入最大化的资金和劳动力配置均衡的必要条件，以此为基础推导出一套关于剩余劳动力数量估算的公式，估计结果是 1994 年我国农村剩余劳动力有 1.17 亿人。⑥

学者们大多赞成，农村剩余劳动力的最佳去向是城市化，在具体道路上一般多主张以小城镇建设作为城市化的主要内容。如陆学

① 孔祥智等．论我国实现农村劳动力充分就业的出路．经济理论与经济管理，1997，1：35-38.

② 张晓山．农民收入与农村剩余劳动力问题．农业经济问题，2000，6：2-9.

③ 温铁军．中国的城镇化道路与相关制度问题．开放导报，2000，5：21-23.

④ 陈锡文等．论新阶段农业和农村经济的战略性结构调整．管理世界，2000，1：146-160.

⑤ 崔晓黎．新中国城乡关系的经济基础与城市化问题研究．中国经济史研究，1997，4：1-22.

⑥ 王红玲．关于农业剩余劳动力数量的估计方法与实证分析．经济研究，1998，4：52-55.

艺强调必须开展以小城镇建设为中心的社会主义新农村运动，实行公民在城乡之间的自由迁徙和流动。① 卢文认为中国的城市化要另辟蹊径，就是在发展乡镇企业的基础上建设小城镇，使农村人口向这些小城镇转移，逐步增加城镇人口的比重，减少在村落中居住人口的比重，使乡村城镇化。② 丁力认为应该以加强小城镇建设为突破口，打破城乡分割的二元格局，方便农村劳动力跨区域流动，要将农轻重、城乡、工农等关系由微观主体的自主经营来统一整合。③ 辜胜阻等重视城镇的作用，认为城镇是“城市之尾、乡村之首”，架起了乡村与城市的桥梁，充当着城乡信息交流中继站的角色。④

但是也有一些学者不赞成小城镇，而提倡农民直接进入大中城市，如张正河不赞成小城镇为主的城镇化思路，认为小城镇的蓄水池作用有限，大城市的吸收容纳力则很惊人。⑤ 杨宜勇认为低度城市化的政策和农村城镇化的政策（小城镇），是导致近年来耕地大幅度减少、浪费和屡禁不止的主要原因；进一步恶化了农业劳动力的从业环境，中国民工大迁移就是对就地转移模式的大反叛。⑥

（三）影响农村劳动力非农就业的因素

在 1992 年以前，农村劳动力进入城市就业和生活的渠道还非常少。与具有城镇户口的家人团聚、城镇招工、参军转干和上大学是农民进入城镇的主要途径，但是路窄人多，能够成功的极少。

---

① 陆学艺．农村发展新阶段的新问题和新任务．宏观经济研究，2000，6：7-11.

② 卢文．我国农村走出一条有中国特色的发展道路．农业经济问题，1998，10：2-5.

③ 丁力．关于建国以来四次强调农户自主的思考．农村合作经济经营管理，1999，8：6-9.

④ 辜胜阻等．中国自下而上城镇化的制度分析．中国社会科学，1998，2：60-70.

⑤ 张正河．乡村城市化的要素聚集与时空序列．财经问题研究，1998，4：66-71.

⑥ 杨宜勇．城市化创造就业机会与城市就业空间分析．管理世界，2000，2：121-128.

1992年以后，对于农民进城的限制有所放松，很多地方出现买卖城镇户口的现象，但是大多数购买了当地城镇户口的农民发现，要在城镇正规部门就业是非常困难的。

有些学者在深入研究中敏锐地注意到新的一轮农民进城热潮中产生了一些不良趋向。蔡昉等认为，户籍制度没有从根本上触动，城市居民是传统体制的受益者，所形成的既得利益对政府产生压力，对于劳动力流动的规定继续保持其歧视性。① 张平提出，是否有参与到工业化进程的机会，实质上是农村劳动力中工业收入与农业收入差异的具体体现。② 周其仁认为，农村劳动力的素质决定他们抓住就业机会的能力，不同文化素质的农民对于外出打工的态度不同，外出农民劳动力的文化程度明显高于全体农村劳动者的平均水平。③ 杜鹰认为，农民进城后，多集中在以手工操作为主、技术含量较低的传统部门，没有割断他们与土地的联系，移而不迁，不能彻底完成迁移。④

二、在农村劳动力流动研究领域应进一步重点解决的问题

农业问题在农业之外、农村问题在农村之外，农业的发展，依赖于农村剩余劳动力向外部转移的程度，这几乎已经形成共识。大量剩余劳动力滞留于农村，导致农业劳动生产率低下，农民收入难以增加；要转移这些剩余劳动力，必须推进城市化进程。

改革开放后，农村劳动力就业产生了以非农化为主要特征的分化，开始突破计划经济体制下严格的城乡二元社会经济结构。

---

① 蔡昉等．城乡收入差距的政治经济学．中国社会科学，2000，4：11-22.

② 张平．中国农村居民区域间收入不平等与非农就业．经济研究，1998，8：59-66.

③ 周其仁．机会与能力：中国农村劳动力的就业和流动．管理世界，1997，5：81-100.

④ 杜鹰．现阶段中国农村劳动力流动的群体特征与宏观背景分析．中国农村经济，1997，6：4-11.

至21世纪初期，这种非农化主要有三个途径：一是离土不离乡，在农村社区内发展乡镇企业或者进行个体私营活动，就地转移农村劳动力，吸收了1亿多人。二是离乡不离土，外出打工，形成民工潮和都市外围的民工村，其中大部分在城镇从事二、三产业，少部分在发达农村地区从事农业生产，常年也有1亿多人。三是离乡又离土，只占很少的比例，一般是举家搬迁到城镇从事非农产业，这是农民最期望的途径，在目前来看，其成功的希望最小。

进城就业的农村劳动力与城镇居民就业有很强的互补性，所以近些年来，农村劳动力已经成为城镇生活中不可或缺的重要组成部分。农村劳动力大量流向城镇，这种择业行为总体看非常理性，但也存在着非理性的一面，集中表现为农民非农择业行为的滞后性，不敢面对挑战和风险等。

城镇居民基本上已经达到低失业率的就业均衡，而农村劳动力则处于两个极端，一方面是以农业为主要就业途径的低收入层次上的稳定，另一方面是力图寻找较高劳动报酬的非农就业的不稳定。不论是否稳定，由于劳动时间大量剩余，在农村被迫形成一种兼业化的小农经济，影响农业资源的配置效率。这种小农经济使得国内农业生产对劳动力的需求非常有弹性，这不仅决定着农业机械化的实现方式和时间，也同时减弱了农村劳动力非农就业的迫切性，弱化了大量剩余劳动力对城镇就业的冲击，使政府决策层没有真正深刻意识到农村劳动力进城或流动就业对经济发展的重要意义。这样，城市化水平越低，农村劳动力的非农就业率越低；这种较低的非农就业，反过来又对城市化形成棘轮效应，使之陷入劳动力低层次就业的陷阱。

因此，促进农村劳动力向城镇非农产业的转移，应该重点放在如何打破城乡居民之间的身份界限，有序地促使小城镇、小城市、大中城市成为所有具有中国国籍的人以及愿意为中国的现代化建设作贡献的所有国内外人士的共同家园。不仅要从制度上，更要从思想观念上，实现城镇经济与社会的开放。

第三节　人口和土地双门槛[①]

一、城市化、城市福利与双门槛

城市化是一个将越来越多的要素向较少面积土地聚集的过程。该过程可以节约利用土地资源，但这并非城市化的初旨。城市化之所以被广泛认同为经济发展的必由之路，是因为该过程会产生聚集经济效益和规模经济效益——不必增加要素投入数量而仅仅改变要素的空间位置之后，便可以得到额外的收益。要获得这种额外收益需要支付两个方面的城市化成本，其一是因经济社会活动而形成的成本，主要包括城市社会事业发展和基础设施建设，体现为城市社会福利。前者如科教文卫，上学难、看病难是城市社会事业发展滞后的表现。后者如交通通信、供水供电等，行路难、用电难是基础设施建设滞后的表现。为了缓解因社会事业发展和基础设施建设滞后而造成的各种难题，城市管理，尤其是低效率的管理者倾向于采取歧视性的管理方法，把现有城市社会福利尽可能多地留给城市原住居民——具有较高（或一定）政治决策权的人群。这就需要对外来人口设置进城门槛，主要是户籍制度，在鼓励生产性要素进城、增进聚集和规模经济效益的同时，限制外来人口分享城市社会福利。

城市化的初始区位往往是那些优势地理位置，在这些地点，进行商业活动的交易成本比较低。这些地点的土地，因具有这种能够降低交易成本的稀缺性而凭空拥有较高的经济租金，即地价较高。一旦得到城市化利用，其地价便会进入一个长期上涨阶段。城市规模越大，地价上涨越高；城市的经济活力越强，这一上涨过程便越快。地价上涨，连同城市社会事业发展和基础设施建设，共同驱使城市房地产价格的上涨。这在客观上有利于城市原住居民，却不利

① 参见韩纪江．论城市化进程中的户籍与土地制度双门槛．湖南财政经济学院学报，2012，1.

于外来人口，因为房地产价格的上涨必然成为外来人口和要素进城所需要支付的成本，即城市化的另外一个成本，或者说是外来人口进城的另外一个门槛。

当聚集和规模经济效益超过城市化成本时，要素的聚集——城市化过程就变得不可避免。但是，涉及具体的城市管理事务时，情况变得复杂起来。当城市规模扩大时，城市化成本随之提高，如果其边际成本提高很快，会抑制城市规模的扩张。因政治和经济管理体制、地区具体情况、管理者管理效率等的差异，会形成不同的城市管理模式。一般而言，民主化、市场化的城市化成本较低，城市化水平提高很快；集权化、行政化的城市化成本较高，城市化水平提高缓慢。

发达国家的城市管理模式遵循民主化和市场化的基本原则，奉行人人平等、事事公平、方法科学、过程合法、结果合理等城市管理理念，将房地产和身份证明等作为城市管理的识别载体，对房地产征收房产税，作为城市社会事业发展和基础设施建设的资金来源。这产生了三个显著的成效。一是房产税降低了房价和房租，外来人口进城的初始成本大幅度降低。二是房产税为城市福利提供了源源不断的财源，长期维系和增加城市福利有了财源保障。三是城市福利的享受者和财源提供者是同样的一群人，不必无谓地多支付识别成本。

与发达国家不同，中国的城市化整体水平低，城市化的质量不高。究其原因，除了经济发展水平不高外，还主要受制于较高的城市行政管理成本，并根植于中国这块特殊的社会文化和政治经济土壤。改革开放以前，计划思维和向工业和城市倾斜的发展战略导致城市汇集了较多的社会福利。改革开放以后，在大量人口开始向城市迁移的同时，维系城市社会福利的资金来源却出现了一系列问题。面对这种局面，城市管理者没能借鉴发达国家高效的民主化和市场化思路，反而出于路径依赖的缘故，继续实施城乡隔离的管理体制，这表现为城乡之间持续存在的人口和土地双门槛。其中，人口门槛以户籍制度为主，旨在防止既有的城市社会福利被外来人口分享；土地门槛以房地产的高昂价格为主，源自土地征用和对建设用地供给的垄断，旨在提供城市社会福利的财源。

二、城乡双门槛的内涵

城市化是各种要素的聚集，对该过程的任何阻碍都会损害城市化。随着中国市场化进程的加快，对于商品、资金、技术、信息等的地域限制逐步消除，在这些方面对于城市化已无显著阻碍。但是，在人口流动迁徙和土地利用方面还存在严重的阻碍，分别体现为户籍制度和土地制度的约束，二者紧密整合于现有城乡二元的行政管理体制。该体制因低效率、高成本、有失社会公平等弊端而屡遭诟病，但缘于强烈的路径依赖和既得利益集团阻挠，依然顽固地运转着。

户籍制度不仅拥有户籍管理一个功能，以其为识别平台还承载了大量其他社会管理任务，如学籍、人事档案、就业、住房、医疗、社会保障等诸多社会福利制度。户籍制度具有浓重的军事化管理色彩，在20世纪50年代“备战备荒”的形势下，是相对合理和高效的。现在，社会政治与经济形势发生了巨大变化，管理和信息处理技术早已日新月异，而基于户籍的这些管理制度却仍然沿袭了几十年前的陈旧思维。身份证已经更换了两代，户口本却依然担纲主要管理工具，本地户口和外地户口、农业户口和非农业户口依然发挥着歧视性的管理职能，户籍成为一道门槛。这导致城市化走了一条内敛性的道路，城市化主要是城市当地人（包括城郊当地农民）的城市化，而非外来人口的城市化，外来人口、主要是外来农民工，难以在城市安居。之所以通过户籍制度对外来人口进行识别，其目的是防止既有城市福利被外来人口所分享。

城市的福利水平越高，所奉行的户籍制度越严厉，所形成的人口门槛越高。其主旨是只允许高生产力、高素质的人群迈过来，因为这些人群拥有较高边际产出，能拉高城市平均收入。户籍制度的这种选择性识别功能可以确保城市原住居民人均福利水平的稳定增加。原住居民具有强势和持久的政治影响力，在考察地方政府政绩方面拥有较多的话语权。因此，保护这些城市原住居民的福利免受外来人口的冲击是城市行政管理部门的首要任务。外来人口（主要是外来农民，即农民工）作为劳动力虽可自由流动，但户籍无法自由流动使其难以迁居。通过人口门槛，城市只与外来人口交换廉价的劳动力，而阻绝非劳动人口；只给工资，不给福利。

无法定居的农民工年复一年地演绎着春运潮，最终不得不返回家乡的小城镇，或者农村老家购买或建造住房，作为子女婚育或将来终老的依靠。因为收入低而在大中城市无立足之地，这正如清华大学蔡继明教授提出的两个老鼠的比喻：农民工赚点钱拿回家去建房了却没有人住，大多是老鼠住；农民工进城后没地方住，只好在地下室甚至公共场所栖身，居住条件和老鼠差不多。① 从这一隐喻出发，不禁要问一个问题：如果农民工能够把家乡的房子搬到城市，问题便可迎刃而解。要把农村的房子搬到城市，在一个自由市场经济体中并非难事，两次交易便可轻松完成。而在当今中国，农村住房尚不能在城乡之间自由买卖，农村的土地不能为农民提供迁居城市应有的资本支持。

土地是生产与生活的载体，农村土地产权的集体公有制曾经是农民安身立命的根本所在。让农民享有集体土地所有权，而不是全部收归国有，其最初动机是在确保粮食统购制度的前提下稳定农民群体。这种集体所有制是以村级集体组织或村民小组为单位，所有内部成员共同集体所有。由于这一产权性质，集体土地无法在较大的市场范围内分块转让。更进一步，现有法律和政策彻底杜绝了集体土地进入市场、进行自主交易的可能性。② 例如，当前小产权房被禁止入市，便是受到集体所有权的限制。土地的集体所有权与国家所有权虽然都属于公有制，但存在显著的差异。现有制度安排是，国家不允许集体土地进行大范围内的买卖，除非通过国家征用。从法理学上看，集体内部成员无权私自出售集体共同所有的土地给集体之外的第三者。与股份公司不同，集体所有制内部成员的产权份额不能进行转让。从经济学角度看，集体所有权的进退机制

---

① http：//money. 163. com/special/00253VEK/NAEC_forum12. html.

② 重庆、成都等地的地票和统筹试验具有重大实践价值，但其成效尚需时间的检验。

缺乏弹性，退出一个原有的集体很容易，进入一个新的集体却非常困难。当前，大多数村集体与农民之间的唯一联系纽带是土地，包括承包田和宅基地。如果退出村集体，所得补偿甚少，却会永久失去这些维系着社会保障以及失业保险功能的土地（目前，宅基地除外）。综上种种，导致集体所有制缺乏效率，集体所有的土地无法给予农民参与城市化的资金支持，拖延了农民参与城市化的时机。

与集体土地不同，国有土地可以相对自由地进行交易，国有土地承载的房地产的可交易程度已经接近普通商品。但是，国有土地的存量有限，远远不能满足城市化的需要，其增量来源是集体土地。现有制度框架内，将集体土地转变为国有建设用地，需要通过两个环节：第一个环节是中央政府通过指令性计划层层分配建设用地指标，第二个环节是地方政府实施土地征用。地方政府主导征地过程获得多方面的利益，但往往因征地补偿过低而造成农民土地权益的损失，这往往会引起失地农民的反对，产生征地难问题。土地的集体性质向国有性质的转变，也即从不能交易向可以交易的转变，被国家所垄断，作为集体所有权主体的农民被剥夺了这种权利。失去了这种权利的农民，其集体所有的土地在其参与其他市场交易时几乎毫无价值可言。城市国有土地及其房产可以自由交易，其稀缺性导致市场价格畸高，对那些只拥有集体土地产权的农民产生进城阻碍。

综上所述，城市化进程所遭遇的制度性障碍主要是户籍和土地两项制度，称为人口和土地双门槛。双门槛以充满浓重计划色彩的法律和政策制度为依托，被注重眼前利益的行政管理体制所强化。依赖双门槛，优势资源、高生产性要素被吸纳到城市，但没能促进城市的良性快速发展，反而阻滞了城市化大局。

三、城乡双门槛的作用机制

假设某一城市是城市化的中心区域，人口不断向该区域集聚。进入城市的人口分为两类：近郊农民（城市近郊进城人口的主体）和外来农民（外地进城人口的主体）。这两类人群在进城过程中面临两大障碍：客观存在的土地门槛和主观造成的人口门槛。

如图 10-2 所示，土地门槛以房价表示，房价越高，土地门槛越高。近郊农民由于拥有可供城市化利用的土地资源和自家的宅基地，其土地门槛较低。外来农民因集体所有的土地不能变现，其进城的土地门槛较高。

人口门槛是户籍制度，以附着于户籍制度之上的城市社会福利表示，社会福利越高，人口门槛越高。经济发展伊始，城市化中的人口门槛是 0。当人为设置户籍制度并赋予城市福利平台之后，人口门槛出现了分化。近郊农民的人口门槛是负值，说明城市近郊的农业户口对农民已经具有一种正向的福利效应，对促进其进城来说则具有负面影响。外来农民的人口门槛较高，进入城市需要支付一定的额外费用。

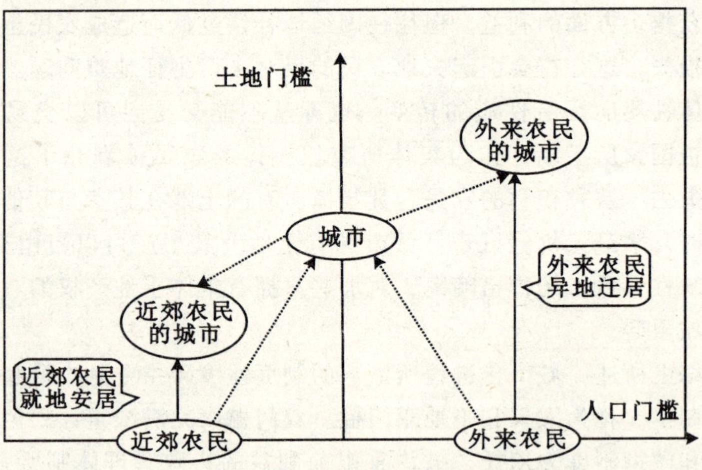

图 10-2 城市化进程中的双门槛

近郊农民拥有城市扩张所必需的土地，城市规模越大，城市房价越高，城郊待征用土地的价值越高，拥有这些土地所有权的近郊农民的农业户口因此而价值倍增。此时，城市社会福利随着城市地域的扩张而覆盖至近郊农民，户籍的差异不再是阻碍农民进城的门槛，反而成为农民延缓进城的护身符，人口门槛倒置为负值，城中村现象就是这一问题的表现。农民在放弃土地集体所有权时会得到征地补偿，或者被给予一定比例的建设用地指标，这会在一定程度上抵消高土地门槛（城市高房价）的影响。如果征地补偿合情合理，负人口门槛抵消高土地门槛，近郊农民可以直接分享城市化带来的经济发展收益。如果征地补偿不合理，近郊农民便会成为城市化的阻力，城中村拆迁安置工作的困难多由此而来。与城市近郊农民不同，外来农民因不具备当地户籍而面临较高的人口门槛。同时，外来农民的收入较低，即使没有人口门槛，本来也较难跨越土地门槛。拉美和南亚国家城市郊区的贫民窟现象充分说明了这一点。在中国，由于不允许贫民窟的存在，经常对城市环境进行治理整顿，外来农民要跨越土地门槛变得更加困难，很多人只好租住在条件很差的城中村、城郊村、工厂甚至工地里，以流动人口、暂住人口和民工潮等方式游离于城乡之间。

一般而言，城市的规模越大，土地门槛和人口门槛的绝对值越高。在少数特大城市，比如北京、上海等，人口门槛极高，而且呈现一种刚性状态，设置了非常苛刻的入户条件。即使有少数收入较高的外来农民能够突破土地门槛，也无法得到当地城市户口，很难突破人口门槛。在有些大中城市，人口门槛较低，且具有一定的弹性，可以购房入户。当然，购房入户的具体条件又会因各地城市管理思路的不同存在较大差异。在一些重要城市，如武汉，要购置一手的新商品房，才准许落户；在苏州，购房不能落户。在另外一些大中城市，如温州，要购置一定面积以上的住房方能落户；在大多数中小城市和小城镇，但凡购房，便可落户。除了购房入户外，还有投资入户、积分入户等多种名目。这些措施中的很多项目，本质上是将人口门槛与土地门槛联结起来。

从图 10-2 中可以看到，双门槛对于近郊农民和外来农民的约束存在着差异，城市化进程由此走出了两个平行的过程：一个是近郊农民的就地城市化，双门槛较低，城市化速度很快，表现于城市在建成区面积上的迅速扩张，但进城人口的数量有限。另一个是想进城定居但却遭遇阻挡的外来农民，面对较高的双门槛，真实的城市化速度较慢；很多农民工虽然被统计为城市人口，但不能有效定居，此时城市化水平的增长带有很多水分、质量不高。

四、城乡双门槛的跨越

城市化只是一个宏观经济术语，其实施过程需要通过具体的城市规划和城市建设。现有行政管理体制下，政府主导的城市建设和运行管理的成本高昂。当缺乏城建资金支撑时，限制农民进城分享城市社会福利，成为应对低效率而不得不长期采取的权宜之计。

在计划经济时期，城乡之间的制度约束被称做“壁垒”，在城市，农民几乎无法生存，少数外来农民被称为盲流并不断受到驱逐。森严的壁垒强化了城乡二元经济社会结构，使之呈现天壤之别。

改革开放以后，城乡壁垒中逐步开凿出一扇人口流动的大门，但设置了高低不等的门槛。1992年前后，全国大范围内普遍试行了买卖当地县城和小城镇非农业户口的做法，对于破除人口门槛产生了显著成效，但不久之后便被制止，理由是“只会搞乱户口政策，助长不正之风，影响社会稳定”。① 当时要购买一个城镇非农户口大约需要数千元不等的支出，相当于当时一个农民3~6年的纯收入。一些农民家庭竭尽全力为子女购买了非农业户口，之后却发现效用并不大。因为当时的城镇住房还没有市场化，没有商品房可买，购买了城镇非农业户口之后，仍需居住在村里，子女的生活、教育等条件没有得到实质性改善。那时，城镇劳动就业开始市场化，购买了城镇非农业户口并不等于得到就业安置。而没有一个可以接收的劳动单位及城镇住房，医疗和社会保障等城市福利便无从谈起。所以，当时国家制止地方政府出卖非农业户口的举措具有积极意义，在一定程度上维护了农民利益。

如果没有人口门槛，按照托达罗模型所描述的，为了追求较高的收入，农民对城市日渐增加的失业率会置之不理，大量涌入城市寻找就业机会，从而损害城市原住居民的利益。这个时候，城市新

① 公安部《关于坚决制止公开出卖非农业户口错误做法的紧急通知》（公明发［1992］880号）。

增人口的净边际收益率大幅度降低，不断拉低城市人口的平均福利水平。存在人口门槛时，农民工在城镇工作，贡献 GDP 和财政收入，但因不能获得当地户籍，无法分享那些排他性的城市福利。显而易见，凡是没有排他性的城市基础设施，往往因农民工的增加而过度拥挤，如交通、医疗设施等。

海南特区的建立激发了房地产投资热潮，但很快便由于开发规划无序、投机交易泛滥和信贷扩张过度等原因而形成房地产泡沫，于 1993 年破灭，造成大量烂尾楼，海南经济从此一蹶不振。1996 年，为了解决遗留问题和振兴地方经济，海口市率先试行了购房入户政策①，在中等城市中开启了破除城乡壁垒的尝试，通过设置购房或投资门槛，让有条件的农民率先进城定居。购房入户，有选择性地将农民中的高收入群体或高生产力群体吸引进城。很显然，此时的房价（包括地价）已经支付了城市基础设施投资，并包含城市社会福利。购房入户将城乡双门槛的筛选功能发挥得淋漓尽致，可以确保人均城市社会福利不降低。

购房入户门槛的设立，既简单又实用。在城市化中，购房意味着定居，入户意味着分享以户籍制度为载体的城市社会福利，同时跨越土地和人口双门槛，两者缺一不可。那种只绕过一个门槛的情形有两种。其一，绕过土地门槛但仍存在人口门槛的，如北京、上海等一些大城市，为限制外来人口没能实行购房入户政策，这在很大程度上是源于对城市病的担忧和城市社会稳定的考虑。当购房与入户无关时，一些人只好“暂居”于自己的住房内，降低了城市化质量，造成社会不和谐。其二，绕过人口门槛但土地门槛依然存在的，如浙江嘉兴、宁波等一些地区，放松了户籍限制，直至取消户籍的差别性印记，将当地城乡户籍按照居住地统一管理，但因房价高、在城区购房困难，城郊农民的户口性质虽然变化了，而居住地不变，并未出现实质性变化。同时，虽然外来农民可以购房入

① 实际上，最早实行购房入户类似政策的可以上溯至 1984 年的温州龙港镇——第一座中国农民城，在建设初期便采取了建房入户政策，但一直未能获得上级的承认，直至 12 年后的 1996 年才被正式认可。

户，但因无力购房，入户的希望不大。据此推断，当人口门槛降低直至取消之后，土地门槛显得异常重要起来。

从已经和正在实施的户籍制度改革经验看，人口门槛与城市规模、城市化动力存在较高的相关性。在北京这样的大城市，花费几百万元购置了房产尚不能入户；在嘉兴这样的中小城市，大学专科以上毕业或购房即可入户。城乡人口门槛的巨大落差，足以说明一个问题：大城市行政管理的计划色彩较为浓厚，改革缓慢，城市人口还承载着较多的社会福利；中小城市的行政管理改革进程较快，已经趋于市场化，其城市社会福利本来就不多。在众多小城镇，当户籍基本不再承载比农村地区更多的福利时，它变得无所谓，人口门槛因此消失。正是基于这一原因，中国的城市化走出了一条分散的道路。

五、破解城乡双门槛的城市化思路

推进城市化早已达成共识，并成为各地经常性的战略举措，其中一个重要路径便是从户籍制度改革入手，试图将居住地而非城乡差别作为户口的唯一标志。不过，只要户籍在福利配置方面仍然发挥作用，其歧视性功能便会持续存在。表面上看，只不过由城乡隔离变成了地域性隔离。这种地域性隔离表现在：近郊农民的人口门槛变为负值，外来农民的人口门槛却并未消除。由于大多数进城的外来人口是农民，这种取消了城乡标志的人口门槛，其本质依然是城乡门槛。

户籍制度是表象，附着于其上的城市福利制度是根本。户籍承载的社会福利越多，城市化的这一人口门槛越高。那么，可不可以减少将户籍作为识别载体的社会福利呢？社会福利因区域经济发展水平的不同而存在差异是必然的，而能否被当地做出贡献的居民独享，则要看提供这种社会福利的物品或服务的排他性。如城市交通无排他性，导致拥堵现象日益加剧。为了防止义务教育领域的"拥堵"，以户口本、房产证作为主要的排他性标志，严格设置学籍制度，而且严厉打击类似"高考移民"这样的行为。从笔者在2010年9月在郑州惠济区城乡结合部的调查情况来看，有些学校容纳40人的班级竟然会挤进70多人。如果降低甚至取消了中小学教育的户籍识别门槛，那么城市优质的教育设施将会变得非常拥挤。郑州市曾经试行过的户籍制度改革，浅尝辄止，也说明了城市社会福利对外来人口存在巨大的吸引力。如果不取消城市社会福利，仅仅取消户籍制度，此路不通。

粗略来看，有些城市管理行为似乎是恰当的，因为所有社会福利都是来自“取之于民、用之于民”的税收，在当地拥有住房和户口的居民缴纳了税收，便应该优先享受这些社会福利。所以，如果可能，都会给这些城市社会福利贴上一个排他性的标签。其实，真实的情况并非如此，简单分析一下税收的来源便会一目了然。税收大体来自三个领域：生产领域、消费领域和财产所得领域。在中国，财产税所占比例微乎其微，所得税所占比例也不高，税收主要来自于生产环节，但最终在消费环节上征收。农民工在城市里居住和工作，没有户口本和房产证，虽然工资不高，很少缴纳所得税，但在生产和消费领域都已经为税收作出了贡献，如果被排除在社会福利之外，确实有失公正。那么，将农民工排除在城市福利之外的唯一理由，便是农民工的流动性。因为农民工的高流动性，作出贡献的此农民工可能已经非彼农民工。所以，为了规范管理这种流动性，暂住证制度便悄然登台，有了暂住证便可以有限享有某些城市社会福利，如农民工的子女上学、社会保障等。当然，那些即便有了房产证也不能授予户口本的少数个别大城市是个例外。唯一的解释是，这些大城市的社会福利非常高，以至于不能让外来人口分享，其中最重要的一项福利便是高考录取名额。拥有北京、上海等大城市户口的人，参加高考的录取分数线很低、录取率很高。很显然，这样的社会福利并非本地居民单独付出的税赋贡献，往往是举全国之力而进行的集中投资，却一直被当地原住居民以及极少数引进的人才所独享，显然有失公正。

与大中城市不同，小城镇（不隶属于北京、上海这样的大城市的）上连城市、下辖农村，天然缺乏社会福利。随着新农村建设运动的深入开展，农村村庄与小城镇在基础设施方面的差距逐步缩小，聚集和规模经济效益的大小成为唯一的区别，开启了纯粹市场化的城市化进程。由于人为设置的人口门槛较低，小城镇的扩张速度很快；由于是农民基于成本—收益分析后的自主选择，该过程富有经济效率；由于农民进入小城镇的非经济成本很低，社会关系网络熟悉，该过程充满着社会和谐与稳定。国内一些学者所热捧的优先发展小城镇战略，便是基于对这些优势的综合考虑。

然而，稍微扩展一下研究视域便会发现，小城镇的经济效率无法与大城市同日而语。所以，另外一些学者主张优先发展城市而非小城镇，这些城市优先论者非常重视经济效率。根据其风险偏好程度又可进一步区分为大城市优先论和中小城市优先论两种类型。大城市优先论，强调经济效率，认为城市规模越大，经济效率越高。所以，城市化进程应该重点培养大城市、城市圈和城市带这样的经济增长极地区。由于大城市的土地利用效率很高，大城市优先发展还可以节约土地。为了实现这一意图，需要尽快革除制度藩篱，公平对待人口流动和迁移定居。中小城市优先论，强调眼前的社会稳定，认为大城市的城乡双门槛较高，制度改革的风险太大，干脆不要去触碰。与大城市不同，中小城市数量众多，城乡双门槛较低，可以分批次试点试验，改革的风险较低。优先发展中小城市，既可以对改革风险避重就轻，也能确保一定的经济效率。

城乡土地门槛更多意义上是一种客观存在，因此，大城市论、中小城市论、小城镇论这三类城市化思路的分歧是对城乡人口门槛改革风险与经济效率进行比较的结果，可以称之为激进派、中间派和保守派。对于激进派而言，只要改革户籍制度便可以获得巨大的经济效率。但这会是一个事实吗？现在有那么多人口门槛很低的小城镇，经济效率并不高，可见经济效率与人口门槛并无必然联系。情况可能正相反。比如，北京和上海等大城市，如果没有了人口门槛，没有了附着于户籍制度之上的社会福利所产生的经济租金，还会吸引大量外来人口的进入吗？在现有制度框架下，中国当前的一些大城市之所以规模越来越大，GDP越来越多，很大程度上是得益于政治权力，而非市场力量的凝聚。如果没有了城市社会福利，人口门槛自然消弭于无形，那些政治特权城市很有可能会变得萧条衰退。所以，大城市论者必须解决一个质疑：为什么城市规模越大，被赋予的政治、经济和社会管理权限越多，户籍所承载的社会福利越多呢？

从事物发展的眼光看，非大城市论者的观点也存在着致命的逻辑缺陷。对于小城镇论，如果小城镇发展得较快，就会变成小城市、中等城市，届时是否还需要促进？对于中小城市论，如果中小城市发展得足够快，早晚会成为大城市，如深圳、厦门等，城市社会福利增多，人口门槛会越来越高，会不会陷入大城市的误区？非大城市论的观点在规避最主要的城乡矛盾，试图通过牺牲土地空间来换取深化改革的时间，不利于节约日益稀缺的土地资源。

综上所述，不宜以城市大小而论城市化思路。尤其在宏观战略层面，应将重点聚焦于滋生城乡双门槛的城市行政管理体制，消除独立于农村或其他地区的城市社会福利。只有取消城市福利和福利城市，让市场而非政治或行政权力决定城市的规模和布局，才能让城市化变得健康和高效。

六、结语

城市化作为国家的一项重要战略方针依然是坚定不移的，因为城市化动力已经强大到令任何政策都不能忽视的地步。既然城市化的动力如此之强劲，理论上根本无须推进，只需降低人口和土地双门槛，让有一定要求和经济实力的农民（外来人口）顺理成章地进城定居。

降低城乡双门槛，一方面，消除城乡分离的社会福利制度安排，消除城乡社会福利差异，这意味着对于城市和农村的社会事业发展和基础设施建设，也即老生常谈的城乡统筹和公平处置；另一方面，是改变城市社会福利的收支模式，将承载城市社会福利的各项社会事业产业化、市场化。当政府行为缺乏效率并且提高政府效率的成本很高时，就应该放手让市场自行其是。政府应轻税放权，促进竞争性市场的构建，杜绝危害市场的垄断行为。过去一段时期的改革中，教育、医疗、住房等领域的产业化和市场化取向，实际就遵循了这样的理念。虽然出现了很多问题，但根本上不是城市化战略理念的错误，而是政府在推行产业化、市场化改革的过程中，不但没有放权，反而攫取了更多不合时宜的管理权限所导致。

放松对市场力量的束缚，城市化进程便可按照基本经济原动力行事，充分发挥聚集和规模经济效益。在自由市场经济条件下，如果某一区域的地理位置、社会经济基础足够好，其经济效益足以克服地价上涨因素的制约，该地域的城市化便会持续下去，在高效利用土地资源的前提下，高效利用其他资源，高速创造财富，合理分配社会福利。这样一种市场化而非政府主导的城市化模式是健康的、可持续的。

第十一章 对城市化战略的再认识

第一节 城市化 vs 新农村建设

城市化被视为促进经济增长和缩小城乡收入差距的重要途径。随着城市化水平的提高，经济粗放式增长速度加快；然而，城乡收入差距非但没有缩小，反而有扩大的趋势，而且以“城市病”为代表的副作用也日渐显现。在这种情况下，重视农村、以工补农的呼声日益高涨，新农村建设遂成为一项大力推行的主导政策。随着财政资金的注入，新农村建设在试点地区获得成功，全国的农村面貌有所改善。但因后续资金有限，未能在大范围内缩小城乡收入差距。促进城乡协调发展，需要重新审视推进城市化和新农村建设两项政策的实际效果，并对两者的对立与统一关系进行辨识和协调。

一、城乡协调发展问题

对于中国城乡协调发展的研究一直是一个热点，研究该问题的学者几乎已经达成共识：在城乡隔离制度约束下，城乡发展越来越不协调。如果说有分歧的话，只在于如何去消除这种不协调。

（一）城乡发展的不协调及其原因

中国城乡二元结构的一个基本特征是城乡收入差距居高不下，这是城乡发展不协调的主要表现。李实（2003）认为改革开放以来人均收入差距加速扩大，如果将补贴和实物收入算进去，中国城乡收入差距可为全球之最。世界银行专题报告（Yusuf，Saich，2008）认为，中国的市场化改革正在拉大城乡差距。根据《中国统计年鉴》(2008）的数据，2007 年中国城乡居民收入比为 3.33。

大多数学者将城乡差距归因于城市偏向政策。如陆铭、陈钊(2004)认为中国持续扩大的城乡收入差距与地方政府实施的城市倾斜政策有关，地区间人口户籍转换、经济开放、非国有化和政府对经济活动的参与都是拉开城乡收入差距的因素。程开明、李金昌(2007)认为城市化、城市偏向对城乡收入差距产生正向冲击效应，城乡收入差距反过来促进了城市化的提高。

（二）促进城乡协调发展路径的分歧

促进城乡协调发展，目前国内基本有两个截然不同的思路。

一种思路是推进城市化。城市化把经济"蛋糕做大"，是对经济增量进行的分配。如苏雪串（2002）认为，城市化滞后是导致城乡收入差距扩大的根本原因，提出加速城市化进程是缩小城乡收入差距的战略性措施。卫龙宝等（2003）认为，应增强城市化和农民进城动力，尊重要素所有者对高收益的追求，放松市场主体流动限制。钱陈、史晋川（2006）认为，城市化进程包括人口城乡迁移和土地城乡配置过程、产品市场的出清条件；要提高工业产出比，不仅要增加资本投入，还应该提高城市化水平。

城市化与城乡收入差距之间的关系并非简单的促进作用。一些研究探讨了城市化对缩小城乡收入差距的负面影响。如韩纪江、孔祥智（2001）提出，城市化进程对农村经济发展造成了一些负面效应，但这不是城市化过程的必然结果，而是在很大程度上源于综合政策措施的偏差和失误。陈书荣（2000）认为，政府预期显然与学界不同，我国城市化不宜追求西方发达国家的高指标，因为人口转移任务艰巨，还要受到土地、粮食、农业、水资源和环境等条件制约。上述情况的出现是必然的，但并不能就此否定城市化。如朱宝树（2004）认为城乡差别产生于城市化，又终将通过城市化而逐步缩小直至消除，加快城市化根本上有利于缩小城乡差别。

另一种思路是实施城乡统筹，推进新农村建设，体现了对现有存量进行改革、将"现有蛋糕"公平分配的意图。如顾益康(2004)提出，城市化应避免"拉美陷阱"，要以人为本统筹城乡经济社会发展，消除城乡分割和分治的二元体制。黄祖辉等(2005)提出，要建立城乡统筹的城市化体系，使广大农民成为城市化的受益者。温铁军（2006）认为采取强制性改革会造成太大损失，所以应该渐进改变，新农村建设的出发点是不得不立足于现有城乡二元结构来解决三农问题、改善农民生活。

检索文献会发现，新农村建设的政策议程要先于理论研究，新农村建设的大量研究文献如井喷般的出现是在新农村政策出台之后，在此之前人们研究的多是城乡统筹和城乡一体化等单一的问题。虽然主张新农村建设的人往往并不反对城市化，但在既有资源约束下，城市化与新农村建设两个政策思路存在显著差异是毋庸置疑的。少数文献承认两者存在相辅相成、相得益彰的关系，但对两者关系进行比较并做出取舍的研究还非常欠缺。

（三）政府在城乡协调发展中的作用

国际学术界对于发展中国家城乡差距的成因关注较多，对于政府在其间的不当行为提出质疑。Majumdar 等人（2004）提出，尽管大部分居民居住在农村，很多发展中国家仍偏向将公共资源投入城市部门，导致资源无效配置；与托达罗模型不同，即使没有城乡工资差异，也会引起城乡迁移，这时城市就只有扩张而没有经济增长。Epstein 等人（2001）提出，许多发展中国家的五年计划都特别重视工业化而忽视了农村发展，因此而造成的城乡发展不均衡需要加以弥补。

对于如何消除城乡收入差距，现有研究文献存在一些分歧。国际学术界的主流文献强调消除政府的不当行为，国内则更多地主张要加强政府的介入，如主张新农村建设的观点要求加强政府干预，公平对待农村，进而向农村偏斜。不少主张城市化的观点也强调政府的促进作用，而非减少政府干预。

但是，政府介入过多，往往会收到适得其反的效果。发展中国家普遍存在的二元结构并非政府放任不管造成，而主要是因为政府介入太多。中国的城乡对立所根植的制度运行已久，其形成主要是政府对经济社会管制太多的缘故。这些管制主要是以户籍制度为核心的一系列隔离城乡的制度门槛，门槛两边的社会福利存在巨大差异，正是造成城乡收入差距的制度根源。无论是城市化还是新农村建设都不能无视这些制度门槛。

促进城乡协调发展，应针对这些制度门槛寻求解决之道。具体做法可以归纳为三类：（1）降低门槛——进行制度创新。由于既得利益集团的势力强大，虽然现有城乡隔离制度好像早已为学术界千夫所指，但该路径目前却迟迟未能通行。郑州等地试图进行彻底的户籍制度改革都如同昙花一现，其原因便在于此。（2）移动门槛——加快城市化，让更多的农民进城，享受到城市化的收益和城市文明。（3）跨越门槛——把现有城市福利向农村地区转移，进行新农村建设。

二、新农村建设的绩效辨析

对城市化的误解使得人们开始指责城市化，认为城市化无助于促进城乡协调发展，只好另寻它途。新农村建设即是在这种情况下被提上议事日程的。

（一）新农村建设的成效分析

如果新农村建设投资获得成功，把农村基础设施搞得像城市一样，会有什么效果呢？首先，依靠农业生产必定无法使8亿农民这个庞大的群体摆脱贫困。即使农业劳动生产率极大提高，对于缺乏需求弹性的农产品来说，其产量越多，生产者的收益越少。所以，单凭农业产业的发展，无法使农民群体致富。其次，如果大力发展二三产业，那为什么非得在农村呢？为什么不集中起来，在城市中进行？经济学家张五常提出，假若中国要有较好的经济表现，必须有大量人口从农村迁到城市；否则，要在农村大量增加工商业产品，就会因费用奇高而难以办到。改革开放初期乡镇企业的大发展，成功之处在于搭上了短缺经济的“末班车”。现在，这种“遍地开花”式的农村工业化模式因缺乏规模和聚集经济、环境污染、浪费土地等弊病受到越来越多的指责。最后，有人认为，只要把农村环境搞好了，基础设施健全了，农民就可以安心地、永久地居住下去，以免对城市产生冲击。但是，要长期居住在农村，恐怕现代文明人尤其是青年人无法忍受。在发达国家，即便农村的生活条件不次于城市，即使从事农业的收入更高些，大部分农村青年还是义无反顾地走向城市，剩下少数“老弱病残”留守农业。在中国，除了个别种养大户之外，绝大多数青年人把从事农业、居住在农村作为一件很不光彩的事情。这种企望农民素质提高、农村文明程度提高而将农民继续滞留在农村的想法非常幼稚。

（二）新农村建设的投资效益分析

为了躲避城市经济和社会体制的政治压力，受托达罗重视发展农村经济主张的影响，国内历来十分重视农村经济社会内部的发展，造成产业布局的空间定位不经济现象。改革开放初期，农民进城困难，便引导农民在农村本地寻求发展，导致乡镇企业“遍地开花”，蚕食了大量耕地资源。改革开放中期，鼓励农民工进城务工，却用户籍制度限制农民工享受城市福利，农民工不能定居在城市，每年的“春运潮”有增无减。上述政策都是要把农民留在农村，可以去城市打工、拾遗补阙，但无法与城市居民展开公平竞争。当前新农村建设的投资仍然遵循了这样的政策思路，一些主张新农村建设的人多以城市病为由来恫吓决策者，认为新农村建设可以消除城市病现象。诚然如是，可以提出三个追问：第一，大量的建设资金从何而来？财政转移支付能坚持几年不断流？第二，政府主导的投资效率很低，更何况在现有高成本的农村治理模式下，支农资金往往被各级地方政府层层截留和挪用，真正到达农村和农民手中的恐怕很有限。第三，假设解决了上述两个问题，同样规模的资金投资于新农村建设是否会在经济效益方面可行呢？有人会讲，新农村建设的投资也是一种需求，会增加 GDP，这是一种诡辩。因为同样数额的投资如果置于其他领域，增加的 GDP 可能会更多；经济学基本理论已经告诉我们，转移支付的投资乘数要小于其他投资。

（三）应理性看待农村区域发展

农村经济的衰退和社会文明的相对落后是经济发展的必然趋势。纵观美欧等发达国家，它们已经成功实现了城乡一体化，城乡协调发展，农民收入水平提高很快，社会地位提升更快，但无不建立在较高的城市化水平和强大财力注入的前提之下。只有当城市化达到一定成熟阶段后，农民大幅度减少，由多数人变成少数人，国家才能有财力去支持“三农”。如果说社会存在剥削，那肯定总是少数人剥削多数人；如果说社会存在援助，也肯定是多数人援助少数人。其实，在支持“三农”方面，发达国家的政府财政已经不堪重负，但限于农村选民的政治压力而不得不勉强为之。除了少数发达国家之外，其他所有国家和地区的农村区域都无可奈何地陷入相对衰退之中。发达国家的财政也只能勉强支撑起其本国所占人口比例较少的农民群体，中国还处于发展中阶段，决不能重蹈覆辙，踏进盲目转移支付的财政陷阱。从更深层次看，取消农业税费这样的改革对于促进中国城乡社会公平发展是一个巨大进步，但距离公正地对待农民还相差甚远。公正的最基本含义是人与人之间的机会平等，而非地区之间的平等。如果仍然执行城乡分治的户籍制度，把农民禁锢在农村土地上，不论给予农民多少财政支持，都是不公平的。促进新农村建设，继续将农民留在农村，其政策绩效更多地应该是获得政治收益，而无法把农村真正搞好。这种政治利益包含两个初衷，一是确保粮食安全，二是规避坚固的城乡制度障碍。这两个初衷依然是以剥夺、歧视“三农”为基本出发点，实际不利于农民福利的提高，无助于城乡协调发展。

三、城市化与新农村建设应统一于城乡协调发展

城市化与新农村建设并非完全对立，两者都是基于现有城乡隔离制度安排下的一种发展探索。这两种政策的作用路径截然不同，但共同目标都是为了增加农民收入、促进城乡协调发展。

（一）破除城乡协调发展的制度障碍

为了加快经济发展，必须建立市场经济体制，这已经形成广泛共识。但对于建设什么样的市场经济，人们的看法还存在巨大分歧，分歧的焦点在于政府在市场经济中的具体功能。是管理、服务，还是凌驾于市场之上的管制？既然城乡分治的户籍制度是一种政府主导的计划工具，那么现在还坚守这种户籍制度，对于市场经济意味着什么呢？促进城乡和谐发展最为激进的做法是取缔城乡隔离制度约束，归还要素参与机会上的公平。但对城市病和城市社会稳定的担忧使其面临巨大政治风险，从而较难提上政策议程。对于政治风险的各种担心并非多余，彻底取消城乡隔离分治的户籍制度

后，要么农民涌入城市来分享现有的城市福利，要么取消现有的城市福利。如果最终实现社会福利分配的公平原则，在就业、教育、住房、医疗和社会保障、城市基础设施等各个方面，会因分享者众多而变得拥挤不堪。郑州户籍制度改革浅尝辄止便是一个典型例证。既然以户籍制度为核心的一系列制度门槛恶化了城乡关系，而又迫于政治风险不能尽快消除，那么现有决策者只好选择其他次优的办法。

（二）认清城市化与新农村建设的政策差异

促进城市化政策是不断改变城乡制度门槛两边的人口数量。在现有制度框架下，尽快促进城市化，减少农民、增加城市人口，使越来越多人的处境得到改善，社会总体福利得到提高，是一种帕累托改进。新农村建设政策是越过城乡隔离制度门槛，把部分财富从城市转移到农村，是缩小城乡差距的一个较为保守但稳妥的尝试。新农村建设在免除农业税改革的基础之上，进一步增进了农民福利，得到农民的广泛拥护，其政治意义远远超过经济作用。如果降低城乡门槛的难度很大，如户籍制度、城市福利制度等的改革尚需时日，那么在现有门槛高度不变的情况下，可以选择上述两个途径来促进城乡和谐发展。这两个政策的差异，通俗一点说就是：或者把农民搬到城里居住、享受城市福利，或者把一部分城市福利搬到农村、让农民在农村便可分享到城市居民的福利。

（三）理清推进城市化与新农村建设的次序

经过多年的实践，一个很有趣的现象发生了：城市化进程越快的地方，其周边新农村建设得越好；新农村建设越好的地方，离开农村进城的农民反而越多。看来两者并不矛盾。促进城市化是按照市场机制的客观要求而做出的顺势而为，其获得的经济利益不言而喻。尽管城市化受到了一些指责，但 GDP 不断增加、综合国力不断增强确是一个有目共睹的事实。如果没有改革开放以来前面 20 多年的城市化，要搞新农村建设是不可能的。把两者结合起来看，城市化速度越快，城市财力越强大，用于新农村建设的资金越有保障；城市化水平越高，农村人口越少，支援主体越多，支援对象越少，农村人均福利水平提高越多。因此，基于促进城市化前提下的新农村建设才是当前最为合理的政策选择。

（四）制定有效的城市化战略

城市化战略虽好，但也不能拔苗助长和遍地开花。尊重市场经济规律，应在最合适的地方推进城市化。最合适的地方，往往是具有经济增长活力的交通枢纽，交易成本低、经济效率高，能够给要素聚集带来更高收益，被称为经济增长极。在经过一段时间的历史传承之后，现有的大中城市都具有这样的特性，是优势经济区域。但其行政管理体制也较为严格，城乡隔离制度门槛较高，只会有选择性地让那些高素质、高收入的人口率先进城，不利于广大农民工的迁移和定居。进一步降低这些制度门槛，让农民工向城里搬迁的时候更容易一些，才可以有效推动城市化进程，达成城市化促进城乡协调发展的应有题中之意。

（五）选择高效的新农村建设取向

任何政策都会产生执行成本，也会有一些负面影响。在城市化问题上不能因噎废食而选择其他成本更高的经济发展路径。不过，可以预见的是，无论城市化推进速度多快，总有一部分农民滞留于农村。这些农民往往是收入最低、市场适应性最差的农村弱势群体。受到长期城乡隔离制度的侵蚀，他们的收入增加缓慢，生活贫困。在这种情况下，从城市经济增长中拿出一部分资金用于新农村建设，把社会财富转移过城乡门槛，改善农村的基础设施条件，可以提高整体社会福利水平。鉴于这种情况和有限财力，搞新农村建设不能指望毕其功于一役。从长期考虑，量力而行，新农村建设应重点支持农业产业和弱势群体，选择重点区域提供给农民最基本、最需要的生活设施和进一步发展的条件。这种模式的新农村建设更有助于促进城市化进程而非相反。

第二节　对城市化的进一步认识

一、对城市化所抱误解的解释

改革开放以来，城市化战略得到全面贯彻实施，但未能达成城乡协调发展目标。城市化本应是土地、人力资本和物质资本利用效率提高的过程，但结果不那么令人满意而招致较多的诟病。一些新问题的出现纷纷被指是城市化所带来，对此需要进行澄清和解释。

（一）城市问题并非源自城市化

随着城市规模的扩大，越来越多的城市问题开始出现在舆论视野中。如交通拥堵、治安不靖、环境卫生脏乱差等，皆因太多人口对于城市基础设施的过分分享所导致。外来人口太多导致城市问题的出现，但试想一下，外来人口都不是纯粹的消费者，不是吃闲饭的，绝大多数是劳动人口。如果农民工在城市工作的收入不能用于支付其在工作地的家庭居住、子女教育和医疗保障等方面的基本需要，这个城市社会系统就是畸形的，不正常的。这些问题表面上看是城市化快速推进所引发，但从根本上看并非城市化的错，实则是落后的城市管理体制和畸形的分配制度，使得城市畸形扩张，缺乏质量和内涵，它们虽然创造了较高的 GDP 增长速度，但不利于经济的可持续发展。

（二）城市问题优于农村问题

与城市问题相比，农村问题比较隐蔽，不易形成社会舆论并被提上政治议程。因此，看起来似乎城市问题更严重一些。当我们以文明人的身份，以充满怜悯的口吻询问那些居住在城市边缘泥泞的、破烂不堪的窝棚里的农民工，这么差的条件怎么生活时，他们都可能会说，这样的条件比在西部农村的家里强多了，至少有明亮的电灯，有洁净的自来水，可以看到电视，空闲时还可以到繁华的马路上逛逛街。所以，笔者以为，即使城市化能够造成贫民窟现象，即使城市化能够导致较多的城市病，与农村的贫困相比，仍可以认为是一种社会进步。城市病可以通过科学的管理加以治疗，但农村的贫困却是一种侵蚀现代文明的毒瘤，在其反衬下，城市文明显得畸形而苍白。如果让农民能够迁移到城市，哪怕是在贫民窟，也能有机会参与到国家现代化进程中来，情况就会出现根本的转机。由此凝聚成全民族的合力，才能推动真正的经济发展而非畸形增长。

（三）农村衰退非城市化之错

直到今天，不少农村地区尤其是老少边穷地区还贫穷依旧，自然条件不好是一个重要原因，但多年来对“三农”的过度索取政策也难辞其咎。城市化会从“三农”领域抽走优势要素，从而导致农村生产力的削弱和农村地区的衰退，这在美欧发达国家也是一个比较棘手的难题。但中国的情况根本不同于美欧发达国家，城市对“三农”的剥削并非城市化对“三农”的剥削，而是主要表现为重工业倾斜战略中工业对农业的剥夺，这与美欧发达国家工业对农业反哺过程中的农业衰退截然不同。中国的农村衰退主要表现为农民收入低下和农村各项事业发展落后，这源自既定的收入分配制度而非城市化。如果没有城市化从农村抽走各种要素，农村发展的速度就会加快吗？很显然，情况并非如此。

(四) 城市化因统计原因而被曲解

虽然统计出的中国城市化水平在提高，但存在三大误区，致使城市化的应有之意容易被曲解。

(1) 虚伪城市化。20 世纪 80 年代以来，城市化调整主要手段是政府行政措施，不少地方通过县改市和乡改镇、镇改居等形式提高统计上的城市化水平，将大量当地户籍的农村居民统计为城市人口。如果农民没有真正进城，或者即使进入行政意义上的城市区域，但没有真正享受城市文明，必然会影响到城乡关系及有关数据分析结果。

(2) 不彻底城市化。当常住人口逐渐被统计为城市人口的时候，大量常住城市的农民工实际并未实现市民化，无法享受到应有的城市福利。进城后的农民工主要是解决生存问题，其工资较低，消费能力不足，无法在城镇定居，难以产生有效需求。农民工进城后并未放弃其在农村地区的权利，无法实现彻底的农业结构调整。

(3) 劣质城市化。农民工主要在私营部门就业，其创造的财富多被私营业主攫取，缴税比例低，难以分担相应的公共设施的成本，城市化质量不高，加剧了城市病。

由于上述三个方面的原因，城市化水平被虚增，较高城市化水平应有的缩小城乡收入差距的题中之意容易被误读。

(五) 城市化因行政约束而滞后

中华人民共和国成立以来采取了重工业倾斜战略，通过各种途径对三农进行剥夺，势必将城市与农村对立起来。其结果是城市居民享受到了较多的社会福利，从而使得城市开放性不足，阻止农民进城分享其福利。这样画地为牢的城市化呈现一种内敛性增长，速度极慢。改革开放以后，虽然推进城市化被作为一个重要战略而执行，但政府仍然在主导城市化，涉及大量既得利益的城乡隔离制度改革起来非常困难。比如，为了防止城市贫民窟影响城市形象和进城农民扰乱城市治安，想方设法让农民有序进城似乎已经达成广泛共识。户籍准入制度担此重任，在防止农民涌入城市的同时，还助长了严重的地方保护主义，不能充分迎合市场力量和经济效率的要求。最终的结果是，与经济增长相比，城市化增速仍然偏低，不能有效地减少农民，也无较大财力反哺农业。

二、龙港农民城崛起带来的启示

龙港被称为“中国第一农民城”，是改革开放以来中国城市化蓝图中的经典一笔，在名扬天下的温州模式带动下，以农民自费为主体，在极短时间内，把一片荒滩建成龙港这座具有雄厚经济基础的小城市，当前城区建城区的面积15平方公里、人口15万人。

众多文献资料公认龙港在全国率先推出户籍制度改革、土地有偿使用制度改革，从而引领了地方政府与民众自下而上式的城市化制度创新。其实，笔者以为还应该加上同样重要的行政管理体制改革。现在的龙港干部都无比怀念当初建镇时“八颗大印一把抓”的时代。前面两项制度创新融合了人口和劳动力、土地和住房、资本和产业等要素。后面一项提高了行政效率，降低了农民进城的交易成本。李其铁（1994）认为龙港是国内最早实行土地有偿使用的城镇，形成“投资—受益—再投资”的良性循环。史晋川等（2002）发现，全国初始条件优于龙港的比比皆是，但偏偏龙港在极短时间内获得极大成功，主要是由于制度创新和政府参与；创新动力来自明晰的财产权利，原动力是民间组织，政府一直承担降低协调成本的组织者的角色。周其仁（2002）认为，城市化是要素在空间集聚过程的副产品，现有制度下，因城镇聚集产生的资产增值被收归公有或落入开发商手中，没有农民资产的“资本化”过程；在实现城镇定居的迁移过程中，农民消耗了几乎全部财力；龙港正相反，土地向迁移者直接配置，迁移者携资入城与住宅经营资产合二为一；政府向迁移者提供土地，形成土地、资本与劳动力的直接配置，这些有效率的系统初始值设定促成了龙港城市化的飞速发展。张晓山、胡必亮（2002）等认为应将龙港放在一个内发的经济中心小城镇的概念框架上来研究和考察。

龙港以乡村工业发展带动城市化，从一开始便远离国有经济大一统的计划体系，广泛吸纳农村劳动力和农村资金，推动区域城市化的自然演进。但是当时龙港的城市化进程还远不能摆脱行政功能。改革开放前后、乃至现在，城市建设的最终掌控权始终在上级政府，如城区规划、土地审批、政策指导等，只有一少部分决策权掌握在当地政府手中。龙港建城过程中，农民仅仅是响应和参与者，并无实质的决策权。1982 年在龙港开始了港区建设，经过两年之后，1000 多万元的国有投资初步建立起城镇框架和基础，为农民进城打下坚实物质基础，并起到显著诱导作用。但此时，港区因缺乏人气而没有形成城镇，故而才有了吸引农民建城的故事。

“人民城镇人民建”的口号其实是“政府主导、市场运作、民间参与合作”模式，但这已经是完全打破了当时的传统城市发展格局。农民的巨大影响力在于其市场化需求与地方政府的行政诉求达成一致，政府决策过程受到农民的影响，几个制度创新都是在广泛发动地方民众力量、集思广益的基础上发掘并实施的。当地政府为了规避上级政府的各种政策框框，有意走群众路线，获得进城农民的广泛支持。众多的参观和访问、媒体的追捧和领导的赞许，使得农民建设小城镇的主体地位得到确认和保护。这种以底层的需求来规避、抵制制度壁垒的做法，其实是自觉地遵循了民主思想。

一些学者观察到了政府引导在城市化进程中的重要作用，但仍然侧重于强调民间推动的力量。在中央集权管理模式下，民间推动也只有在国家和地方政府认可的前提下才有可能。龙港这样的内发小城镇之所以能够发展，不仅仅是民间推动、自下而上、经济主导、城乡一体化的结果，更是一场国家与地方政府之间关系演变并最终引入市场机制的城市发展模式变革。国家城建资金减少、对于下级控制的减少，使得地方政府能够因势利导地按照本地的具体实践，成功地走出一条不依赖国家投资、主要靠农民自身力量建城的新路。龙港被誉为“中国第一座农民城”，应该是实至名归。

龙港城市化非常成功地克服了人口和土地两大城乡门槛。龙港户籍制度创新实际是一种曲折的做法。龙港从一开始就没有户籍制度，农民自由居住，满足了其“城市情结”，户口问题最初是被搁置的。直到建城 12 年之后的 1996 年，苍南县政府同意龙港镇户籍制度改革实施细则，龙港镇户籍改革工作才全面铺开，城区农民全部转为城镇居民户口。户口问题被搁置了 10 多年而能够被进城农民所容忍，原因在于龙港的户口剥离了城市福利，从而使得户口问题举重若轻般地淡出了视野。

城市化需要土地载体。征地不但提高建设成本，还必须经过漫长的层层审批，最终下达的用地指标一般非常有限。为突破土地限制，一方面，龙港通过开发鳌江入海口附近的滩涂直接出售给进城农民，加快了建城速度；另一方面，提高征地标准，对土地征用后的农民每人一次性付给 5000 元劳力安置费，这在当时是一笔巨款，相当于当时一个县长 3 年的工资。而现在的同口径征地补偿大约只相当于一个县长半年多的工资。当然，仅仅靠上面两条还远远不能跨越土地门槛。龙港进行的最为成功而高效的尝试，是允许进入龙港的农民买地建房，地方政府和民间契约赋予其很大的自由支配权限，可以在当地自由买卖交易和抵押贷款。这样从一开始便具有了商品房的特性，可以分享以后城市化加速所带来的房地产增值的收益。

长期以来，很多城市都在因城建资金短缺而苦恼，卖户口和卖地赚钱也是迫不得已而为之，被称为土地财政的土地经营已经形成了一个常态的制度安排。这些政策的影子都可以在龙港建城早期找到。但是，龙港从无到有的城市化路径从一开始便遵循了市场化机制。对于农民而言，进入龙港城市的唯一门槛是资金约束，有了钱就有了做一个龙港城市居民的一切权利，而这一切权利都不是天上掉下来的馅饼——没有依附于户口的社会福利。龙港缺乏国家财政拨款发展城市社会福利，便采取了轻税赋、重集资的策略。要获得城市文明成果，需要自己支付成本，即“自己的城市自己建，自己的事业自己办”，如一家一户购地建房，虽然建筑美观度不够，但可以绕过开发商的盘剥。诸如集资办学、高学费等都是颇为成功的社会事业民营化的尝试。这种市场化机制不但彻底解除了人口和土地门槛的束缚，更为重要的是从一开始便避免了“城市福利应该让谁来享受”这个具有极高选择和识别成本的城市行政管理惯病。

从龙港建城经验可以看出，制约城市化进程的因素并非资金短缺，而是城市福利安排问题。“人民城市人民建”可以从两个途径理解：一是利用税收来安排，这是世界通行的办法。但在城市化初期，为了防止那些新来的、贡献较少的人分享，对于社会福利的享受群体必须设置两大城乡门槛进行识别。二是遵循谁出资谁受益的原始办法，通过集资办事业，将受益人群具体化。很显然，鉴于当前的税收状况和财政支出效率，后者的交易成本要低得多。

参考文献

[1] 温州年鉴（2001—2010）.

[2] 温州统计年鉴（2001—2010）.

[3] 乡镇企业年鉴（1997—2010）.

[4] 中国城市统计年鉴（1998—2009）.

[5] 中国国土资源统计年鉴（2009）.

[6] 中国农村统计年鉴（2000—2009）.

[7] 中国统计年鉴（1999—2011）.

[8] 安虎森，邹璇. 最优城市规模选择与农产品贸易成本. 财经研究，2008，7：74-86.

[9] 白美清. 中国粮食储备体系二十年的回顾与展望. 粮食问题研究，2011，3：4-6.

[10] 包宗华. 70%居民租房住的论点错在哪里. 上海房地，2007，1：16-17.

[11] 包宗华. 释疑宏观调控下房地产市场. 瞭望新闻周刊，2004，34：42-43.

[12] 包宗华. 西方发达国家自有住房率为何低?. 科技经济市场，2003，5：84-89.

[13] 毕继业. 18亿亩红线不会推高房价. 中国土地，2009，8：32-33.

[14] 边学芳，吴群，刘玮娜. 城市化与中国城市土地利用结构的相关分析. 资源科学，2005，5：73-78.

[15] 财经网. 铁路价值的回归. http：//www.caijing.com.cn/2009-08-30/110230890.html.

[16] 蔡昉等. 城乡收入差距的政治经济学. 中国社会科学，

2000，4：11-22.

[17] 蔡继明. 网易财经“圆桌对话：新土改与城市化”. http：//money. 163. com/special/00253VEK/NAEC_forum12. html.

[18] 蔡运龙，俞奉庆. 中国耕地问题的症结与治本之策. 中国土地科学，2004，3：13-17.

[19] 陈吉元. 中国农业发展面临的问题与对策. 调研世界，1998，2：3-5.

[20] 陈劲松. 世联观察. 北京：机械工业出版社，2004.

[21] 陈明星，陆大道，查良松. 中国城市化与经济发展水平关系的国际比较. 地理研究，2009，2：464-474.

[22] 陈书荣. 我国城市化现状、问题及发展前景. 城市问题，2000，1：3-5.

[23] 陈锡文等. 论新阶段农业和农村经济的战略性结构调整. 管理世界，2000，1：146-160.

[24] 陈彦光，周一星. 城市规模—产出关系的分形性质与分维特征——对城市规模—产出幂指数模型的验证与发展. 经济地理，2003，4：476-481.

[25] 陈彦光. 城市人口—城区面积异速生长模型的理论基础，推广形式及其实证分析. 华中师范大学学报（自然科学版），2002，3：375-380.

[26] 陈勇. 经济学视阈下的城市交通拥堵问题分析. 改革与战略，2009，2：61-63.

[27] 陈竹，张安录. 中国东、中、西部之间耕地保护协调——土地效率理论存在的问题. 中国土地科学，2010，4：13-18.

[28] 陈祝平. 合规的合作建房不产生负外部性——评胡振华教授《合作建房是一种负外部性行为》. 经济学消息报，2007-1-26.

[29] 成德宁. 城市化与经济发展——理论、模式与政策. 北京：科学出版社，2004.

[30] 程开明，李金昌. 城市偏向、城市化与城乡收入差距的作用机制及动态分析. 数量经济技术经济研究，2007，7：

116-125.

[31] 程世勇."地票"交易:模式演进和体制内要素组合的优化.学术月刊,2010,5:70-77.

[32] 程漱兰.中国农村发展:理论和实践.北京:中国人民大学出版社,1999.

[33] 仇保兴.实施城市经营战略的重要探索.人民日报,2001-1-23.

[34] 仇保兴.我国房地产市场调控的难点与对策.住宅产业,2010,12:10-13.

[35] 崔冬.关于北京交通"治堵"措施的几点法律思考.特区经济,2011,11:76-78.

[36] 崔晓黎.新中国城乡关系的经济基础与城市化问题研究.中国经济史研究,1997,4:1-22.

[37] 戴东昌,蔡建华.国外解决城市交通拥堵问题的对策.求是,2004,23:61-63.

[38] 邓大才.粮食省长负责制内生的六大矛盾.粮食问题研究,2003,2:44-47.

[39] 丁成日.美国土地开发权转让制度及其对中国耕地保护的启示.中国土地科学,2008,3:74-80.

[40] 丁力.关于建国以来四次强调农户自主的思考.农村合作经济经营管理,1999,8:6-9.

[41] 丁守海.当前粮食安全形势:评估、比较与建议.财贸经济,2008,9:105-108.

[42] 杜新波.我国城市化过程中土地问题研究.国土经济,2003,7:15-17.

[43] 杜鹰.现阶段中国农村劳动力流动的群体特征与宏观背景分析.中国农村经济,1997,6:4-11.

[44] 方斌等.江阴市和兴化市耕地易地补充经济补偿量.中国土地科学,2010,9:40-46.

[45] 高鸿鹰,武康平.集聚效应、集聚效率与城市规模分布变化.统计研究,2007,3:43-47.

[46] 高明华，张正河. 关于大城市交通拥堵问题的解决途径. 城市问题，2009，10：75-78.

[47] 辜胜阻等. 中国自下而上城镇化的制度分析. 中国社会科学，1998，2：60-70.

[48] 顾益康. 统筹城乡发展，推进城乡一体化. 浙江经济，2004，11：12-15.

[49] 郭杰，欧名豪，刘琼，欧维新. 建设用地需求预测改进思路及应用. 江西农业学报，2009，3：173-176.

[50] 郭其友. 城市化进程进入加速期的人地矛盾问题探讨. 东南学术，2003，4：45-48.

[51] 郭书田. 中国农村：劳动力的分化及社会结构变化. 科技导报，1999，1：6-9.

[52] 郭熙保，王万珺. 土地发展权、农地征用及征地补偿制度. 河南社会科学，2006，7：18-21.

[53] 郭振杰. "地票"的创新价值及制度突破. 重庆社会科学，2009，4：71-75.

[54] 国家信息中心. 2005年房地产业发展前景及政策取向. 中国经贸导刊，2004，22：14-15.

[55] 国彦兵. 寻租、交易成本和和谐社会——与陈祝平教授商榷. 经济学消息报，2007-3-9.

[56] 韩纪江，孔祥智. 不同类型的失地农民及其征地补偿分析. 经济问题探索，2005，5：64-65.

[57] 韩纪江，孔祥智. 城镇化进程对农村经济的负面效应浅议. 农业经济问题，2001，7：26-30.

[58] 韩纪江，孔祥智. 城镇化中农民失地的必然性及问题分析. 经济问题，2005，8：51-53.

[59] 韩纪江，牛忠东. 浅析粮食产业的基础性及相关政策. 齐鲁粮食，2001，10：32-33.

[60] 韩纪江，任柏强. 借鉴开发权交易（TDR）推行用地指标交易的理论评述与展望. 湖北社会科学，2011，7：90-94.

[61] 韩纪江，王家传，史建民. 农村劳动力就业是农村经济突破

的关键．人口与经济，2002，2：62-65.

[62] 韩纪江．调控导向仍是“稳定房价”．城市开发，2011，5：80-81.

[63] 韩纪江．机会成本、权力寻租与政府的边界．经济学消息报，2007-4-27.

[64] 韩纪江．论城市化进程中的户籍与土地制度双门槛．湖南财政经济学院学报，2012，1.

[65] 韩纪江．我国耕地减少的问题研究——以温州为例．温州职业技术学院学报，2009，2：10-13.

[66] 韩纪江．我国房地产宏观调控的得失探究．湖北经济学院学报，2012，1：48-53.

[67] 韩纪江．一种准确测算农村剩余劳动力的简便方法．统计研究，2002，12：62-63.

[68] 韩纪江．抑制温州房价上涨的政策建议．郑州航空工业管理干部学院学报，2008，1：32-35.

[69] 韩纪江．征地过程中利益主体的矛盾演变分析．经济体制改革，2008，4：107-110.

[70] 韩纪江．中国农村劳动力的剩余分析．中国农村经济，2003，5：18-22.

[71] 韩纪江．住房需求细分及其市场均衡问题研究．价格月刊，2010，12：80-85.

[72] 韩继东．香港公屋政策与财政运营——兼谈对当前房地产市场的借鉴意义．财政研究，2010，6：72-74.

[73] 何德兴，夏治强．对现行国家粮食储备政策的思考和建议．粮食问题研究，2011，3：39-42.

[74] 何玉宏，谢逢春．制度、政策与观念：城市交通拥堵治理的路径选择．江西社会科学，2011，9：209-215.

[75] 胡存智，宫玉泉．《换地权益书》的理论与实践初探．中国土地科学，1999，5：19-22.

[76] 胡存智．以换地权益书构建自由流动机制．国土资源导刊，2009，11：48-49.

[77] 胡振华. 合作建房是一种负外部性行为. 经济学消息报，2006-12-19.

[78] 黄德林，李向阳，蔡松锋. 基于中国农业 CGE 模型的农业补贴政策对粮食安全影响的研究. 中国农学通报，2010，24：429-435.

[79] 黄季焜，王晓兵，智华勇，黄珠容，Scott Rozelle. 粮食直补和农资综合补贴对农业生产的影响. 农业技术经济，2011，1：4-12.

[80] 黄季焜，朱莉芬，邓祥征. 中国建设用地扩张的区域差异及其影响因素. 中国科学（D 辑：地球科学），2007，9：1235-1241.

[81] 黄小虎. 合理引导住房需求. 中国房地信息，2009，8：36-39.

[82] 黄祖辉，汪晖. 非公共利益性质的征地行为与土地发展权补偿. 经济研究，2002，5：66-71.

[83] 黄祖辉，卫龙宝. 论统筹城乡经济社会发展. 政策，2005，4：26-28.

[84] 贾绍凤，张军岩. 日本城市化中的耕地变动与经验. 中国人口、资源与环境，2003，1：31-34.

[85] 贾生华，张宏斌. 中国土地非农化过程与机制实证研究. 上海：上海交通大学出版社，2002.

[86] 贾生华. "购房入户"是改革与发展的必然选择. 中国房地信息，1996，10：17.

[87] 简新华，张国胜. 日本工业化，城市化进程中的"农地非农化". 中国人口、资源与环境，2006，6：95-100.

[88] 姜海，夏燕榕，曲福田. 建设用地扩张对经济增长的贡献及其区域差异研究. 中国土地科学，2009，8：4-8.

[89] 姜洋. 系统动力学视角下中国城市交通拥堵对策思考. 城市规划，2011，11：73-80.

[90] 蒋涛，沈正平. 聚集经济与最优城市规模探讨. 人文地理，2007，6：68-71.

[91] 金相郁. 最佳城市规模理论与实证分析：以中国三大直辖市为例. 上海经济研究，2004，7：35-43.

[92] 金岩石. 从日本楼市崩盘中找到化险为夷之路. 大众理财顾问，2010，5：21.

[93] 靳相木，沈子龙. 新增建设用地管理的"配额—交易"模型——与排污权交易制度的对比研究. 中国人口、资源与环境，2010，7：86-91.

[94] 靳相木，杨学成. 作为制度的村庄和村庄里的制度——中国人口城市化问题的一个解释框架. 管理世界，2004，5：67-75.

[95] 孔祥斌. 粮食安全：不能忽视耕地的作用——对茅于轼先生的"18亿亩红线与粮食安全无关"的回应. 中国土地，2011，6：57-60.

[96] 孔祥智，顾洪明，韩纪江. 失地农民"受偿意愿"影响因素的实证分析. 山西财经大学学报，2007，6：14-19.

[97] 孔祥智，顾洪明，韩纪江. 我国失地农民状况及受偿意愿调查报告. 经济理论与经济管理，2006，7：57-62.

[98] 孔祥智，韩纪江. 技术进步是粮食生产得以发展的保证. 中国粮食经济，2000，1：11-12.

[99] 孔祥智等. 论我国实现农村劳动力充分就业的出路. 经济理论与经济管理，1997，1：35-38.

[100] 况伟大. 房地产投资，房地产信贷与中国经济增长. 经济理论与经济管理，2011，1：59-68.

[101] 赖红松，董品杰. 基于灰色预测和神经网络的城市建设用地量预测. 测绘信息与工程，2003，6：36-39.

[102] 赖建诚. 西洋经济史的趣味. 杭州：浙江大学出版社，2009.

[103] 李郇，陈刚强，许学强. 中国城市异速增长分析. 地理学报，2009，4：399-407.

[104] 李力行. 中国的城市化水平：现状、挑战和应对. 浙江社会科学，2010，12：27-34.

[105] 李其铁. 龙港农民城建设的实践与启示. 农业经济问题，1994，2：28-31.

[106] 李实. 中国个人收入分配研究回顾与展望. 经济学（季刊），2003，2：379-403.

[107] 李秀彬. 对加速城镇化时期土地利用变化核心学术问题的认识. 中国人口、资源与环境，2009，5：1-5.

[108] 李永芳. 遏制农村无序建房与耕地流失的基本对策. 河南师范大学学报（哲学社会科学版），2010，6：126-129.

[109] 李永芳. 新时期以来农民建房与耕地保护问题的思考. 当代中国史研究，2011，1：63-68.

[110] 梁留科，李芳田，门华前. 乡镇企业用地初探——以开封市为例. 河南大学学报（自然科学版），1998，2：93-96.

[111] 刘旦. 基于 Logistic 模型的农民宅基地置换意愿分析——基于江西的调查和农户视角. 首都经济贸易大学学报，2010，6：43-48.

[112] 刘国臻. 房地产老板之暴富与土地发展权研究. 中山大学学报（社会科学版），2007，3：119-123.

[113] 刘劲松. 对暴涨楼市"负外部性"的分析. 学术交流，2011，5：96-99.

[114] 刘克春. 粮食生产补贴政策对农户粮食种植决策行为的影响与作用机理分析——以江西省为例. 中国农村经济，2010，2：12-21.

[115] 刘思峰. 灰色系统理论及其应用. 北京：科学出版社，2010.

[116] 刘涛，曹广忠. 中国城市用地规模的影响因素分析——以2005 年县级及以上城市为例. 资源科学，2011，8：1570-1577.

[117] 刘宪. 非生产性资产泡沫与日本经济增长——对日本房地产泡沫的重新诠释. 日本研究，2010，3：24-28.

[118] 刘永亮，王丽民. 中国最优城市规模实证研究. 商业时代，2010，16：134-136.

[119] 刘永亮．置疑中国最优城市规模．城市规划，2011，5：76-96．

[120] 刘永湘，杨明洪．中国农民集体所有土地发展权的压抑与抗争．中国农村经济，2003，6：16-24．

[121] 刘忠庆等．建设用地指标置换的问题与对策．中国土地，2005，4：25-26．

[122] 卢文．我国农村走出一条有中国特色的发展道路．农业经济问题，1998，10：2-5．

[123] 陆铭，陈钊．城市化、城市倾向的经济政策与城乡收入差距．经济研究，2004，6．

[124] 陆学艺．农村发展新阶段的新问题和新任务．宏观经济研究，2000，6：7-11．

[125] 罗罡辉，吴次芳．建设用地需求预测方法研究．中国土地科学，2004，6：14-17．

[126] 马驰，秦明周．构建我国区域间耕地保护补偿机制探讨．安徽农业科学，2008，27：11883-11885．

[127] 马凌．我国粮食生产补贴政策浅析．中国农业资源与区划，2011，1：7-9．

[128] 毛广雄，谭峰．灰色系统分析应用——预测上海房地产市场需求量变化并对其影响因素做关联度分析．数学的实践与认识，2005，2：32-36．

[129] 茅于轼．粮食危机和住房价格．百年建筑，2007，Z1：28-29．

[130] 茅于轼．为什么市场能够保障粮食安全?．发展，2010，8：7-8．

[131] 茅于轼．再论我国粮食安全问题．上海财经大学学报，2004，4：3-6．

[132] 孟媛．坚守“18亿亩耕地红线”研讨会摘要．中国农业大学学报，2007，3：25-26．

[133] 欧海若．土地利用规划模式选择与模型应用研究．北京：中国大地出版社，2002．

[134] 庞玉萍，韩纪江．探讨交通拥挤收费理论及其在我国应用．价格理论与实践，2011，9：23-24.
[135] 彭克强，刘枭．2020 年以前中国粮食安全形势预测与分析．经济学家，2009，12：97-99.
[136] 千慧雄．城市经济集聚的极限——基于住房成本视角的 C-P 模型．经济评论，2010，5：16-23.
[137] 钱陈，史晋川．城市化、结构变动与农业发展．经济学(季刊)，2006，1：57-74.
[138] 钱纳里，塞尔昆．发展的格局：1950—1970 年．北京：中国财政经济出版社，1989.
[139] 钱文荣，郑黎义．劳动力外出务工对农户农业商品化率的影响——基于江西省四个县农户调研的实证分析．南方人口，2010，4：59-64.
[140] 秦晖．问题与主义．长春：长春出版社，1999.
[141] 沈守愚．论设立农地发展权的理论基础和重要意义．中国土地科学，1998，12：17-19.
[142] 施昱年，丰雷．我国台湾城市与农村土地在宏观调控中的角色与功能．城市发展研究，2010，6：75-79.
[143] 石坚．关于优化我国房地产税制结构的设想．税务研究，2008，4：32-35.
[144] 史晋川等．制度变迁与经济发展：温州模式研究．杭州：浙江大学出版社，2002.
[145] 宋戈．中国城镇化过程中土地利用问题研究．北京：中国农业出版社，2005.
[146] 搜狐新闻网．铁道部偏好建设高标准、高成本运输线路招批评．http：//news. sohu. com/20080326/n255909477. shtml.
[147] 苏雪串．中国的城市化与二元经济转化．北京：首都经济贸易大学出版社，2005.
[148] 苏志霞．中国户籍制度城乡福利分配职能辨析．经济问题探索，2006，3：16-21.
[149] 苏州市统计局网站：http：//www. sztj. sz. js. cn/

[150] 孙弘．中国土地发展权研究．北京：中国人民大学出版社，2004．
[151] 孙浦阳，武力超．城市的最优发展规模：基于宜居视角的研究．上海经济研究，2010，7：31-40．
[152] 孙群郎．当代美国大都市区交通拥堵的治理措施．世界历史，2011，3：23-36．
[153] 谭峻等．浙江省基本农田易地有偿代保制度个案分析．管理世界，2004，3：105-111．
[154] 汪晖，陶然．论土地发展权转移与交易的“浙江模式”——制度起源、操作模式及其重要含义．管理世界，2009，8：39-52．
[155] 王桂新．我国大城市病及大城市人口规模控制的治本之道——兼谈北京市的人口规模控制．探索与争鸣，2011，7：50-53．
[156] 王红玲．关于农业剩余劳动力数量的估计方法与实证分析．经济研究，1998，4：52-55．
[157] 王培刚．当前农地征用中的利益主体博弈路径分析．农业经济问题，2007，10：34-40．
[158] 王小东．安徽当涂“查虫记”．21世纪经济报道，2008-4-7．
[159] 王小鲁，夏小林．优化城市规模、推动经济增长．经济研究，1999，9：22-29．
[160] 王小鲁．城市化与经济增长．经济社会体制比较，2002，1：23-32．
[161] 王兆旭．房地产价格，货币政策与差别化金融调控．金融发展评论，2010，12：150-158．
[162] 王筝，王艺，仲伟周．房地产市场政府调控的效度分析和政策建议．管理现代化，2010，6：41-43．
[163] 王中亮．治理城市交通拥堵的对策思考——以上海为例．上海经济研究，2006，4：76-81．
[164] 网易财经“圆桌对话：新土改与城镇化”．http：//

money. 163. com/special/00253VEK/NAEC_forum12. html.

[165] 卫龙宝等. 城镇化过程中相关行为主体迁移意愿的分析. 中国社会科学，2003，5：39-48.

[166] 温铁军. 新农村建设：挑战与反思. 理论探讨，2006，6：74-76.

[167] 温铁军. 中国的城镇化道路与相关制度问题. 开放导报，2000，5：21-23.

[168] 温州市规划局. 温州市城市总体规划：2003—2020 年. http：//www. wzup. gov. cn/zt/2003-2020/main. htm.

[169] 温州市统计局网站：http：//www. wzstats. gov. cn.

[170] 吴义茂. 建设用地挂钩指标交易的困境与规划建设用地流转——以重庆“地票”交易为例. 中国土地科学，2010，9：24-28.

[171] 梧桐. 打击投机需求——海内外经济学名家清华纵论房价迷局. 新财经，2006，6：48-59.

[172] 伍德业，刘红. 地方政府对房地产市场价格的影响研究. 经济纵横，2008，10：41-47.

[173] 伍奕. 海南换地权益书价值实现的困境与出路. 海南大学学报（人文社会科学版），2009，1：13-19.

[174] 香港房委会网站. 房屋统计数字二零一一. http：//www. housingauthority. gov. hk/hdw/content/document/gb/aboutus/resources/statistics/HIF2011. pdf.

[175] 肖文，王平. 外部规模经济、拥挤效应与城市发展：一个新经济地理学城市模型. 浙江大学学报（人文社会科学版），2011，2：94-105.

[176] 肖文，王平. 外部性、城市规模与城市增长——对长三角地区 16 个城市的分析. 浙江学刊，2011，4：167-173.

[177] 肖秀娟. 论破解我国城市“堵局”的法律需求——以行路人的权益保护为中心. 经济经纬，2010，6：147-151.

[178] 谢文蕙，邓卫. 城市经济学. 北京：清华大学出版社，1996.

[179] 谢旭轩，张世秋，易如，吴丹，黄德生．北京市交通拥堵的社会成本分析．中国人口、资源与环境，2011，1：28-32.

[180] 谢扬．中国城镇化战略发展研究——《中国城镇化战略发展研究》总报告摘要．城市规划，2003，2：35-41.

[181] 新华网．政府工作报告（全文）．http：//news. xinhuanet. com/misc/2007-03/17/content_5859480_2. htm.

[182] 徐东云，张雷，兰荣娟．城市交通拥堵的背景变换分析．城市问题，2009，3：46-49.

[183] 徐建春．城市化进程中的土地优化配置．中国土地，2002，5：30-32.

[184] 徐琴．政府主导型城市化的绩效与成本．学海，2004，3：85-90.

[185] 许根林．城市土地供给制度变迁中的地方政府行为．改革，2007，2：28-31.

[186] 薛力．城市化背景下的“空心村”现象及其对策探讨——以江苏省为例．城市规划，2001，6：8-13.

[187] 严剑峰．城市房地产税：一种优良的地方税种．财经论丛，2004，4：17-22.

[188] 岩峰．小城镇、大战略——山东省小城镇建设考察报告．发展，1999，7：20-21.

[189] 杨春禧．土地征用中利益差序格局的制度重构．财经科学，2005，1：170-174.

[190] 杨东．遏制投机炒房是稳定房价的关键．价格理论与实践，2006，4：43-44.

[191] 杨学成，汪冬梅．我国不同规模城市的经济效率和经济成长力的实证研究．管理世界，2002，3：9-12.

[192] 杨宜勇．城市化创造就业机会与城市就业空间分析．管理世界，2000，2：121-128.

[193] 杨重信，林瑞益．可转让土地发展权市场之效率与公平性．人文及社会科学集刊（中国台湾），1983，6：21-62.

[194] 叶艳姝，吴次芳．地产市场成长的地方政府阻力及其对策．建筑经济，2006，4：55-59．

[195] 于伯华．20 世纪 60 年代以来日本耕地面积变化及其启示．资源科学，2007，5：182-189．

[196] 占金刚．中国粮食补贴政策执行效果分析．湖南农业大学学报（社会科学版），2009，6：17-21．

[197] 张安录．可转移发展权与农地城市流转控制．中国农村观察，2000，2：20-25．

[198] 张继承．粮食补贴效应与粮农生产行为选择研究——基于河南省 747 个定点农户的调查．价格理论与实践，2011，6：10-11．

[199] 张杰．土地要素市场影响宏观经济运行的经济学分析——互动机制与实证分析．首都经济贸易大学学报，2010，4：5-11．

[200] 张宽政．解决民生问题及楼市的治本之策．现代经济探讨，2010，8：34-37．

[201] 张平．中国农村居民区域间收入不平等与非农就业．经济研究，1998，8：59-66．

[202] 张五常．中国的前途．香港：信报有限公司，1989．

[203] 张晓山，胡必亮．小城镇与区域一体化．太原：山西人民出版社，2002．

[204] 张晓山．农民收入与农村剩余劳动力问题．农业经济问题，2000，6：2-9．

[205] 张怡然，邱道持，李艳，骆东奇，石永明．农民工进城落户与宅基地退出影响因素分析——基于重庆市开县 357 份农民工的调查问卷．中国软科学，2011，2：62-68．

[206] 张应武．基于经济增长视角的中国最优城市规模实证研究．上海经济研究，2009，5：31-38．

[207] 张永岳，张传勇，谢晖．我国房地产宏观调控政策效果评估初探——基于公共政策评估的视角．上海经济研究，2010，12：73-81．

[208] 张正河，武晋．论农村生产要素的准城市化．农业经济问题，2001，7：20-25．

[209] 张正河．乡村城市化的要素聚集与时空序列．财经问题研究，1998，4：66-71．

[210] 赵岑，冯长春．我国城市化进程中城市人口与城市用地相互关系研究．城市发展研究，2010，10：113-118．

[211] 赵翠薇，濮励杰．城市化进程中的土地利用问题研究——以江苏省为例．长江流域资源与环境，2006，2：169-173．

[212] 赵冬缓．扩大国内需求开拓农村市场．农村合作经济经营管理，1999，9：11-12．

[213] 赵贺．中国城市土地利用机制研究．北京：经济管理出版社，2004．

[214] 赵丽，赵乔贵．建设用地需求量预测方法比较研究．地矿测绘，2009，1：3-7．

[215] 赵凌云．回顾粮食储备制度的建立和发展．粮食问题研究，2010，4：4-6．

[216] 赵之枫，张建．城乡统筹视野下农村宅基地与住房制度的思考．城市规划，2011，3：72-76．

[217] 温州房地产金融运行年度报告（2004 年）．http：//news.sina. com. cn/c/2005-02-04/08095041281s. shtml．

[218] http：//www. stats. gov. cn/tjzd/tjzbjs/t20020327_14300. htm．

[219] 国务院于 2008 年 7 月 12 日国函［2008］60 号批复．http：//www. stats. gov. cn/tjbz/t20061018_402603208. htm．

[220] 钟甫宁．粮食储备和价格控制能否稳定粮食市场？——世界粮食危机的若干启示．南京农业大学学报（社会科学版），2011，2：20-26．

[221] 钟庭军．论住房的刚性需求．经济理论与经济管理，2009，9：16-21．

[222] 周立群，张红星．农村土地制度变迁的经验研究：从“宅基地换房”到“地票”交易所．南京社会科学，2011，8：72-78．

[223] 周其仁. 城市化是“规划”不出来的. 中国改革，2002，2：44-45.

[224] 周其仁. 机会与能力：中国农村劳动力的就业和流动. 管理世界，1997，5：81-100.

[225] 周一星. 中国城市工业产出水平与城市规模的关系. 经济研究，1988，5：74-79.

[226] 周中举. 农村土地使用权实物交易和地票交易制度评析——以农村宅基地使用权为中心. 经济体制改革，2011，1：83-87.

[227] 朱宝树. 城市化的城乡差别效应和城乡协调发展. 人口研究，2004，1：22-27.

[228] 朱红波. 建设用地指标分配的博弈分析. 国土资源，2005，5：34-35.

[229] 朱康对. 来自底层的变革——龙港城市化个案研究. 杭州：浙江人民出版社，2003.

[230] 朱明芬. 浙江失地农民利益保障现状调查及对策. 中国农村经济，2003，3.

[231] 朱希刚. 农村产业结构调整与农村经济发展. 农业技术经济，1999，6：1-4.

[232] 左鹏，周菁. 户口买卖与户籍制度改革——来自 P 市的调查. 中国人口科学，2000，2：55-60.

[233] Bachmann, John K. & Leung, Amy S. P.. Towns against the background of cities: Recent evolution of town urbanization policy in the People's Republic of China. *International Planning Studies*, 2008, 13 (1): 13-30.

[234] Barrows, Richard L. and Prenguber, Bruce A.. Transfer of development rights: An analysis of a new land use policy tool. *American Journal of Agricultural Economics*, 1975, 57 (4): 549-557.

[235] Daniels, Thomas L.. Coordinating opposite approaches to managing urban growth and curbing sprawl: A synthesis.

American Journal of Economics & Sociology, 2001, 60 (1): 229-243.

[236] Danner, John C.. TDRs-great idea but questionable value. *Appraisal Journal*, 1997, 65 (2): 133-142.

[237] Epstein, T. Scarlett, Jezeph. Development—There is another way: A rural-urban partnership development paradigm. *World Development*, 2001, 29 (8): 1443-1454.

[238] Field, Barry C, Conrad, Jon M.. Economic issues in programs of transferable development right. *Land Economics*, 1975, 51 (4): 331-340.

[239] Kaplowitz, M., Machemer, P. and Pruetz, R.. Planners' experiences in managing growth using transferable development rights (TDR) in the United States. *Land Use Policy*, 2008, 25: 378-387.

[240] Kline, Wichelns, Using referendum data to characterize public support for purchasing development rights to farmland. *Land Economics*, 1994, 70 (2): 223-233.

[241] Majumdar, Sumon etc. Politics, information and the urban bias. *Journal of Development Economics*, 2004, 75: 137-165.

[242] McConnell, Kopits, Walls. Using markets for land preservation: Results of a TDR program. *Journal of Environmental Planning & Management*, 2006, 49 (5): 631-651.

[243] McGee, T. G. & Robinson, I. M.. *The mega-urban regions of Southeast Asia*. University of British Columbia Press, Canada, 1995.

[244] Thorsnes, Paul. Letting the market preserve land: the case for a market-driven transfer of development rights program. *Contemporary Economic Policy*, 1999, 17 (2): 256-266.

[245] World Urbanization Prospects: The 2007 Revision. http://esa.un.org/unup/.

[246] Yusuf, Shahid and Saich, Tony. China urbanizes:

Consequences, strategies, and policies. World Bank, 2008.

[247] Zhang, Tingwei. Land market forces and government's role in sprawl. *Cities*, 2000, 17 (2): 123-135.

[248] Zhu, Jieming. From land use right to land development right: Institutional change in china's urban development. *Urban Studies*, 2004, 41 (7): 1249-1267.

后　　记

、静下心来，梳理思绪，探究真理，在信息爆炸时代贡献点滴经过实地调研、切身感触和逻辑推演的治国之道，或许是在谋生之余所做的最有益的一件事。粮价涉及生死，房价涉及安定，本书在城市化中土地利用的基础上，探讨粮价与房价问题，旨在传播让国人更好安身立命的些许思路，信者传之用之，不信者批之弃之，但愿不会有误国误民之嫌。

本书主要受到教育部人文社科一般项目（06JA790084）资助，同时也汇集了浙江省社科规划一般项目（NM05YJ02）、温州市软科学重点招标项目（R2004A08）、国家社科基金重点项目（03AJL004）子课题的一些研究成果。对本书出版做出直接贡献者有孔祥智教授、任柏强研究员、王家传教授、史建民教授、牛忠东局长等，他们曾经作为合作者与笔者一起探讨发表过相关论文，在此表示感谢！

本书主要内容涉及2001年以来笔者尝试进行经济研究的主要成果，包括15篇已经发表的学术论文，此外还有5篇论文处于审稿过程中。10年磨剑，远未修成正果，算是要公开暴露给世人自己研究过程中的一些漏洞。在出版之际，总感觉已经欠下了别人的、后世的一些批评和指责。限于水平和视野，言语失当而贻笑大方之处在所难免，所有探讨、批评、建议或者鼓励，敬请发邮件至hanjijiang@263.net 或登录本人网站：http：//www.hanjijiang.net/留言。

韩纪江于武汉藏龙岛

2012.2